# ŒUVRES COMPLÈTES
## DE
# EUGÈNE SCRIBE

DE L'ACADÉMIE FRANÇAISE

COMÉDIES

VAUDEVILLES

LE PREMIER PRÉSIDENT. — UNE MONOMANIE
LE PAYSAN AMOUREUX
LA GRANDE AVENTURE
TOUJOURS

PARIS
E. DENTU LIBRAIRE-ÉDITEUR
PALAIS-ROYAL, 15-17-19, GALERIE D'ORLÉANS.

1883

Paris. Soc. d'imp. PAUL DUPONT. (Cl.) 103 9-82.

ŒUVRES COMPLÈTES

DE

# EUGÈNE SCRIBE

DE L'ACADÉMIE FRANÇAISE

RÉSERVE DE TOUS DROITS

## DE PROPRIÉTÉ LITTÉRAIRE

En France et à l'Étranger

# LE PREMIER PRÉSIDENT

DRAME EN TROIS ACTES MÊLÉ DE VAUDEVILLES

EN SOCIÉTÉ AVEC M. MÉLESVILLE

THÉATRE DU GYMNASE. — 21 Août 1832.

| PERSONNAGES. | ACTEURS. |

M. DE MORTAGNE, premier président au parlement de Toulouse . . . . . . . . MM. FERVILLE.
HENRI, son fils. . . . . . . . . . . . . DAVESNE.
MARCEL DUMESNIL, négociant . . . . ALLAN.
DELAUNAI, ami d'Henri . . . . . . . . BOUFFÉ.
UN COMMISSAIRE . . . . . . . . . . . BRIENNE.
OVERNAI, ami de Dumesnil { Personnages
UN PRINCE ITALIEN. . { muets. .

HÉLÈNE, fille de M. de Mortagne. . . . Mmes ALLAN-DESPRÉAUX.
JUSTINE. . . . . . . . . . . . . . . . MINETTE.

JEUNES GENS, amis d'Henri et de Delaunai. — PARENTS et AMIS de M. de Mortagne. — DOMESTIQUES. — SOLDATS DU GUET.

A Paris, au premier acte; au château de M. de Mortagne, à six lieues de Toulouse, aux deuxième et troisième actes.

# LE PREMIER PRÉSIDENT

## ACTE PREMIER

Un salon élégant. — A droite de l'acteur, un piano; à gauche, une table; des fauteuils et deux canapés dans le fond.

### SCÈNE PREMIÈRE.

HENRI, entrant avec JUSTINE.

**HENRI.**
Tu dis qu'elle repose en ce moment?
**JUSTINE.**
Oui, monsieur!
**HENRI.**
Et qu'elle n'a pas dormi de la nuit... qu'elle est souffrante...
**JUSTINE.**
Un état vraiment inquiétant.
**HENRI.**
Ah! que je suis malheureux! et sais-tu comment cela lui a pris?

JUSTINE.

Non vraiment... mais hier, en revenant de Longchamps, où mademoiselle Carline, de la Comédie Italienne, était devant elle dans ce magnifique phaéton que lui avait donné M. de Vaudreuil, elle a eu une espèce d'attaque de nerfs.

HENRI.

Et que dit le docteur?

JUSTINE.

Il m'a dit, en confidence, que cela venait d'un grand chagrin qu'elle voulait cacher.

HENRI.

O ciel!... elle aura appris mon départ...

JUSTINE, étonnée.

Comment?

HENRI.

Eh oui!... mon père, M. de Mortagne, premier président au parlement de Toulouse, veut marier ma sœur... et le moyen que je n'assiste pas à ce mariage... moi le fils aîné... le chef de la famille... je voulais le cacher à ta maîtresse, à ma chère Amélie... mais elle l'aura découvert...

JUSTINE.

Non, monsieur, car moi à qui elle dit tout, elle ne m'en a pas parlé.

HENRI.

Elle s'en doute, du moins, elle l'aura deviné...

JUSTINE.

Pas le moins du monde... et si vous voulez que je vous l'avoue... ce qui la chagrine, ce sont les soins et les assiduités de ce prince italien, qui veut absolument l'épouser...

HENRI.

Elle pourrait hésiter entre nous! m'oublier! moi qui ai tout sacrifié pour elle... car tu ne sais pas à quel point je l'aime... tu ne sais pas que mon avenir, ma fortune, la position honorable qui m'attendait à la cour... j'ai renoncé à tout pour vivre ici, à Paris, près d'elle!... longtemps le jeu... le jeu effréné auquel je me livrais a suffi à tous nos besoins... mais enfin le sort m'a trahi... Mon père ignore ma conduite, il ne se doute pas que poursuivi, criblé de dettes, je ne sais plus à quel moyen avoir recours... et c'est dans ce moment qu'elle veut m'abandonner... qu'elle paie ainsi tant d'amour... Ah! je n'y survivrai pas... mais auparavant mon rival...

#### JUSTINE.

Y pensez-vous? et quelle folie!... madame la baronne de Spiedler, ma maîtresse, est plus raisonnable que vous... elle vous aime toujours... elle n'aime que vous...

#### HENRI, vivement.

Dis-tu vrai?... ah! ce mot me console de tout!...

#### JUSTINE.

La preuve, c'est qu'elle ne veut pas être cause de votre ruine.

#### HENRI, à part.

C'est déjà fait!..

#### JUSTINE.

Et avec le prince italien qui a soixante ans et une fortune immense, elle peut encore espérer une position honorable et heureuse.

#### HENRI.

Heureuse! dans un tel esclavage!... heureuse sans amour... dis-lui, Justine, dis-lui bien que ce mariage serait, pour elle, la source de tous les maux...

#### JUSTINE.

C'est ce que j'ai fait, monsieur, moi qui vous parle, je ne suis pas payée pour aimer le mariage... les mariages brillants... car il y a trois ans, dans la ville où j'étais couturière... séduite par les belles paroles d'un jeune homme charmant... un coureur de M. le prince de Vaudemont, qui s'était épris de mes attraits et de six mille livres d'économies que j'avais faites dans la couture... je me suis vue abandonner par lui... il est parti!...

HENRI.

Vraiment?...

JUSTINE.

Emportant loin de moi ses volages amours, et mes deux mille écus... et depuis, je ne l'ai plus revu... j'ai raconté tout cela à ma maîtresse qui m'a répondu : « Pourquoi épousais-tu un coureur?... » et elle avait raison... mais elle, sa position est bien différente, et le prince napolitain...

HENRI.

Tout comme elle le voudra... mais je déclare, moi, que ce mariage ne se fera pas... que je m'y oppose...

JUSTINE.

Alors, vous vous opposerez donc aussi aux poursuites de nos créanciers et de nos fournisseurs qui nous menacent tous de leurs mémoires...

HENRI.

O ciel!

JUSTINE.

Pas plus tard qu'aujourd'hui nous en attendons... et a moins que vous ne trouviez moyen de les satisfaire...

HENRI, avec désespoir.

Eh! le puis-je?... quand la nuit dernière encore, le jeu m'a tout enlevé!...

JUSTINE, avec finesse.

Sans les payer précisément... il y a telle garantie morale qui leur ferait prendre patience... qui rassurerait ma maîtresse sur l'avenir et qui empêcherait naturellement le mariage napolitain.

HENRI.

Et quel moyen?

JUSTINE.

Si vous-même, par exemple, vous offriez votre main...

HENRI, avec indignation.

Justine!.. (Se reprenant.) Il suffit... laissez-moi... quoique bien coupable... je n'ai pas encore oublié ce que je devais à mon nom et à ma famille... (A part.) Ma sœur! mon pauvre père!.. ils en mourraient de douleur... (Haut.) Dès que madame la baronne sera réveillée... vous viendrez m'avertir.

JUSTINE.

Oui, monsieur.

(Elle va pour entrer dans la chambre à droite.)

HENRI.

N'y a-t-il rien pour moi?

JUSTINE, montrant sur la table.

Votre valet de chambre a apporté, hier soir, de votre hôtel, plusieurs lettres...

HENRI.

C'est bien.

JUSTINE.

Il y en a, je crois, de Toulouse...

HENRI, avec émotion.

Laissez-moi... sortez!..

(Justine entre dans la chambre à droite.)

## SCÈNE II.

HENRI, seul.

De Toulouse!... je n'ose les regarder... je crains d'en trouver une de mon père... oui! voilà son écriture... (Il jette toutes les autres lettres sur la table qui est à côté de lui.) Ma main tremble en brisant ce cachet... il va m'adresser tous les reproches que je mérite, il va m'accabler de sa juste colère... allons, du courage !... (Lisant.) « Mon Henri ! mon fils bien-« aimé !... » Ah ! il ne sait rien encore... je respire... « Nous « t'attendons pour le mariage de ta sœur, toi seul nous « manques et ton absence m'explique la tristesse de notre « chère Hélène, au moment de former une alliance aussi « brillante qu'honorable... Ne tarde donc pas davantage, « sois auprès de nous à la fin de la semaine... j'ai besoin « de te voir, de te presser dans mes bras, ne fut-ce que pour « dissiper les impressions pénibles que m'ont laissées des « nouvelles auxquelles je ne crois point... car, si elles étaient « vraies, c'est par toi que je les aurais apprises... » Grand Dieu !... (Lisant à voix basse.) Oui... oui... il se doute de la vérité !.. on lui aura dit... (Lisant tout haut.) « Je fais la part de la « jeunesse et des passions... il en est que je peux excuser... « mais jamais celles qui conduisent à la honte et au dés-« honneur, et si l'on ne m'avait pas abusé... s'il était vrai « que le jeu fût ton plaisir et ton passe-temps favori... je « te dirais : Depuis quarante ans que je rends la justice au « nom du roi et que je siège sur les bancs de la magistra-« ture, presque tous ceux que le crime amenait devant moi, « y avaient été conduits par la passion du jeu... c'est par là « qu'ils avaient commencé, et ils finissaient par l'escroque-« rie, le vol et l'assassinat... non que de pareils forfaits « puissent jamais s'offrir à ta pensée, mais la moindre ta-« che faite à notre nom flétrirait à jamais ma vieillesse, et « quoique mes plus chères espérances reposent sur toi, « quoique tu sois mon fils unique, mon enfant bien-aimé, je « t'aimerais mieux voir mort que déshonoré !... » Mon père !... (Il reste quelque temps la tête cachée dans ses mains, puis regarde de nouveau la lettre.) Ah !... quelques mots encore... « Donne-« nous des nouvelles du petit Marcel Dumesnil, on assure « qu'il réussit à merveille dans son négoce... j'ai toujours « bien auguré de ce jeune homme. » Lui ! un homme de rien... un roturier, élevé chez nous par les soins de mon père...

AIR d'*Aristippe*.

Comme un modèle on le cite, on le vante !...
Pour m'irriter on le fait donc exprès !...
Plus sa fortune est rapide et brillante,
Plus il me semble, hélas ! que je le hais,
Au fond du cœur, je crois que je le hais.
Oui, ses succès pour moi sont un reproche,
En vain le sort a séparé nos rangs...
Chaque moment tous les deux nous rapproche,
  Car il s'élève et je descends !...

Hein ?... qui vient là ?...

## SCÈNE III.

### DELAUNAI, HENRI.

DELAUNAI.

Le voilà donc ! je le retrouve enfin !... ce cher de Mortagne.

HENRI.

C'est Delaunai !...

DELAUNAI.

Voilà dix fois que je vais à ton hôtel sans te rencontrer... Que tu n'y sois pas la nuit... je conçois cela... mais le jour !... il faut cependant bien rentrer, ne fût-ce que pour dormir... et je me serais encore présenté, en vain, aujourd'hui, si par hasard, en passant dans cette rue, je n'avais aperçu ta voiture à la porte de cette maison... « M. Henri de Mortagne n'est-il pas ici ?... Au premier, m'a-t-on répondu, chez madame la baronne de Spiedler... » Sans doute quelque baronne allemande ?...

HENRI.

Oui, mon cher !

DELAUNAI.

Je t'en fais compliment... les baronnes allemandes sont à

la mode cette année, c'est ce qu'il y a de mieux... c'est bon genre!.. mais pourquoi, je te le demande, m'en faisais-tu mystère?... tu ne m'en as jamais parlé... à moi, ton camarade de jeu et de plaisir...

HENRI.

Je n'en vois pas la nécessité...

DELAUNAI.

Je comprends... tu avais peur... tu as raison... j'ai du malheur ce mois-ci... voilà deux femmes charmantes que j'ai enlevées à des amis intimes... sans le vouloir... une Anglaise surtout... j'arrive d'Angleterre... je suis Anglais des pieds jusqu'à la tête !

HENRI.

C'est la folie du jour!

DELAUNAI.

Car je ne pense guère à l'amour, j'ai bien d'autres distractions... je suis ruiné, mon cher, et si je te cherchais avec tant d'empressement... c'était pour te voir, d'abord, et puis pour te demander les deux cents louis que tu me dois.

HENRI, à part.

O ciel !

DELAUNAI.

Tu sais, ce que nous avons gagné de moitié, il y a une quinzaine de jours, et que je t'ai abandonné en entier parce que tu avais besoin d'argent frais... j'étais en veine ce jour-là et le lendemain encore, ce qui a pensé me coûter cher...

HENRI.

Et comment cela?...

DELAUNAI.

Le jeune étranger que nous avions mis à sec, ne s'est-il pas avisé de me chercher querelle parce que je gagnais toujours!... de là, une rencontre... un duel... où j'ai eu encore la main plus heureuse que lui... mais la famille a porté plainte... il y a des poursuites et je ne me montre pas...

par prudence... j'ai même envie d'aller voyager en province, pendant quelque temps... mais pour cela, il faut de l'argent... et voilà pourquoi je viens réclamer le mien...

**HENRI.**

Tu me vois dans le plus grand embarras, j'ai perdu, la nuit dernière, tout ce qui me restait... et je ne vois plus personne à qui je puisse emprunter.

**DELAUNAI.**

Bah !... et la baronne... une baronne du Saint-Empire !... cela doit être riche !... j'espère qu'elle est vieille... et que tu es en train de la ruiner...

**HENRI.**

Au contraire... elle est jeune et jolie.

**DELAUNAI, avec colère.**

Est-il possible !... quel désordre !... quelle inconduite !... c'est donc toi alors !...

*AIR : Je loge au quatrième étage.*

Dépenser pour une maîtresse
Sa fortune !... il faut m'écouter !
Lorsqu'à nous, dans notre jeunesse
La beauté vient se présenter,
On doit lui donner sans compter
Larmes, soupirs, serments, constance...
D'être riche c'est le moyen,
Quand en amour on ne dépense
Que ce qui ne nous coûte rien.

**HENRI.**

Eh bien ! moi, tout ce que je possède, je le lui donnerais... je ne peux vivre sans elle... je l'aime... je l'aimerai toujours...

**DELAUNAI.**

Qu'est-ce que des principes comme ceux-là !... il faut avoir perdu la tête pour raisonner ainsi... Règle première, l'amour s'envole, l'argent reste ; l'argent, source de tous les biens et de tous les plaisirs... l'argent, par qui l'on obtient le mérite, la vertu, la considération, ou ce qui vaut encore mieux, par qui l'on s'en passe... Car moi qui te parle et qui me suis faufilé parmi les gentilshommes, je ne voudrais pas répondre que ma noblesse fût d'un meilleur acabit que les seize quartiers de ta baronne... mais moi, chevalier Delaunai, qui osera me révoquer en doute, tant que je tiendrai le haut du pavé, tant que je mènerai joyeuse vie... tant que j'aurai là, en pièces d'or, mes titres que je pourrai faire sonner bien haut ; mais ces titres, les seuls réels, les seuls véritables... il faut les conserver, et pour cela il faut nous aider, nous entendre et nous prêter un appui nécessaire à tous deux... Le veux-tu?...

HENRI.

Dans la situation où je suis...

DELAUNAI, lui donnant la main.

Tu acceptes... c'est bien !... j'ai toujours aimé les enfants de bonne maison... je me suis toujours dévoué à leurs intérêts et à leur fortune, pour la partager, quelle qu'elle fût... c'est tout profit... si la chance est heureuse, on l'exploite de moitié...

AIR du vaudeville de l'Écu de six francs.

Si le sort fâcheux lui succède,
Si la fortune vous trahit,
La famille est là qui vous aide
Et protége de son crédit
Les fautes qu'ensemble on commit!...
En dépit d'eux leur bonté brille,
Car moi-même, mauvais sujet,
Ils m'adoptent... et ça ne fait
Qu'un seul de plus dans la famille.

J'ai comme cela deux ou trois grandes maisons auxquelles j'appartiens et que je puis t'offrir...

HENRI.

Si c'est pour nous prêter, j'accepte ! car je ne sais plus à quel saint me vouer... j'ai des dettes pour mon compte, pour celui de la baronne... je dois à toi... à tout le monde!... et pour comble de malheur, mon père à qui je ne puis désobéir, mon père me rappelle près de lui, à Toulouse... et s'il faut laisser Amélie, et la laisser malheureuse... je ne supporterai pas cette idée... je me tuerai!...

DELAUNAI, froidement.

Je ne dis pas non... c'est un moyen et l'on peut toujours y venir, mais il y a tant d'autres choses à faire avant cela... Quelle est cette lettre que tu tiens?

HENRI.

Celle de mon père...

DELAUNAI, montrant celles qui sont sur la table.

Et celles-ci?...

HENRI.

Je ne les ai seulement pas lues, il y en a trop.

DELAUNAI.

Je peux t'aider!... voyons un peu... (Il en ouvre une.) Ah! ah! c'est d'Isaac le marchand de chevaux, qui demande le prix d'un attelage gris pommelé...

HENRI, qui, de son côté, a ouvert une autre lettre.

Fourni pour la baronne... (Montrant la lettre qu'il vient d'ouvrir.) Ceci est de mon tailleur.

DELAUNAI, en ouvrant une autre.

Cette autre de la couturière...

HENRI, en ouvrant aussi et avec colère.

Et celle-ci du joaillier... ils s'entendent tous pour demander des acomptes... ils veulent tous savoir quand on les paiera...

DELAUNAI.

Ah! ils veulent savoir... ils sont bien curieux!... (Regardant une dernière lettre qu'il tient.) Ah! mon Dieu... est-ce bien possible! non, une lettre datée de Toulouse et qui contient...

###### HENRI.
Qu'est-ce donc?

###### DELAUNAI.
Deux effets au porteur, de quinze mille livres chacun, payables chez M. Beaujon, fermier général...

###### HENRI.
Dis-tu vrai? voyons cette lettre...

###### DELAUNAI.
La voici... dis encore que notre association ne te porte pas bonheur!... à peine commencée, elle fructifie déjà et nous voilà en caisse trente mille livres comptant.

###### HENRI, qui a lu la lettre et d'un air abattu.
Eh! mon Dieu non!... c'était un faux espoir.

###### DELAUNAI.
Faux!... les effets sont très-bons... c'est de l'or en barre que l'on peut réaliser en moins d'un quart d'heure...

###### HENRI.
Oui, mais ce n'est pas pour nous!... c'est mon futur beau-frère qui me prie d'acheter et d'apporter avec moi, la corbeille de ma sœur, des parures et des diamants pour la somme de trente mille livres qu'il m'envoie en deux effets à mon ordre.

###### DELAUNAI.
Trente mille livres de diamants pour une jeune personne... qui ne s'y connaît pas... qui n'y tient pas... eh! mon Dieu! est-ce que ce sont les diamants qui font le bonheur... et si son prétendu est un jeune homme aimable, généreux...

###### HENRI.
C'est ce que tout le monde dit.

###### DELAUNAI.
Eh bien! alors, il ne peut te refuser une malheureuse somme de dix mille écus dont tu as besoin.

HENRI.

Y penses-tu? ce serait un abus de confiance...

DELAUNAI.

Dis, plutôt, un manque de confiance de ta part... tu as besoin d'argent; tu empruntes... à qui?... à ta famille!... à ton beau-frère!

*AIR* : Adieu, je vous fuis, bois charmant.

Oui, mon cher, c'est tout naturel,
Et s'il a l'âme généreuse...
Que va-t-il jurer à l'autel?
C'est de rendre ta sœur heureuse...
Or donc, si le frère et la sœur
Ne font qu'un... la chose est bien claire...
De ta sœur il fait le bonheur,
En faisant celui de son frère.

HENRI, lui prenant les deux effets.

Eh! laissez-moi donc tranquille... L'on vient... un jeune homme?... que demande-t-il?...

## SCÈNE IV.

LES MÊMES; DUMESNIL.

DUMESNIL.

Pardon, messieurs... Madame la baronne de Spiedler est-elle visible?

HENRI, brusquement et sans le regarder.

Non, monsieur... que lui voulez-vous?

DUMESNIL.

Eh mais! je ne me trompe pas... le fils de mon bienfaiteur... Monsieur Henri de Mortagne...

HENRI.

Vous, Marcel!..., vous, monsieur Dumesnil... je ne vous savais pas à Paris...

#### DUMESNIL.

J'y suis depuis trois jours... j'arrive de Nantes où tout m'a réussi au delà de mes espérances...

#### DELAUNAI.

Vous êtes bien heureux!...

#### DUMESNIL.

Oh! sans doute, et je m'empresse d'en remercier la famille de celui à qui je dois tout... (A Henri.) C'est votre père qui a obtenu pour moi une bourse au collège Mazarin... c'est là que j'ai été élevé, près de vous, monsieur Henri... mais avec du travail, de l'ordre et de l'économie, on arrive à la fortune, et grâce au ciel, j'ai fait la mienne.

#### DELAUNAI, avec joie.

Est-il possible!...

#### HENRI, d'un air peiné.

Je le sais... je le sais... (A part.) Il n'y a rien d'insolent comme ces nouveaux enrichis... (Haut.) Ne parlons pas de cela.

#### DELAUNAI.

Au contraire... parlons-en... Un homme qui a fait fortune est un homme estimable, qui est toujours bon à entendre, ne fût-ce que pour savoir comment il s'y est pris.

#### DUMESNIL.

Mon secret est facile et je ne le cache à personne... ma famille, qui était de la bonne et ancienne bourgeoisie, avait tout perdu lors du système de Law, et mon père réduit à la plus profonde détresse, ne pouvait même subvenir aux frais de mon éducation... M. de Mortagne se chargea de ce soin et, quand je sortis du collège, me proposa même de me faire obtenir une compagnie; mais comment parvenir dans le militaire quand on n'est pas gentilhomme?... Je le remerciai de ses bontés et ne voulant plus rien devoir qu'à moi-même, j'entrai dans un comptoir... bien des gens me blâment de mon peu de fierté... vous, monsieur Henri, tout le premier... que voulez-vous ?... chacun a de l'ambition à sa manière... moi (et ce fut la mienne) pendant trois années j'ai travaillé nuit et jour à Nantes chez un négociant qui a fini par m'associer à son commerce et qui, plus tard, l'a laissé seul à mon nom. C'est alors que de brillantes, mais sages opérations ont assuré mon crédit et ma fortune... et tout le monde me disait : Vous êtes assez riche, quittez le commerce, achetez quelque bonne charge qui vous anoblisse...

HENRI.

Vous, Marcel... il serait possible !... (A part.) Ces gens-là ne doutent de rien ! (Haut.) Et je comprends... c'est ce que vous êtes venu faire à Paris...

DUMESNIL.

Non, ma foi !... je reste négociant... Quels que soient les idées et les préjugés de mon siècle, il y aurait, selon moi, lâcheté et ingratitude à rougir d'un état à qui je dois mon aisance et mon bien-être; d'un état qui fait vivre des milliers d'ouvriers.

AIR : *Un jeune Grec assis sur des tombeaux.*

Il couvre au loin la mer de nos vaisseaux,
Puis, échangeant les trésors de la France,
Il y revient et, par mille canaux,
Y fait encor refluer l'abondance...
Et lorsqu'on fut, comme j'étais hier,
Un citoyen utile, on doit comprendre
Qu'on ne peut pas devenir, c'est bien clair,
Un gentilhomme oisif... Moi je suis fier,
　Et je ne prétends pas descendre.

HENRI, souriant.

Le pauvre Dumesnil... il me fait peine...

DUMESNIL.

Je vous fais rire de pitié... je le vois... mais un temps viendra... et ce temps, peut-être, n'est pas loin, où l'on jugera les hommes comme les livres, non sur le titre, mais par ce qu'ils contiennent, par ce qu'ils valent,... alors le talent, les arts, l'industrie, deviendront, en France, la noblesse véritable et réelle, car eux seuls mèneront à la fortune.

HENRI.

Voilà qui est trop fort !

DELAUNAI.

Cela rentre exactement dans mon système... et c'est parer en homme qui a de la noblesse... c'est-à-dire de l'argent dans sa poche.

DUMESNIL.

Cela ne m'empêche pas de faire mes affaires moi-même... et je viens recevoir chez madame la baronne de Spiedler un billet de quatre mille livres...

HENRI.

Comment !...

DUMESNIL.

Que je tiens d'un marchand tapissier avec qui j'étais en compte pour des bois des îles... des bois d'acajou... Connaissez-vous cette madame de Spiedler ?...

HENRI, avec embarras.

Oui certainement... c'est très bon... très solvable...

DUMESNIL.

C'est différent... me voilà tranquille et je puis me présenter sans crainte...

HENRI, avec embarras.

C'est que, dans ce moment, elle repose... elle a passé la nuit au bal...

DUMESNIL.

Pardon de mon indiscrétion... je reviendrai plus tard... tantôt dans la journée...

HENRI, de même.

Oui... dans la journée... ou plutôt faites mieux que cela... veuillez accepter, ce soir, à souper avec moi ici... chez la baronne, qui sera charmée de vous recevoir... ne vous formalisez pas d'une telle invitation, elle ne me désapprouvera pas... j'en suis sûr...

**DUMESNIL**, souriant.

Je comprends, monsieur Henri... et j'accepterais volontiers... surtout pour vous que j'ai grand plaisir à revoir... mais je n'ai qu'un jour à rester à Paris... et je suis engagé ce soir chez un de nos anciens camarades... à Mazarin, Overnai.

**HENRI.**

Overnai!... que je n'ai pas revu depuis le collège... c'est aussi un richard, à ce que j'ai entendu dire.

**DUMESNIL.**

Mais oui!... nous faisons des affaires ensemble...

**DELAUNAI.**

Excellente société!... ils sont tous riches... eh bien!... faisons la partie complète... amenez votre ami Overnai.

**HENRI.**

Il a raison!...

**DELAUNAI.**

Un petit souper de garçons...

**HENRI.**

Nous boirons aux souvenirs du collège...

**DELAUNAI.**

A l'amitié... à la fortune... à moins que dans le commerce, il soit défendu de s'amuser...

**DUMESNIL.**

Au contraire... mais Overnai n'osera peut-être pas venir ainsi chez madame de Spiedler qu'il ne connaît pas...

**HENRI.**

Que de cérémonies!...

AIR du vaudeville des *Blouses.*

Pour obtenir qu'à ce repas il vienne
Lui faut-il donc une invitation?...

**DELAUNAI.**

Je vais la faire! Oh! qu'à cela ne tienne!...
Où puis-je écrire?

**HENRI**, montrant la porte à gauche.

Ici, dans ce salon.

**DELAUNAI**, à Dumesnil.

Ma signature a moins de prix, je gage,
Que vos billets, qui, très-bons à tenir,
Valent de l'or!...

**DUMESNIL.**

Les vôtres davantage,
Je vais ce soir leur devoir un plaisir.

**TOUS.**

A ce banquet où l'amitié l'appelle
J'espère bien qu'il daignera venir.
Qu'on soit, le jour, aux affaires, fidèle,
Mais, que le soir appartienne au plaisir.

(Delaunai entre dans la chambre à gauche.)

## SCÈNE V.

### HENRI, DUMESNIL.

**DUMESNIL.**

Je ne suis pas fâché qu'il s'éloigne... car j'aurais à vous parler...

**HENRI.**

Et moi aussi, mon cher Dumesnil... mais ne rester qu'aujourd'hui à Paris et repartir demain pour Nantes... c'est trop prompt...

**DUMESNIL.**

Je ne vais pas à Nantes... mais à Toulouse...

**HENRI.**

A Toulouse!...

DUMESNIL.

Oui, embrasser mon père. En même temps, je reverrai le vôtre... toute votre famille... votre aimable sœur... et si vous avez pour eux quelques lettres, quelques commissions dont vous vouliez me charger...

HENRI.

Je vous remercie... moi-même j'espère sous peu faire aussi ce voyage.

DUMESNIL.

Ah! si j'y suis encore... quel bonheur de nous voir tous réunis... de se retrouver au milieu des siens... votre père vous aime tant!... il est si heureux et si fier de sa famille!

HENRI, à part.

Si fier!...

DUMESNIL.

Et il a bien raison!... votre position est si belle... si honorable... un grand nom! une belle fortune! le bonheur vous sourit... vous n'avez qu'à le laisser faire... ce n'est pas comme moi qui étais forcé de l'aller chercher.

HENRI.

Vous l'avez trouvé du moins...

DUMESNIL.

Oui, je porte à mon père la fortune que j'ai faite... je vais la partager avec lui...

HENRI.

Ah! vous dites vrai... vous devez être bien heureux... (à part, le regardant.) Il va enrichir son père... et j'ai ruiné le mien...

DUMESNIL.

Eh mais! monsieur Henri, qu'avez-vous donc?... pardon de mon indiscrétion... mais si vous aviez quelque grand chagrin qu'il fût en mon pouvoir d'alléger... je suis bien peu de chose... je ne suis qu'un marchand... un pauvre diable... mais c'est égal... si jamais je pouvais vous être utile...

###### HENRI.

Vous, Dumesnil!... (A part.) Et lui confier ma honte... lui emprunter... à lui!... ah! quelle humiliation.

###### DUMESNIL.

Aurais-je deviné juste?... eh bien! monsieur Henri, de la franchise. Au collège, vous étiez un peu fier, un peu orgueilleux, c'était votre seul défaut... ça aurait-il continué?... Vous auriez tort!... avec moi surtout. Nous sommes seuls... on ne peut nous entendre...

*AIR* du vaudeville de *Voltaire chez Ninon.*

Oui, du collège et de ses droits,
Je regrette le temps propice.
Nous étions égaux autrefois,
Je pouvais vous rendre service
Allons, un généreux effort,
Laissez-moi remonter en grade!
Acceptez!... que je puisse encor
Me croire votre camarade.

###### HENRI, prêt à avouer.

Eh mais!... (A part.) Dieu! l'on vient... (Haut.) Rien... mon cher Dumesnil... je n'ai rien, je vous jure...

## SCÈNE VI.

##### Les mêmes; JUSTINE.

###### JUSTINE, bas à Henri.

Il faut que je vous parle... madame ne sait que devenir... la marchande de modes apporte son mémoire... elle est là, elle attend...

###### HENRI, bas.

Tais-toi donc!... tais-toi!... (Haut à Dumesnil.) Vous permettez?...

###### JUSTINE.

Quel est ce monsieur?...

### HENRI.

Un autre créancier porteur contre elle d'un effet de quatre mille livres... mais j'ai gagné du temps... jusqu'à ce soir... je l'ai invité à souper...

### JUSTINE.

Et madame qui, de son côté, a aussi invité le prince napolitain...

### HENRI.

O ciel!

### JUSTINE.

C'est à ce sujet qu'elle veut absolument vous parler...

### HENRI.

Je ne puis en ce moment!...

### JUSTINE.

Elle dit qu'elle va s'empoisonner...

### HENRI.

J'y vais... je te suis... (A Dumesnil.) Pardon, mon cher ami, je reviens à l'instant... mais ce soir... ce soir n'y manquez pas... je compte sur vous...

(Il entre avec Justine dans la chambre à droite.)

## SCÈNE VII.

### DUMESNIL, seul.

Non certainement, je n'y manquerai pas... et je suis désolé qu'on soit venu nous interrompre... trois fois j'ai voulu lui parler de sa sœur et je n'ai jamais osé... il est vrai que venant de lui faire des offres de service... je ne pouvais plus... c'était impossible... j'aurais eu l'air d'en réclamer le prix.

## SCÈNE VIII.

### DUMESNIL, DELAUNAI.

DELAUNAI, sortant de la porte à droite.

Voici la lettre d'invitation pour votre ami Overnai que nous recevrons avec grand plaisir... je dis nous, parce que Henri et moi, nous ne faisons qu'un... c'est Oreste et Pylade...

DUMESNIL.

Quoi! vous êtes son ami, son confident?... vous êtes plus heureux que moi qui n'ai pu, tout à l'heure, lui arracher un secret qui le tourmente...

DELAUNAI.

Et que je crois avoir deviné... il a besoin d'argent... je tâcherai d'arranger cela...

DUMESNIL.

Non pas... après les obligations que j'ai à sa famille... c'est moi que cela regarde... et si deux mille écus peuvent lui être agréables...

DELAUNAI.

Vous! un négociant!... cela vous gênerait...

DUMESNIL.

Du tout... j'ai avec moi des fonds considérables...

DELAUNAI.

Des fonds pour votre commerce?...

DUMESNIL.

Non!... je les destine à un autre usage... j'ai appris que les biens que ma famille possédait autrefois aux environs de Toulouse étaient en vente... je les ai fait racheter en secret... je pars demain pour en apporter le prix au notaire : deux cent mille livres en or, et je me présenterai devant mon père en lui disant : « Ces biens qui vous appartenaient et que le malheur vous avait enlevés, mon travail vous les rend, les voilà, soyez riche et heureux » Ah! quel moment!... ce sera le plus beau de ma vie...

DELAUNAI.

C'est superbe!... c'est sublime!... et deux cent mille livres en or, dans votre chaise de poste...

AIR du vaudeville des *Maris ont tort*.
Avoir une somme aussi belle!...

DUMESNIL.

Devant moi dans mon coffre-fort...

DELAUNAI.

Voilà, mon cher, ce que j'appelle
Savoir gaîment rouler sur l'or ;
Le voyage me plairait fort,
Avec vous je voudrais le faire,
Et serais charmé, sur ma foi,
Moi qui suis toujours en arrière,
D'avoir de l'argent devant moi.

C'est à cause de cela... de l'arriéré dont je vous parle, que j'accepte, pour mon ami, les deux mille écus...

DUMESNIL.

C'est à une condition...

DELAUNAI.

Ah diable!...

DUMESNIL.

C'est que vous ne lui en parlerez pas... c'est pour moi d'une importance plus grande que vous ne pouvez le penser.

DELAUNAI.

Et comment cela ?...

DUMESNIL, hésitant.

Je puis vous le confier, à vous qui êtes son ami... et qui, maintenant, je l'espère, êtes le mien...

### DELAUNAI.

A la vie... et à la mort... disposez de moi et de tout ce que je possède...

### DUMESNIL, lui serrant la main.

Ah c'est trop !...

### DELAUNAI.

Du tout... c'est moins que rien ! eh bien ! achevez...

### DUMESNIL.

Eh bien ! élevé d'abord dans la maison de M. de Mortagne... et plus tard, quand j'étais au collège, y allant chaque année passer mes vacances. . je n'ai pu voir la sœur de Henri, la charmante Hélène sans l'aimer... ou plutôt cet amour me semble inné en moi, c'est ma vie, c'est mon être... C'est pour combler la distance qui nous séparait que j'ai rêvé la fortune... que je travaillais jour et nuit... on me croyait avare, intéressé... oui ! je l'étais... oui ! cet or m'était cher... précieux... il me rapprochait d'elle... et maintenant que je suis arrivé au comble de mes vœux... me voilà plus tremblant que jamais... M. de Mortagne qui tient à la noblesse de sa maison, à cette noblesse de robe dont il est si fier... voudra-t-il pour gendre... un homme sans naissance, un négociant... un roturier, en un mot. Ah! si son fils me protégeait et parlait pour moi... j'aurais du moins quelque espoir... mais je n'ai jamais osé...

### DELAUNAI.

Une demande en mariage... (A part.) Il ne sait pas encore la nouvelle... ne lui en disons rien... (Haut.) Je comprends... c'est à moi de parler pour vous...

### DUMESNIL.

Quoi! monsieur, vous seriez assez bon...

### DELAUNAI.

Mais avant tout dites-moi, du côté de la jeune personne, y a-t-il quelque espoir ?...

DUMESNIL.

Vous comprenez bien que jamais je ne lui ai parlé de mon amour... mais il me semble qu'elle ne peut en douter...

DELAUNAI.

Et probablement elle en a été touchée?

DUMESNIL.

Elle ne me l'a jamais dit... pourtant je le crois... et ce médaillon que je tiens de son amitié, de sa seule amitié ne me quittera jamais!...

DELAUNAI.

C'est bien, jeune homme, de la délicatesse... de la sensibilité... nous nous comprenons!... cela s'arrangera...

*AIR de Cendrillon.*

Tantôt, mon cher, vous reviendrez ici,
    Pendant ce temps laissez-moi faire ;
C'est à moi seul de plaider votre affaire
En avocat ou plutôt en ami.
Moi, si j'avais une sœur, je voudrais
    Vous nommer ce soir mon beau-frère.

DUMESNIL.

Que de bontés!...

DELAUNAI.

    Non, c'est moi qui croirais
Avoir fait une bonne affaire.

*Ensemble.*

DELAUNAI.

Tantôt, mon cher, vous reviendrez ici, etc.

DUMESNIL.

Oui, je reviens et, par vous, aujourd'hui,
    Le sort me deviendra prospère
Si vous parlez pour moi, près de son frère,
En avocat ou plutôt en ami.

(Il sort.)

## SCÈNE IX.

### DELAUNAI, puis HENRI.

#### DELAUNAI.

C'est une connaissance très-utile que je viens de faire là. (Apercevant Henri.) Ah! te voilà?... comme tu es troublé... qu'y a-t-il donc?...

#### HENRI.

Où est M. Dumesnil?

#### DELAUNAI.

Parti, mais il reviendra!

#### HENRI.

A la bonne heure! il faut que je lui parle... je n'ai d'espoir qu'en lui... tout-à-l'heure il m'a fait des offres de service que l'amour-propre... que la honte... m'ont empêché d'accepter... mais maintenant il le faut...

#### DELAUNAI, souriant.

C'est déjà fait... il nous prêtera...

#### HENRI.

Combien?

#### DELAUNAI.

Deux mille écus.

#### HENRI.

Ce n'est pas assez.

#### DELAUNAI.

Et comment cela?

#### HENRI.

Eh oui! tout-à-l'heure, vaincu par les larmes, par l'effroi de la baronne... car des huissiers allaient tout saisir chez elle... et plus encore, s'il faut le dire, tourmenté par la jalousie, par la crainte qu'elle n'eût recours à ce prince italien... j'avais envoyé toucher ces deux effets... je lui en ai abandonné la moitié...

DELAUNAI.

Quinze mille livres!... y penses-tu? quelle extravagance!...

HENRI.

C'est fait.

DELAUNAI.

Tu veux donc nous ruiner...

HENRI.

J'espérais que Dumesnil me remplacerait cette somme...

DELAUNAI.

Tu le peux encore.

HENRI.

Lui emprunter de nouveau...

DELAUNAI.

Tu le peux sans crainte... il sera trop heureux... car je puis t'apprendre un secret... il aime ta sœur... et je crois même qu'il en est aimé.

HENRI.

Que me dis-tu là? lui, un misérable élevé chez nous par pitié!

DELAUNAI.

Qu'est-ce que cela fait!... il veut l'épouser, et en lui laissant cet espoir...

HENRI.

Oser aspirer à sa main!... oser la séduire!... A cette idée seule, tout mon orgueil se révolte et je punirai une telle audace...

DELAUNAI.

Aller lui chercher querelle... à lui... à l'argent qu'il nous apporte...

2.

#### HENRI.

Je n'en veux pas... qu'il le reprenne... je ne veux rien de lui...

#### DELAUNAI.

Eh bien! ce n'est pas à toi qu'il le prête... c'est à moi, qui, grâce au ciel, n'ai ni sœur, ni orgueil de naissance... car c'est inconcevable à quel point c'est dans le sang, ils sont étonnants, ma parole d'honneur!...

#### HENRI.

Quoi! une pareille pensée ne te révolte pas?... Ah! si mon père en était instruit... et il le saura...

#### DELAUNAI.

Il ne s'agit pas de ton père... mais de nous qui sommes ruinés... et puisque tu ne veux plus avoir recours au négociant...

#### HENRI.

Jamais!...

#### DELAUNAI.

Il n'y a plus qu'un moyen... nous avons grand monde ce soir... pendant que j'étais en train de faire des invitations, j'en ai adressé à d'autres qu'au négociant Overnai... on jouera avant le souper... nous avons de l'argent.

#### HENRI, vivement.

Tu as raison!

#### DELAUNAI.

Il y aura des étrangers...

#### HENRI.

Le prince napolitain.

#### DELAUNAI.

Un rival! tant mieux! et cet Overnai qu'on dit tout cousu d'or!...

#### HENRI.

Et ce Dumesnil, si fier de sa fortune...

DELAUNAI.

*AIR :* Oui, de cette terre sauvage. (*La Vieille.*)

Ah ! pour nous quel bonheur extrême !

HENRI.

Oui, qu'ils soient tous les bienvenus !

DELAUNAI.

Voilà les ennemis que j'aime...

HENRI.

Des affronts que j'en ai reçus
Nous nous vengerons ici même...

DELAUNAI.

Et sur eux et sur leurs écus

HENRI.

Oui, sur eux...

DELAUNAI et HENRI.

Et sur leurs écus.

DELAUNAI.

Ah ! quel plaisir, mon cher, que la vengeance !
Notre arriéré, mémoires et dépense,
Nos créanciers et ceux de la baronne,
Jusqu'au souper qu'ici l'amitié donne,
Par l'ennemi ce soir tout est payé ;
Vive l'argent et l'amitié !...

HENRI et DELAUNAI.

Par l'ennemi, ce soir, tout est payé ;
Vive l'argent et l'amitié !

(*Ici entrent deux domestiques qui disposent la table pour le jeu, y placent des flambeaux, et approchent des fauteuils ; d'autres placent des flambeaux sur le piano.*)

HENRI *s'arrêtant.*

Mais un instant... si la chance tournait... si nous perdions...

DELAUNAI, *froidement.*

Nous ne perdrons pas.

### HENRI.

Eh! qu'en sais-tu?

### DELAUNAI.

Je t'en réponds! est-ce que tu perds jamais quand tu joues avec moi?... est-ce que tu ne te rappelles pas le jour où nous avons gagné cinq cents louis à ces Anglais?... Ce soir, ce sera de même si tu me laisses faire, je te conseillerai, sois tranquille... aie seulement les yeux sur moi.

### HENRI.

Delaunai!... une telle proposition...

### DELAUNAI.

Est celle d'un ami... (Voyant qu'il fait un geste.) Je sais ce que tu vas me dire... tu vas me parler de ton nom, de tes aïeux... nos aïeux n'y regardaient pas de si près... le chevalier de Grammont, dont la famille était alliée à la tienne, et tous les seigneurs de son temps, qui étaient bons gentilshommes... se faisaient gloire de ce qui te fait hésiter... et cependant ils n'avaient pas les mêmes raisons que toi... car il y va de ton honneur... qu'il faut sauver... et si tu aimes mieux perdre maîtresse, fortune, avenir...

### HENRI.

Tais-toi!... tais-toi!... l'on vient...

### DELAUNAI, à part.

Allons donc!... on a bien de la peine à lui faire entendre raison.

## SCÈNE X.

Les mêmes; DUMESNIL, OVERNAI, le Prince italien. — Plusieurs personnes, Hommes et Femmes invités, que Delaunai salue et fait asseoir.

### LE CHOEUR.

*AIR :* Chantons ce mariage. (*Le Philtre.*)

Le plaisir nous appelle,
Il lui faut obéir;

Que chacun soit fidèle
Au signal du plaisir !

DELAUNAI, bas à Dumesnil.

Au gré de votre attente
J'ai déjà parlé... ça va bien !
Mais point de démarche imprudente,
Et, pour qu'on ne soupçonne rien...
(Haut.)
Quelques tours de trente-et-quarante,
Monsieur Marcel...

DUMESNIL.

Soit !
(A part.)
Singulier moyen !

LE CHŒUR, pendant que l'on place les tables de jeu.

Le plaisir nous appelle, etc.

DUMESNIL.

Je vous avoue que je n'y entends pas grand'chose... je ne joue jamais.

DELAUNAI.

Bon ! le trente-et-quarante... cela se joue tout seul.

DUMESNIL.

Nous jouerons petit jeu, n'est-ce pas... parce que... un négociant...

DELAUNAI.

Bah ! quelques louis pour commencer... Allons, Henri, fais la banque et tiens tête à ces messieurs.

(Les joueurs se placent autour de la table.)

HENRI, troublé.

Mais en vérité... je ne sais...

DELAUNAI, aux autres joueurs.

Oui ! il a du malheur !... il perd toujours... mais comme maîtres de maison, c'est à nous de faire les honneurs à ces messieurs... nous serons associés... (Bas à Henri.) Allons, du courage... laissons-les d'abord gagner et pour cela, je t'abandonne à toi-même et à tes propres forces... (Se tournant vivement vers des dames.) Ces dames veulent-elles bien s'asseoir? (Les dames prennent place sur les canapés qui sont dans le fond.) Pendant que ces messieurs sont plongés dans les combinaisons du jeu... nous pourrions faire de la musique.

LES DAMES.

Ah! oui... de la musique...

HENRI, jouant.

Trente et un pour les pontes!

DELAUNAI.

A merveille!... cela commence bien. (Aux dames.) Si madame de Saint-Albin veut se mettre au piano... nous allons dire quelque chose... de Floquet ou de Piccini. (Une dame se place au piano, la ritournelle commence.) J'ai peu de voix, mais on s'en tire avec de la méthode...

HENRI, jouant et parlant.

Trente-quatre!... j'ai perdu!...

DELAUNAI, parlant et tenant un papier de musique.

Je vous disais bien qu'il avait du malheur... (Aux dames.) Voici un morceau du dernier opéra.

FINALE.

AIR : O fortune à ton caprice. (*Robert le Diable.*)

Sur la fortune inconstante
Bien fou qui compte un instant,
Elle est femme, elle est changeante,
Elle tourne au moindre vent!
 L'or est une chimère,
 Sachons nous en servir!

HENRI, parlant sur la ritournelle.

Encore!... c'est insupportable.

DELAUNAI et LE CHOEUR.

Sur la fortune inconstante,
Bien fou qui compte un instant,
Elle est femme, elle est changeante,

Elle tourne au moindre vent !
L'or est une chimère,
Sachons nous en servir,
Le vrai bien sur la terre
N'est-il pas le plaisir ?

HENRI, avec désordre.

Nous mettons !... deux cents louis !

DELAUNAI, bas à Henri.

Il est temps que tu partes...

(Haut.)

Diable !... un moment, Messieurs...

DUMESNIL.

Deux cents !...

HENRI.

Trois cents !...

DUMESNIL.

Trois cents !...

DELAUNAI.

Le coup vraiment
Devient par trop intéressant;
(Prenant la place d'Henri.)
Pour changer le destin, c'est moi qui prends les cartes...
(Bas, à Henri.)
Je suis sûr du succès...

HENRI, de même.

Tu le crois ?...

DELAUNAI, de même.

J'en réponds !...

(A part.)

Et cette fois nous les tenons.

(La musique est suspendue.)

DELAUNAI.

Allons, Messieurs, faites le jeu...

## SCÈNE XI.

LES MÊMES ; JUSTINE, qui est entrée vers la fin de la scène précédente, apportant un plateau de rafraîchissements, en a offert aux dames qui sont assises, puis se tournant vers les joueurs, elle se trouve en face de Delaunai et fait un geste de surprise.

### JUSTINE.

Ah! mon Dieu! si ce n'était ce bel habit, cette tournure brillante, je croirais que c'est mon perfide... le coureur du prince de Vaudemont.

### DELAUNAI, tirant les cartes.

Attention... je commence!

### JUSTINE, à part.

La même voix... c'est lui!...

### DELAUNAI, retournant.

Vingt-cinq... et un valet!...

### JUSTINE, à part.

C'est bien cela... c'est mon mari...

### DELAUNAI.

Trente-cinq pour les pontes.

### DUMESNIL.

Ce n'est pas trop beau jeu.

### DELAUNAI.

C'est selon... voyons pour nous. (Levant les yeux et apercevant Justine qui le regarde avec attention; à part.) Juste ciel!... qu'est-ce que je vois là?... O chienne de rencontre... et comment m'y soustraire?...

### DUMESNIL.

Eh bien? allez donc!

### DELAUNAI, balbutiant, tirant les cartes au hasard et regardant alternativement les joueurs et Justine.

Vous avez raison... mais c'est que dans ce moment...

six... onze... (A part.) Il n'y a pas de doute... c'est bien elle... (Haut.) Seize!...

DUMESNIL.

On dirait que votre main tremble...

DELAUNAI.

C'est possible... l'émotion... un coup si important... vingt-neuf!...

DUMESNIL.

Un beau point! et la dernière?...

DELAUNAI, en jetant une tout troublé.

La voici...

DUMESNIL, regardant.

Trente-neuf!... nous avons gagné!...

(Justine s'éloigne avec son plateau et gagne le fond.)

DELAUNAI, à part.

Dieux! moi qui, dans mon trouble, jette une dame au lieu d'un deux... au diable les femmes... et surtout la mienne!...

HENRI, passant près de lui.

Je ne sais plus où j'en suis...

DELAUNAI.

Ni moi non plus... (A part.) Mais je ne la vois plus... elle ne m'aura peut-être pas reconnu... (Avec force.) Quitte ou double, messieurs, quitte ou double!

TOUS.

Volontiers!

DELAUNAI, à Henri.

Donne-moi de l'argent... tout ce qui te reste...

HENRI, lui donnant sa bourse.

Tiens!... mais si nous perdons...

(Il s'éloigne de lui et s'approche des dames; en ce moment Justine, tenant son plateau, s'approche de Delaunai, à sa gauche.)

JUSTINE, bas à Delaunai.

Te voilà donc, traître!...

SCRIBE. — Œuvres complètes    IIme Série. — 2ime Vol. — 3

DELAUNAI, à part.

Encore elle!... (Haut, voulant l'éloigner.) Merci, ma chère amie, je n'ai besoin de rien, je ne veux rien...

JUSTINE, bas.

Mais moi... je veux te démasquer...

TOUS, avec impatience.

Allons donc!... commencez!...

DELAUNAI.

M'y voilà... quinze... dix-huit... (Bas à Justine.) Sois sûre que mon amour...

JUSTINE, de même.

Je ne veux pas de ton amour... mais de mes deux mille écus...

DELAUNAI, de même.

Tu les auras... (Haut.) Vingt-huit!... trente-cinq!... pour les pontes... je suis en nage... (Haut à Justine.) et vous êtes là avec vos rafraîchissements, il y a de quoi me donner une fluxion de poitrine... attendez que j'aie gagné (Bas.) et vous aurez votre argent.

JUSTINE, de même.

Je le veux à l'instant, ou je te fais arrêter!

DELAUNAI, de même, troublé.

Me faire arrêter?

TOUS.

Eh! allez donc...

DELAUNAI, hors de lui.

Trente!... quarante!...

HENRI.

Perdu!

DELAUNAI, à part.

C'est fait de nous!

*Ensemble.*

(Reprise du finale de *Robert le Diable*.)

AIR : Malheur sans égal.

**DELAUNAI et HENRI.**

Ah ! le sort jaloux !
Qui pèse sur nous
De ses derniers coups
Aujourd'hui nous frappe !
Efforts impuissants,
De mes doigts tremblants
L'or fuit... et je sens
Que ma raison m'échappe.

**JUSTINE**, à part.

Quoi ! c'est mon époux !
De ses derniers coups
Le destin jaloux
Aujourd'hui me frappe !...
Efforts impuissants,
De ses doigts tremblants
L'or fuit !... et je sens
Qu'hélas ! ma dot m'échappe !...

**DUMESNIL et LE CHŒUR.**

Ah ! le sort jaloux
Qui pèse sur vous
De ses derniers coups
Aujourd'hui vous frappe !
Nos vœux, je le sens,
Seraient impuissants...
De ses doigts tremblants
Son or fuit et s'échappe.

(Au moment où l'on va sortir, le commissaire et les soldats paraissent. — La musique continue piano, jusqu'à la reprise du chœur.)

## SCÈNE XII.

Les mêmes ; un Commissaire et plusieurs Soldats du guet.

### LE COMMISSAIRE, en dehors aux soldats.

Halte-là... gardez toutes les issues... que personne ne bouge...

### TOUS.

Que vois-je !...

### LE COMMISSAIRE, montrant Delaunai.

Au nom du Roi, emparez-vous de cet homme... (Montrant Henri.) et de son complice que voilà !...

### HENRI.

Moi !... qu'osez-vous dire ?

### DUMESNIL, au commissaire.

Arrêtez, monsieur, vous êtes dans l'erreur... c'est le chevalier Delaunai et M. Henri de Mortagne, fils du premier président de Toulouse.

### LE COMMISSAIRE.

Impossible !... c'est une maison suspecte où l'on ne vous a attirés que pour vous ruiner.

### DUMESNIL.

On vous a abusé, car c'est nous, au contraire, qui gagnons à ces messieurs une somme considérable... une vingtaine de mille francs...

### LE COMMISSAIRE.

Est-il vrai ?

### DELAUNAI.

Oui, monsieur.

DUMESNIL.

Et je réponds d'eux, moi, Marcel Dumesnil, négociant... fournisseur de la marine...

LE COMMISSAIRE.

M. Dumesnil!... c'est différent... votre nom seul, monsieur, vaut toutes les garanties possibles...

(Il sort avec les soldats.)

*Ensemble.*

DELAUNAI, à part.

Le destin jaloux
Qui pèse sur nous,
De ses derniers coups
Aujourd'hui me frappe!...
Fuyons d'ici... fuyons,
Nous le retrouverons,
Fuyons, fuyons.

HENRI, à part.

Le destin jaloux
Qui pèse sur nous,
De ses derniers coups
Aujourd'hui me frappe!
Fuyons d'ici, fuyons,
C'est mon dernier espoir, courons,
Fuyons, fuyons!

DUMESNIL.

Ah! le sort jaloux
Qui pèse sur vous
De ses derniers coups
Aujourd'hui vous frappe!
Partons, adieu, partons,
Oui, nous nous reverrons,
Partons, partons.

JUSTINE et LE CHŒUR.

Le destin jaloux,
Qui pèse sur vous,
De ses derniers coups

Aujourd'hui vous frappe
Fuyons d'ici, fuyons;
Nous le retrouverons,
Fuyons, fuyons!

# ACTE DEUXIÈME

Un salon de campagne orné de corps de bibliothèque et formant le cabinet de M. de Mortagne. — Une table à droite de l'acteur.

### SCÈNE PREMIÈRE.

HÉLÈNE, seule, est assise près de la table et y jette un livre qu'elle tenait à la main.

Déjà neuf heures !... mon père m'a dit de l'attendre dans son cabinet... cet entretien m'inquiète, j'ai bien peur qu'il n'ait deviné mon secret ! oh oui !... un juge... un président au parlement... ces messieurs sont tellement habitués à lire dans le fond du cœur !... (Se levant.) C'est sa faute, après tout, si je me suis attachée à ce pauvre Marcel !... il me vantait toujours son caractère, sa loyauté, le courage avec lequel il luttait contre l'infortune...

AIR : Il m'en souvient, longtemps ce jour.

C'est la faute de tous les miens
Si j'ai pour lui de la tendresse,
Ma mère aussi, je m'en souviens,
De Marcel me parlait sans cesse !
Plus tard, dans mon cœur attendri,
Me rappelant sa voix si chère,
Malgré moi, je pensais à lui,
En croyant penser à ma mère.

Et maintenant... (Soupirant.) l'on veut que j'en épouse un autre... Ah ! jamais !... si quelqu'un mérite des reproches, ce n'est pas moi, c'est ma famille... et je leur dirai bien à tous!... Ah! mon Dieu! c'est mon père...

## SCÈNE II.

### HÉLÈNE, M. DE MORTAGNE.

M. DE MORTAGNE, parlant au fond à deux domestiques.

Le souper dans une heure... et que l'on prépare pour demain les appartements de M. de Beaugé.

HÉLÈNE, à part.

Encore ce vilain futur! on ne s'occupe que de lui!...

M. DE MORTAGNE.

Te voilà, mon enfant!

HÉLÈNE, timidement.

J'attendais vos ordres, mon père...

M. DE MORTAGNE, avec bonté.

Mes ordres! est-ce donc là le langage qui nous convient, ma chère Hélène? je veux causer avec toi... parce qu'autrefois tu me disais tout... est-ce que nous aurions perdu nos bonnes habitudes, et ton père ne serait-il plus ton confident, ton meilleur ami?

HÉLÈNE, timidement.

Oh! toujours... mais...

M. DE MORTAGNE.

Pas pour certains secrets... Écoute ma fille... depuis la mort de ta bonne mère, vivant loin du monde, j'ai pensé que ton cœur n'avait pu cesser d'être libre, et j'ai disposé de ta main, sans te consulter; c'est un tort, j'en conviens, car tu sais si je t'aime et si le bonheur de mes enfants est l'objet de mes soins...

HÉLÈNE, tendrement.

Ah! je le sais, mon père!...

M. DE MORTAGNE.

Eh bien!... depuis que ce mariage est décidé, tu es triste, rêveuse, j'ai surpris plus d'une fois des larmes dans tes yeux... parle-moi sans détours, me serais-je trompé? aimerais-tu quelqu'un? (Hélène garde le silence.) Tu gardes le silence? c'est répondre clairement... Mon enfant, pourquoi ne m'en as-tu rien dit?

HÉLÈNE, timidement et après avoir hésité.

Vous ne me l'avez pas demandé...

M. DE MORTAGNE, souriant.

C'est juste! c'est ma faute!... et dis-moi, y a-t-il longtemps que tu l'aimes?

HÉLÈNE.

Oui, mon père.

M. DE MORTAGNE.

Ainsi, il a abusé de l'inexpérience de ton âge, pour t'inspirer un amour... cela annonce peu de délicatesse...

HÉLÈNE, à part.

Ah! mon Dieu! il se prévient déjà!... ce pauvre Marcel va perdre son amitié.

M. DE MORTAGNE.

Et quel est ce jeune homme? car c'est un jeune homme?

HÉLÈNE, hésitant.

Oui, mon père... c'est un jeune homme.

M. DE MORTAGNE.

Qui est bien, sans doute?...

HÉLÈNE.

Il est très-bien...

M. DE MORTAGNE.

Et son nom?

HÉLÈNE.

Si cela vous est égal... j'aimerais mieux ne pas vous le nommer.

3

M. DE MORTAGNE, avec bonté.

Soit, ma fille, ne le nomme pas; c'est ici que tu l'as vu?...

HÉLÈNE.

Oui, mon père.

M. DE MORTAGNE.

Est-il encore dans ce pays?...

HÉLÈNE.

Non.

M. DE MORTAGNE.

En partant, a-t-il reçu de toi quelque souvenir, quelque gage de tendresse?...

HÉLÈNE.

Un médaillon... qu'un jour je lui donnai en présence de ma mère... qu'il plaça sur son cœur, et qu'il jura de conserver toute sa vie!...

M. DE MORTAGNE.

Toute sa vie!... c'est-à-dire quelques mois... quelques jours...

HÉLÈNE.

Ah! si je le croyais!

M. DE MORTAGNE.

AIR : T'en souviens-tu?

Un jeune cœur qui ne peut rien connaître
Croit que l'amour ne doit jamais finir;
Tu ne sais pas qu'un matin le voit naître,
Et que le soir souvent le voit mourir!
Pleurant alors une erreur mensongère
Tu reviendras implorer mon secours...
   Car, mon enfant, l'amour d'un père
   Est le seul qui dure toujours.

Tu vois bien que si tu avais raisonné un moment...

HÉLÈNE, confuse.

Que voulez-vous, mon père! je l'aimais, je ne raisonnais pas.

M. DE MORTAGNE, avec bonté.

Et voilà le mal... Écoute, ma fille, tu ne voudrais pas me donner un chagrin, toi, mon espoir, ma consolation.

HÉLÈNE, vivement.

Oh! jamais... jamais!...

M. DE MORTAGNE, l'attirant à lui avec tendresse.

Dans cet amour que rien ne justifie, tu ne vois toi-même que des obstacles, signe certain qu'il est déraisonnable. Dans l'époux que ma tendresse t'a choisi, au contraire, fortune, considération, naissance, tout se trouve réuni... c'est le fils de mon plus vieil ami... l'honneur, la loyauté même! jeunes encore et quoique lancés dans deux carrières bien différentes, lui colonel, moi magistrat... le marquis de Beaugé me voua un attachement qui ne s'est jamais démenti... Lorsque les parlements furent en disgrâce, il voulut me cacher chez lui, au risque de perdre sa faveur, son crédit... plus tard, ce fut à son zèle éclairé que je dus la main de ta mère, mon Hélène, qui fit trente ans ma joie et mon bonheur... aujourd'hui c'est encore lui qui veut être le protecteur de ton frère et lui faciliter son entrée dans la carrière des armes... et pour prix de tant d'amitié, quand il me demande, à son tour, le bonheur de son fils... quand je lui ai donné ma parole... il faudrait y manquer... se montrer injuste... ingrat, moi, ma fille, qui, dans une carrière aussi longue qu'honorable, n'ai jamais manqué à la plus simple promesse donnée même à un indifférent!... moi, que la plus légère atteinte à l'honneur ferait mourir de honte et de désespoir... Songes-y bien, mon enfant, je ne te parle pas en père, c'est un ami qui cause avec toi, qui s'adresse à ton cœur, et maintenant que nous nous sommes dit nos raisons, nos motifs, décide toi-même ce qui est le plus sage et lequel de nous deux doit céder à l'autre...

HÉLÈNE, dans les bras de son père.

Ah! c'est moi, mon père, je le vois bien... j'étais préparée à votre colère, à votre sévérité... mais vous êtes si bon!... comment voulez-vous que je me défende?...

M. DE MORTAGNE, ému et après un silence.

Ainsi tu consens?

HÉLÈNE, avec effort.

Oui, mon père, je le dois...

M. DE MORTAGNE.

Tu oublieras cet autre amour.

HÉLÈNE.

Je tâcherai...

M. DE MORTAGNE.

Et tu seras heureuse.

HÉLÈNE, essuyant une larme.

Oui, mon père, puisque vous le serez.

M. DE MORTAGNE, attendri.

Ah! je n'espère pas moins, et puis, tu as encore quelque temps devant toi... pour te donner du courage... Le contrat, il est vrai, devait se signer demain, à l'arrivée de ton futur... nos amis de Toulouse et des environs sont déjà réunis... mais mon fils, qui devrait être près de nous depuis plusieurs jours, n'est pas encore arrivé et cependant il devrait avoir hâte de nous voir... et puis de faire connaissance avec ce nouveau domaine, dont je lui ai annoncé l'acquisition.

HÉLÈNE.

Oh! il faut attendre mon frère. (A part.) C'est toujours cela de gagné. (Haut.) Vous croyez qu'il n'a pas quitté Paris?

M. DE MORTAGNE.

Je l'ignore... ce voyage est pour moi une source de chagrins... on m'assure qu'entraîné par un fol amour pour une coquette qui le domine... (Écoutant.) Eh! mais, qu'entends-je? un bruit de chevaux!...

HÉLÈNE, courant à une fenêtre.

Les domestiques s'empressent... courent à la grille...

M. DE MORTAGNE.

J'entends des cris de joie...

HÉLÈNE.

A la lueur des flambeaux !... c'est lui... c'est mon frère...

M. DE MORTAGNE, avec un cri de joie.

Henri !... mon fils ! au moment où je l'accusais ! ah ! courons !...

VOIX, du dehors.

Le voici !... le voici !...

## SCÈNE III.

LES MÊMES; HENRI, DELAUNAI en habits de voyage. — PLUSIEURS DOMESTIQUES. M. de Mortagne et Hélène s'élancent vers Henri qu'ils pressent dans leurs bras; celui-ci est pâle, défait et jette souvent des regards inquiets autour de lui. Delaunai salue tout le monde d'un air dégagé.

M. DE MORTAGNE, embrassant Henri.

Mon fils !...

HÉLÈNE, de même.

Mon frère !...

M. DE MORTAGNE.

Mon Henri !... je te revois enfin... je suis le plus heureux des pères...

DELAUNAI, s'essuyant les yeux.

Impossible de retenir ses larmes... un pareil spectacle !... (A part.) J'étais né pour avoir une famille, moi ! un père surtout... figure vénérable... sensible... généreux... des cheveux blancs et quatre-vingt mille livres de rentes... ça m'a toujours manqué... (A Henri.) Présente-moi donc à ta respectable famille...

HENRI, d'une voix tremblante en présentant Delaunai.

Le chevalier Delaunai, mon père, qui a bien voulu m'accompagner...

DELAUNAI, passant auprès de M. de Mortagne et saluant.

C'est bien indiscret à moi, monsieur le premier président... mais nous sommes si liés avec ce cher Henri...

M. DE MORTAGNE.

Ses amis sont les miens et toujours sûrs d'être bien accueillis!... j'aurai peu de distractions à vous offrir, monsieur le chevalier... la chasse... la promenade... une réunion d'amis... quelques membres du parlement qui ont profité des vacances pour venir passer une quinzaine avec moi... vous savez, la vie de château...

DELAUNAI.

Ah! des confrères du parlement... c'est charmant... vous pourriez faire un petit tribunal entre vous... au reste, c'est une société délicieuse... j'adore la magistrature moi! profession si noble, si admirable... l'appui de l'innocence, l'effroi des pervers!... j'ai eu un oncle président à mortier, et, dans ma jeunesse, on voulait me faire avocat général... mais nous autres gentilshommes, à vingt ans, vous savez... l'épée, les épaulettes... c'est si séduisant!...

HENRI, bas à Delaunai.

Tais-toi!... n'a-t-on pas frappé à la porte?

DELAUNAI, bas.

Eh! non... calme-toi donc, il n'y a plus de danger... si tu te voyais dans la glace, tu as une figure de déterré. (Haut.) Le pays paraît fort agréable...

M. DE MORTAGNE.

Position délicieuse, six lieues avant Toulouse... j'espère que vous pourrez en juger à votre aise... vous nous donnerez quelques jours, chevalier... vous restez à la noce de ma fille?...

DELAUNAI, avec empressement.

Oui, je sais que mademoiselle se marie!...

M. DE MORTAGNE.

Nous n'attendons plus que le futur et tout est prêt... le contrat... la dot...

DELAUNAI.

La dot...

M. DE MORTAGNE.

Oui, cette terre que je viens d'acheter pour elle et cent mille livres que mon notaire vient de m'envoyer.

DELAUNAI.

Cent mille livres!...

AIR du vaudeville de *l'Homme vert.*

Votre gendre est digne d'envie,
Chacun voudrait avoir ses droits...
(Passant auprès d'Hélène.)
Dot superbe et fille jolie...
Ah! c'est trop de biens à la fois!
Un seul des deux devrait suffire
Pour être heureux!... et, si jamais
J'avais le choix, je puis le dire...
(A part.)
Je sais bien ce que je prendrais...

M. DE MORTAGNE.

Mais vous devez avoir besoin de repos... (Regardant Henri.) Eh! bon Dieu! qu'as-tu donc? comme tu es pâle... abattu...

DELAUNAI.

Ce n'est rien... la fatigue... le voyage...
(Il passe à la gauche de Henri.)

HÉLÈNE.

Il ne m'a pas encore dit un mot... moi qui suis enchantée de son retour et, cependant, j'y ai du mérite.

HENRI.

Pourquoi donc?

###### M. DE MORTAGNE.

Rien! un enfantillage... je vais faire servir le souper sur-le-champ...

###### DELAUNAI.

Pardon... nous sommes, vraiment, dans un état déplorable... je vous demanderai la permission de prendre un habit plus décent.

###### M. DE MORTAGNE.

Très-volontiers... (A un vieux valet de chambre qui tient un flambeau.) Antoine, conduisez M. le chevalier...

###### DELAUNAI.

Mille grâces... (Passant près de Henri.) Allons donc, du sang-froid... tu feras tout deviner...

###### HENRI, bas.

Laisse-moi... je n'ose plus lever les yeux sur mon père.

###### DELAUNAI, bas.

Pauvre homme! (Haut et d'un air agréable,) Je ne vous demande qu'une minute, la route m'a donné un appétit!... et je crois que je ferai honneur au souper du parlement.

(Delaunai sort précédé du domestique.)

## SCÈNE IV.

#### HÉLÈNE, M. DE MORTAGNE, HENRI.

###### M. DE MORTAGNE, arrêtant Henri au moment où il va pour sortir.

Il est un peu singulier, ton chevalier Delaunai... mais les jeunes gens d'aujourd'hui... A propos, Henri, as-tu songé à la commission de ton beau-frère? ces diamants pour la corbeille de ta sœur?

###### HENRI, un peu troublé.

Oui, mon père, mais nous sommes partis si précipitamment... qu'il m'a été impossible... et puis je me connais si peu à ces sortes de choses... je craignais d'être trompé...

(Tirant un paquet de billets de la poche de son gilet.) Voici toujours son argent que j'ai touché... et que je lui rapporte.

M. DE MORTAGNE, les prenant.

Ah! c'est dommage!..

AIR de *l'Ermite de Saint Avelle*

(A sa fille.)
Te voilà contrariée...
Ces diamants précieux,
Au front d'une mariée
Auraient ébloui les yeux...
(A son fils.)
Moi j'en suis fâché pour elle...

HÉLÈNE.

Moi je n'y tiens pas, hélas!
(A part.)
A quoi sert d'être belle?
Il ne me verra pas!...

M. DE MORTAGNE.

On les achètera plus tard... j'espère au moins que tu m'apportes mes lettres... celles du ministre de la guerre.

HENRI, fouillant dans sa poche.

J'en ai plusieurs qu'on m'a remises au moment de monter en voiture... (Il cherche avec trouble dans un paquet de papiers au milieu desquels on voit un portefeuille. M. de Mortagne s'est assis auprès de la table et ouvre quelques lettres que son fils lui donne.) D'abord de la chancellerie...

M. DE MORTAGNE, les ouvrant.

MM. de Meaupou... de Lamoignon... des compliments... c'est très-aimable...

HÉLÈNE, apercevant le portefeuille entre les mains de son frère.

Ah! le beau portefeuille!... c'est sans doute la mode...

HENRI, sans l'écouter.

Oui, oui...

HÉLÈNE, apercevant un petit médaillon suspendu par un ruban et sortant du portefeuille que tient son frère.

Et ce médaillon... (Frappée.) Ah! mon Dieu!...

HENRI.

Qu'as-tu donc?...

HÉLÈNE.

Rien! j'ai cru voir... (Se contraignant.) Il est fort joli, ce médaillon...

HENRI, le regardant et troublé.

Le médaillon... ah! oui... je n'avais pas pris garde...

M. DE MORTAGNE, à son bureau et parcourant ses papiers.

Un bijou de Paris... ah! voilà de quoi tourner toutes les têtes !...

HÉLÈNE, à Henri qui veut remettre le médaillon dans sa poche.

Laissez-moi le voir, mon frère, c'est que, vraiment, il est de fort bon goût... c'est quelque cadeau que l'on vous a fait?...

HENRI, voulant le reprendre.

Oui! un cadeau...

HÉLÈNE.

Ah! vous rougissez!... c'est d'une femme?

HENRI, s'efforçant de sourire.

Eh! bien! ma sœur... quand cela serait...

M. DE MORTAGNE, riant.

Voyez un peu l'indiscrète!

HÉLÈNE.

C'est que, si vous n'y tenez pas beaucoup, vous seriez bien aimable de me le donner...

M. DE MORTAGNE, se levant.

Hélène!...

HENRI.

Quelle idée!

HÉLÈNE.

De me le prêter... c'est ce que je voulais dire, mon père, je le trouve si bien... que je voudrais en faire faire un pareil... je ne le garderai que quelques instants... voilà tout ce que je vous demande.

HENRI, souriant.

Qu'à cela ne tienne, ma chère Hélène, c'est si peu de chose...

HÉLÈNE.

Ah! je vous remercie...

M. DE MORTAGNE, souriant.

Allons, elle use déjà de son privilège de nouvelle mariée, il faut lui passer tous ses caprices... (A part.) Ce soir, par le courrier, je recevrai son brevet d'officier... je lui garde cette surprise... (Prenant Henri par le bras.) Viens, mon ami, que je te conduise... tu as à peine le temps de faire ta toilette... demain nous parlerons d'affaires... aujourd'hui je ne veux penser qu'au plaisir de te voir.

(Ils sortent.)

HÉLÈNE, à son frère qui s'en va.

Je vous le rendrai, mon frère, soyez tranquille...

## SCÈNE V.

HÉLÈNE, seule.

Mais je veux m'assurer, avant tout, car ce serait bien affreux... et je ne puis croire encore... voyons... je me rappelle qu'il y avait un secret. (Elle ouvre le médaillon.) O ciel!... je ne me suis pas trompée... c'est lui! voilà notre chiffre! notre chiffre!... (Très-émue.) Il avait juré de ne jamais s'en séparer... et c'est à une femme qu'il l'a sacrifié! à une femme!... peut-être cette coquette qui s'est aussi emparée de l'esprit de mon frère!... ah! ces femmes de Paris! je les déteste ! Quelle indignité, il me trahit... il m'oublie... tandis que moi... j'allais en épouser un autre, c'est vrai !... mais, sans l'aimer... c'est bien différent !...

*AIR : Ces postillons sont d'une maladresse.*

Quand je formais une chaîne nouvelle,
   A mon père j'obéissais...
Mais maintenant, puisqu'il est infidèle,
Je ne veux plus y penser... non jamais !...
Quand je devrais en mourir de regrets !...
Oui, je saurai punir un tel outrage,
   Et la haine que j'ai pour lui
Va, je le sens, me donner le courage
   D'adorer mon mari.

## SCÈNE VI.

HÉLÈNE, M. DE MORTAGNE, DES AMIS ; — LES HOMMES en noir avec la poudre et les cheveux longs ; LES DAMES avec le costume du temps; puis, HENRI et DELAUNAI habillés ; ce dernier très-gai, saluant et répondant aux compliments. Les amis s'empressent près de M. de Mortagne.

LE CHŒUR.

*AIR : Fragment de Fra-Diavolo.*

Allons, le souper nous appelle...
Mais recevez tous nos compliments !
Enfin, la maison paternelle
Réunit, près de vous, vos enfants !...
Ah ! quel moment pour un bon père !...
Ce jour déjà le rend heureux,
Et demain, un hymen prospère
Achève de combler ses vœux !

M. DE MORTAGNE, à ses amis.

Venez tous !...

(On entend la cloche à la porte d'entrée.)

Mais qu'entends-je ?... à la grille l'on sonne !..

LE CHŒUR.

Ecoutez! oui vraiment, à la grille l'on sonne...

M. DE MORTAGNE, étonné.

En ces lieux, cependant, je n'attends plus personne,
Puisque tous mes amis
Sont ici réunis...

LE CHŒUR, ils se regardent : à mi-voix.

Qui vient donc dans cette demeure?
Le bruit, je ne sais trop pourquoi...
En ce moment... à pareille heure...
M'a saisi d'un secret effroi!...

## SCÈNE VII.

LES MÊMES; UN VALET DE CHAMBRE.

LE VALET DE CHAMBRE.

Monsieur le président!...

M. DE MORTAGNE.

Qu'y a-t-il, Antoine?

LE VALET DE CHAMBRE.

Un jeune homme... un voyageur tout ému... tout en désordre... qui, à quelques lieues d'ici, a été arrêté par des voleurs...

TOUS.

Ah! mon Dieu!...

LE VALET DE CHAMBRE.

Il s'est sauvé à travers les bois et, après trois heures de marche, est arrivé à la porte de ce château qui lui est inconnu et où il demande l'hospitalité.

M. DE MORTAGNE.

Faites entrer!... et sur-le-champ!...

LE VALET DE CHAMBRE.

Le voici!...

## SCÈNE VIII.

LES MÊMES ; DUMESNIL, pâle et suivi de QUELQUES DOMESTIQUES.

M. DE MORTAGNE.

Ciel! Dumesnil!...

HÉLÈNE.

Lui!

DELAUNAI, à part.

C'est le diable!...

DUMESNIL, étonné, regardant autour de lui.

Est-il possible!... M. de Mortagne... M. Henri... où suis-je donc?

M. DE MORTAGNE.

Chez moi! au milieu de mes amis!... mais que vient-on de nous apprendre? que vous est-il arrivé?

DUMESNIL.

A quelques lieues d'ici... j'ai été arrêté... par deux misérables... deux hommes masqués...

HENRI, à part.

O ciel!...

DELAUNAI, de même.

Silence!... (Haut.) Qu'est-ce que vous dites!... les environs ne sont donc pas sûrs?... et moi qui voyage sur la foi des traités et de la maréchaussée...

HÉLÈNE.

Et vous n'êtes pas blessé, monsieur Marcel?... vous paraissez si faible... asseyez-vous.

DUMESNIL, que tout le monde entoure.

Que vous êtes bonne!...

HÉLÈNE, à part.

Oh! oui... trop bonne... mais après tout, je ne m'attendais pas qu'il serait malheureux.

M. DE MORTAGNE, à Marcel.

Donnez-nous quelques détails.

DUMESNIL.

Autant que mes souvenirs me le permettront, car je suis encore si troublé, que je puis à peine rassembler mes idées... J'étais parti de Paris seul dans ma chaise de poste... portant avec moi une partie de cette fortune que j'étais fier d'offrir à mon père... (Regardant Hélène timidement.) et peut-être à une autre personne... je comptais arriver cette nuit à Toulouse... Fatigué d'une longue route, je m'étais assoupi à la montée de Canals près du bois Saint-Jory... lorsqu'un coup de feu me réveilla en sursaut!... il faisait nuit... le postillon s'était jeté en bas de son cheval et fuyait à travers les champs... j'allais l'appeler quand j'aperçus deux hommes qui s'efforçaient de renverser la voiture...

HÉLÈNE.

O mon Dieu !

HENRI, à part.

Je respire à peine !...

TOUS, avec intérêt.

Eh bien ?

DUMESNIL.

Je saisis mes armes, je m'élance hors de la portière, le pied me manque au moment où un second coup de feu partait derrière moi... je n'en fus pas atteint... mais en tombant, ma tête avait porté sur un quartier de roc... le coup fut si violent, que je perdis connaissance, les malheureux crurent m'avoir tué !... J'ignore ce qui s'est passé depuis, les chevaux effrayés avaient sans doute pris le mors aux dents; quand je revins à moi... j'étais seul, étendu sur la route... dépouillé de mon portefeuille, de tout ce que je possède... et, sans le secours de deux paysans qui ont eu pitié de moi, je ne sais comment j'aurais pu arriver jusqu'ici.

### HÉLÈNE.

Pauvre jeune homme!

### TOUS.

Quelle aventure!

### M. DE MORTAGNE.

C'est inouï!... depuis dix ans, le pays n'avait entendu parler d'un seul vol!...

### HÉLÈNE.

Et je pense, maintenant, que mon frère Henri l'a échappé belle...

### HENRI, troublé.

Moi! que voulez-vous dire?

### DELAUNAI, vivement, passant entre Henri et M. de Mortagne.

Sans doute, nous avons passé au même endroit... une heure avant monsieur... (A Henri.) Te rappelles-tu? je t'ai dit : Voilà deux mauvaises figures entre les arbres... je ne voudrais pas les rencontrer face à face!...

### M. DE MORTAGNE.

Calmez-vous, mes amis, calmez-vous, mon cher Dumesnil... j'ai un moyen infaillible de découvrir vos fripons... je vais, en attendant, envoyer un homme à cheval, à Toulouse, prévenir le procureur général, le lieutenant civil et le commandant de la province.

### DELAUNAI.

Il n'y a que ça!... qu'ils se dépêchent. (A part.) Et nous aussi! demain je pars pour l'Espagne et peut-être cette nuit...

### M. DE MORTAGNE, à Dumesnil.

Et dites-moi, vous n'avez aucun indice, aucun signe qui puisse les faire reconnaître?

DUMESNIL.

Ils étaient masqués!...

DELAUNAI, voulant sortir.

Parbleu! ils savent prendre leurs précautions!

M. DE MORTAGNE.

Où allez-vous donc, chevalier?

DELAUNAI.

Ne faites pas attention, c'est que je ne peux pas rester en place; d'ailleurs j'ai l'idée qu'en faisant une battue dans les environs, on pourrait... (A part.) trouver moyen de filer.

HENRI, bas à Delaunai.

Je te devine... tu ne t'éloigneras pas... tu resteras près de moi...

DELAUNAI, bas.

Quel enfantillage!... mais, mon cher...

HENRI, de même, le retenant avec force.

Non, te dis-je... tu ne sortiras pas!...

M. DE MORTAGNE.

Qu'est-ce donc, Henri?

DELAUNAI.

Rien! il a peur que je m'expose, ce cher ami! (A Henri.) Eh bien!... si tu le veux absolument, viens avec moi...

DUMESNIL.

Du tout, je ne souffrirai pas...

M. DE MORTAGNE.

Ce serait une imprudence, laissez-moi conduire cette affaire. (A Delaunai.) Je vous réponds que les coupables ne nous échapperont pas... (A Dumesnil.) Vous ne perdrez rien, je vous en réponds; vous resterez avec nous, mon cher Dumesnil, nous tâcherons de vous calmer... de vous consoler d'une perte qui, je l'espère, sera bientôt réparée... et d'abord pour vous distraire, vous assisterez à la noce de ma fille.

DUMESNIL, frappé et regardant Hélène.

Comment... mademoiselle?

M. DE MORTAGNE.

Elle se marie demain...

DUMESNIL, à part.

Demain! tous les coups à la fois!...

M. DE MORTAGNE, à mi-voix.

Je vous conterai cela... un mariage brillant... qui lui plaît beaucoup...

HÉLÈNE, vivement.

Mon père, il y a une heure qu'on a servi... on vous attend...

M. DE MORTAGNE.

C'est juste!... Allons, messieurs... la main aux dames! venez, mon cher Dumesnil!

DUMESNIL.

Pardon... je n'ai besoin de rien que d'un peu de repos...

M. DE MORTAGNE.

Je conçois, après une pareille aventure!... Hélène, fais donner un appartement à notre ami. (A Delaunai.) Quant à vous, chevalier... je vous retiens... vous serez près de moi...

DELAUNAI.

Trop d'honneur... (A part.) J'aimerais autant être loin d'ici... ces vieux magistrats vous condamneraient... et puis continueraient leur souper avec un sang-froid... Après tout... pas de preuves... pas de soupçons... et je défie bien... (Offrant la main à une dame.) Belle dame!... (A Henri.) Allons, mon ami, allons souper.

LE CHŒUR.

AIR : On prétend qu'on le voisinage.

Quel accident épouvantable!...
Ah! c'est affreux en vérité.

Allons, messieurs, allons, à table,
Pour retrouver notre gaîté.

(Tous sortent, excepté Hélène et Dumesnil.)

## SCÈNE IX.

### HÉLÈNE, DUMESNIL.

(Un grand moment de silence.)

HÉLÈNE.

Je vais dire, monsieur, que l'on vous montre votre appartement...

DUMESNIL, parlant avec émotion.

Je suis fâché, mademoiselle, de l'embarras que je vous cause... à la veille d'un mariage... tant d'autres soins... et si j'avais pu prévoir ce qu'on vient de m'apprendre... ce n'est pas ici que je serais venu chercher un asile...

HÉLÈNE.

Et comment ce que vous venez d'apprendre a-t-il droit de vous étonner, monsieur?

DUMESNIL, vivement.

Vous me le demandez !...

HÉLÈNE.

Sans doute...

DUMESNIL.

Ah! vous avez raison !...

AIR : A dix-sept ans la pauvre Coralie.

Oui, dans mon ardeur indiscrète,
Que pourrais-je ici réclamer?
Ma bouche fut toujours muette
Et mes seuls droits furent d'aimer!...
Jamais à mon ardeur fidèle
Aucun espoir ne fut permis...
Et cependant, mademoiselle,

Répondez, répondez... n'aviez-vous rien promis?
Parlez, parlez... n'aviez-vous rien promis?

HÉLÈNE, vivement.

Et quand ces promesses seraient vraies, monsieur, qui les a oubliées le premier, qui les a trahies de nous deux?

DUMESNIL.

Ce n'est pas moi!...

HÉLÈNE.

Ce n'est pas vous?

DUMESNIL.

Je le jure...

HÉLÈNE, indignée.

Vous osez!... par exemple, moi qui avais encore des ménagements... qui croyais, après son malheur, ne pas devoir l'accabler!... Eh bien! monsieur, puisque vous avez été si fidèle à vos promesses, il vous sera facile de montrer ce souvenir que devant ma mère...

DUMESNIL.

Ah! pour cela, il ne m'a jamais quitté...

HÉLÈNE, prenant le médaillon.

Comment se fait-il donc qu'il soit entre mes mains?

DUMESNIL.

Entre vos mains!...

HÉLÈNE, le lui montrant.

Regardez!...

DUMESNIL, très-troublé.

Que vois-je, ce médaillon?... que j'avais encore sur moi, il y a deux heures!... Au nom du ciel, mademoiselle, qui vous l'a confié? de qui le tenez-vous?

HÉLÈNE.

Que vous importe?

DUMESNIL, agité.

J'ai le plus grand intérêt...

HÉLÈNE, avec ironie.

Oh! je m'en doute!... il est cruel de voir le peu de cas que l'on fait de vos dons, et avec quelle facilité on s'en sépare...

DUMESNIL.

Ce n'est pas cela!... si vous saviez de quelle importance... encore une fois, je vous en conjure, de qui tenez-vous ce médaillon?

HÉLÈNE, triomphante.

De quelqu'un qui est ici...

DUMESNIL, vivement.

Ici!...

HÉLÈNE.

Oui, monsieur!...

DUMESNIL.

Et son nom?

HÉLÈNE, à part.

Pour lui chercher querelle? (Haut.) Vous ne le saurez pas.

DUMESNIL.

Comment?...

HÉLÈNE, appuyant.

Non, monsieur... vous ne le saurez pas!... mais je ne vous défends pas de vous justifier... parlez, je vous écoute!... je suis même toute disposée à vous croire, pourvu que cela soit seulement vraisemblable... Eh mais! comme vous voilà troublé... hors de vous!... vous le voyez bien, monsieur, c'est que vous êtes coupable... (Avec larmes.) que vous m'avez trompée... j'en ai la certitude, et c'est maintenant que je suis plus malheureuse que jamais!...

DUMESNIL.

Eh! bien, Hélène...

HÉLÈNE, se remettant.

On vient!... il suffit, monsieur, tout est fini entre nous, et vous m'obligerez de ne jamais m'adresser la parole!...

DUMESNIL, à part.

Je m'y perds!...

## SCÈNE X.

Les mêmes; M. DE MORTAGNE, HENRI, DELAUNAI, Convives et Valets portant des flambeaux pour conduire chacun dans son appartement.

FINALE du premier acte de *Louise.*

LE CHOEUR.

Regagnons chacun notre asile,
Et jusqu'au lever du soleil,
Dans cette demeure tranquille,
Allons nous livrer au sommeil.

M. DE MORTAGNE, parlant pendant la ritournelle.

Antoine, des flambeaux... (Apercevant Dumesnil.) Comment, mon cher Dumesnil, vous n'êtes pas encore dans votre appartement?

(S'apercevant de son trouble et reprenant le chant à mi-voix.)
Mais qu'avez-vous donc? et quel trouble!
Votre pâleur ici redouble...

DUMESNIL, le prenant à part ainsi qu'Henri et Delaunai.

Pardon, monsieur... et vous, monsieur Henri...
Je vais, je crois, bien vous surprendre,
Mais l'auteur du vol est ici...

M. DE MORTAGNE.

Chez moi! comment?

DELAUNAI, à part.

Dieu!

HENRI, à part.

Je frémi...

DUMESNIL.

J'ai la preuve...

M. DE MORTAGNE, lui faisant signe de se taire.

On peut nous entendre !...
Demain... vous me direz... je vais, en attendant,
De fermer le château donner l'ordre à l'instant.
(Il s'éloigne pour donner un ordre et faire les honneurs à ses amis. L'orchestre continue pendant que l'on parle.)

DELAUNAI, qui a prêté l'oreille.

Il y a de quoi troubler ma digestion...

(Il gagne du côté d'Hélène pour ne pas être aperçu.)

DUMESNIL, s'approchant d'Hélène et à mi-voix.

Je m'éloigne, mademoiselle... mais jusqu'à ce que vous ayez reconnu votre injustice, daignerez-vous, au moins, me rendre ce souvenir?...

HÉLÈNE, bas.

Du tout, monsieur, il ne vous appartient plus...

DUMESNIL, bas.

Comment?

HÉLÈNE, de même.

Il est à mon frère et je dois le lui rendre...

DUMESNIL, dans le plus grand désordre.

A votre frère !... O ciel !...

(REPRISE DU FINALE.)

*Ensemble.*

DUMESNIL.

Quelle affreuse lumière
Vient doubler mon effroi ...
A ce fatal mystère
Je n'ose ajouter foi !...

HÉLÈNE, à part.

Au seul nom de mon frère
Voyez-vous son effroi?

Cela prouve, j'espère,
Tout son manque de foi!...

DELAUNAI et HENRI, à part.

Cette affreuse lumière
Me perdra, je le vois,
Que devenir? que faire?
Tout m'accable à la fois!...

HÉLÈNE, voyant le trouble de Dumesnil.

Eh! quoi, monsieur... vous gardez le silence?...
Ah! je le vois... vous êtes convaincu...
Et ce témoin...

DUMESNIL.

Je reste confondu...

HENRI, bas à Delaunai.

C'est découvert!... tout est perdu!...

DELAUNAI, bas.

Et pourquoi donc? lui seul est dans la confidence..
Entends-tu bien? lui seul!...

HENRI, bas.

Demain, il parlera...

DELAUNAI.

Peut-être! mais tais-toi, l'on a les yeux sur nous.

(M. de Mortagne rentre.)

*Ensemble.*

DELAUNAI.

Allons, allons, bonne espérance!
En vain le ciel est contre nous...
Du courage, de la prudence,
Et nous saurons braver ses coups.

M. DE MORTAGNE, à part.

Qu'ai-je entendu? quelle impudence!...
Quoi! le coupable est parmi nous!..
Ah! qu'il redoute la vengeance
Des lois dont il brave les coups!...

HÉLÈNE, à part.

Plus de repos, plus d'espérance!

Le sort m'accable de ses coups...
(Regardant Dumesnil.)
Ah! je croyais que la vengeance
Était un plaisir bien plus doux!...

DUMESNIL, à part en regardant Henri.

Plus de bonheur, plus d'espérance!
Tout se réunit contre nous,
Le ciel lui-même en sa vengeance
Vient m'accabler de tous ses coups!

HENRI, à part.

Plus de repos, plus d'espérance!
Oui, tout conspire contre nous...
Le ciel lui-même en sa vengeance
Vient m'accabler de tous ses coups.

LE CHOEUR.

Partons sans bruit... faisons silence,
Le sommeil règne autour de nous...
(A M. de Mortagne et à Hélène.)
Soyez bercés par l'espérance
Et par les songes les plus doux...

# ACTE TROISIÈME

La chambre de Dumesnil dans le château de M. de Mortagne. — Fenêtre au fond. Deux portes latérales. La fenêtre est ouverte, la persienne seule est fermée par l'espagnolette. Ameublement gothique. Une lumière sur une table.

## SCÈNE PREMIÈRE.

DUMESNIL, seul, il écoute la vieille horloge qui achève de sonner minuit dans l'éloignement.

Minuit!... les domestiques eux-mêmes sont rentrés!... (il se promène avec inquiétude.) et le silence le plus profond!... impossible de chercher le sommeil... tous les événements de cette affreuse journée me poursuivent de leur souvenir, et demain, que dirai-je à M. de Mortagne... son fils... son propre fils... c'était lui!... et que lui ai-je fait?... quel sentiment de haine, de fureur a donc pu l'égarer... le jeu?... des pertes énormes... sans doute?... on me l'avait déjà dit... et je n'en veux pour preuve que son trouble, dans cette dernière soirée où la fortune me fut si favorable!... infernale passion!... oublier son rang! son nom!... son vieux père, l'honneur de la magistrature! sa sœur, si douce, si timide... Moi, du moins je n'oublierai pas ce que je leur dois à tous!... puisque, seul, j'ai pénétré cet horrible secret... qu'il reste ignoré!... qu'il meure dans mon sein... je renonce à mes rêves de bonheur, de richesse, il n'y aurait pas de fortune qui pût me consoler de voir mon bienfaiteur forcé de rougir devant moi...

AIR d'*Aristippe.*

Demain, sans parler à personne,
Au point du jour, je quitterai ces lieux...
A ce vieillard que l'estime environne
    Je tairai ce secret affreux.
    Qu'en paix, sa carrière s'achève|
A son honneur, qu'un fils vient de souiller,
Il croit encore... ah! laissons-lui son rêve!
    Qu'il meure avant de s'éveiller!

(Écoutant.) J'entends marcher!... Dieu!... M. de Mortagne saurait-il déjà... et comment? (Allant à lui.) Eh quoi! monsieur...

## SCÈNE II.

DUMESNIL, M. DE MORTAGNE, sortant de la porte à gauche qu'il laisse ouverte.

M. DE MORTAGNE.

Silence! vous vous doutez bien que votre confidence d'hier soir ne me permettrait pas de dormir... il est minuit... tout le monde repose et j'ai pensé que cet instant était le plus favorable pour notre entretien...

DUMESNIL, troublé.

Mais êtes-vous certain que personne...

M. DE MORTAGNE.

Personne ne saura ma visite... car cet escalier secret conduit directement de votre chambre à mon cabinet... asseyez-vous... j'ai beaucoup de choses à vous dire.

DUMESNIL.

A moi?

(Ils s'asseyent.)

M. DE MORTAGNE.

Oui...tout à l'heure quand ma fille est venue me souhaiter

le bonsoir, dans mon appartement... son trouble et son émotion lui ont fait trahir... non pas son secret, je le savais déjà... elle me l'avait confié... mais le nom d'une personne que j'étais loin de soupçonner...

DUMESNIL.

Quoi! monsieur, vous pourriez croire...

M. DE MORTAGNE.

Pourquoi vous justifier? je ne vous accuse pas... je n'ai rien à reprocher ni à mon enfant... ni à la personne qu'elle m'a nommée ; mais je désire seulement que l'on sache que ma fille est décidée à accepter l'époux que je choisirai... et que jamais... quelque fortune qu'on puisse m'offrir, je ne lui donnerai pour mari que son égal en naissance et en noblesse; malgré les idées à la mode, toute mésalliance est un déshonneur et je n'en veux pas dans ma famille...

DUMESNIL.

Monsieur !

M. DE MORTAGNE.

Vous le savez! cela me suffit... j'ai dû vous parler en père et vous ne vous en offenserez pas, car vous êtes notre ami... Maintenant, c'est le magistrat qui vous interroge... revenons à l'horrible confidence que vous m'avez faite.

DUMESNIL.

Combien je suis fâché d'avoir cédé à un premier mouvement...

M. DE MORTAGNE.

Non, non, vous avez bien fait... la chose est d'une telle importance... ainsi vous êtes sûr que l'auteur de ce vol est ici... dans ma maison?...

DUMESNIL.

C'est-à-dire... j'avais cru d'abord... mais je me serai trompé...

M. DE MORTAGNE.

Impossible!... vous m'avez assuré que vous aviez des preuves...

DUMESNIL, à part.

O ciel!

M. DE MORTAGNE.

Et je vous connais, Dumesnil... vous n'auriez pas hasardé un pareil mot, si vous n'étiez certain de votre fait...

DUMESNIL.

Je puis vous jurer...

M. DE MORTAGNE.

Vous voulez épargner le coupable!... c'est un de mes gens, je le vois, un homme auquel je suis attaché... n'importe, parlez... fût-ce le plus vieux, le plus dévoué de mes serviteurs..

DUMESNIL, vivement.

Non, monsieur... gardez-vous de soupçonner...

M. DE MORTAGNE, se levant.

Comment!... c'est donc quelqu'un admis dans mon intimité... une personne de ma société?... un ami peut-être?... c'est encore pis!... surprendre mon estime!... ma confiance!... il faut qu'il soit puni... qu'il soit livré aux tribunaux, sur-le-champ!

DUMESNIL, effrayé.

Que voulez-vous faire?

M. DE MORTAGNE.

Mon devoir!... que dirait-on d'un juge dont les affections deviendraient un brevet d'impunité!... Magistrat, tout ce qui m'entoure doit l'exemple d'une vie sans reproches!... je réponds devant tout le monde de celui qui est reçu chez moi! raison de plus pour être sans pitié, lorsque le crime ose s'y réfugier... Ainsi, mon cher Marcel, point de vains ménagements, nommez le misérable... je le veux! je l'exige!...

DUMESNIL.

Je ne puis.

M. DE MORTAGNE, surpris.

Cependant, vous savez qui c'est?...

DUMESNIL.

Je le sais, il est vrai, mais je ne le nommerai jamais..

AIR du vaudeville de *Turenne*.

Par pitié, vous, mon second père,
Et pour moi-même et peut-être pour vous,
N'essayez pas de percer ce mystère,
Je vous en conjure à genoux!

M. DE MORTAGNE.

Parlez! parlez, je l'exige de vous!
Garder plus longtemps le silence,
C'est être ingrat, songez-y bien!

DUMESNIL, à part.

Et pourtant c'est le seul moyen
De prouver ma reconnaissance.

(Il s'arrête brusquement en prêtant l'oreille du côté du jardin.)

Attendez!... (Baissant la voix.) N'avez-vous rien entendu dans le jardin?

M. DE MORTAGNE, écoutant.

On a marché sous cette fenêtre...

DUMESNIL.

Le bruit cesse, on s'est arrêté.

M. DE MORTAGNE.

C'est ici dessous... près de mon appartement.

DUMESNIL.

Que dites-vous? (A part.) O Dieu!... se pourrait-il que la pensée d'un dernier crime...

M. DE MORTAGNE.

Qu'avez-vous, Marcel?... vous pâlissez!... si quelque péril vous menace, vous êtes chez moi, je réponds de vos jours...

DUMESNIL.

Non!... vous vous méprenez... ce n'est plus pour moi que je puis trembler... mais je crains que vous-même... et je dois veiller...

M. DE MORTAGNE, voulant le suivre.

Où allez-vous?

DUMESNIL, l'arrêtant.

Restez!... je vous en conjure... ici, du moins, vous ne courez aucun danger, et pour plus de sûreté...

(Il souffle la lumière qui est sur la table.)

M. DE MORTAGNE.

Que faites-vous?

DUMESNIL.

Chut!... cette clarté pouvait attirer l'attention.

M. DE MORTAGNE.

Mais vous exposer seul...

DUMESNIL, prenant ses pistolets sur un meuble.

J'ai des armes...

M. DE MORTAGNE, le suivant jusqu'à la porte.

Appelez du moins mes gens...

DUMESNIL, à voix basse.

Au nom du ciel!...

AIR : Ce que j'éprouve en vous voyant. (ROMAGNESI.)

N'appelez pas! n'appelez pas!
Gardez de rompre le silence!...
Fût-ce même pour ma défense,
Que l'on ne suive point mes pas!
Oui, que nul ne suive mes pas!...
Et, que je meure ou que je vive,
Dites-vous : S'il est des ingrats,
Marcel, du moins, ne le fut pas!...
Mon bienfaiteur, quoi qu'il arrive,
N'appelez pas! n'appelez pas!

(Il sort par la porte à droite.)

## SCÈNE III.

### M. DE MORTAGNE, seul. Nuit complète.

Que veut-il dire?... je frémis malgré moi... et, sans le comprendre, ce mystère me pénètre d'inquiétude et de crainte!... Est-il en butte à quelque haine, quelque vengeance personnelle?... quel est son ennemi?... pourquoi ne pas le nommer? (Après une pause.) Je m'y perds!... et n'ose arrêter ma pensée sur aucun des soupçons qui se pressent dans ma tête!... (Se jetant dans un grand fauteuil qui est en face de la fenêtre.) Attendons son retour... il ne saurait tarder et... (On entend du bruit à la fenêtre du balcon.) Quel bruit! (Baissant la voix.) Il y a quelqu'un en dehors... on essaie d'ouvrir la persienne... elle cède... taisons-nous...

## SCÈNE IV.

### M. DE MORTAGNE, dans le fauteuil et prêtant l'oreille; HENRI et DELAUNAI sur le balcon. — La persienne s'est ouverte lentement et sans bruit. — Delaunai paraît le premier et reste sur le bord du balcon.

#### DELAUNAI, à voix basse.

Pas de lumière!... il sera déjà passé dans sa chambre à coucher... (Entrant dans la chambre.) Allons! avance donc!...

#### HENRI, de même.

Je ne puis...

#### DELAUNAI, de même.

Il est bien temps d'avoir des scrupules... quand il sait tout et que demain il peut parler...

#### M. DE MORTAGNE, à part.

Qu'entends-je?...

HENRI, combattu.

Demain !...

DELAUNAI, bas.

As-tu quelque autre moyen de sauver ton honneur ?...

HENRI.

Non... il faut qu'il me jure le silence... sinon, sa vie ou la mienne...

M. DE MORTAGNE, à part.

Cette voix !... (Avec terreur.) Oh ! non !... ce n'est pas possible !... c'est une illusion !

HENRI, faisant un pas.

Il n'est pas couché !... il s'est endormi dans ce fauteuil !

M. DE MORTAGNE, cachant sa tête dans ses mains.

Mon fils !...

HENRI.

O ciel ! on a parlé...

DELAUNAI, effrayé.

C'est fait de nous !... avance donc...

HENRI, s'avançant.

Malheureux !...

M. DE MORTAGNE, se levant et d'une voix solennelle.

Que me veux-tu, Henri ?...

HENRI, laissant tomber son épée.

Dieu !... mon père !...

DELAUNAI.

Le père ?... sauvons-nous !...

(Il voit la porte à gauche restée ouverte et s'élance par cette issue.)

## SCÈNE V.

### M. DE MORTAGNE, HENRI atterré.

HENRI, étendant la main vers M. de Mortagne et d'une voix suppliante.

Mon père !...

M. DE MORTAGNE.

C'est lui!... et le misérable qui l'accompagnait... ce Delaunai.., plus de doute!...

HENRI.

Je succombe...

M. DE MORTAGNE.

Vous ici!... au milieu de la nuit... armé de votre épée!... il est donc vrai?... (Avec indignation.) après l'avoir dépouillé, vous veniez l'assassiner!...

HENRI.

Ah!... c'est trop souffrir... et je voudrais en vain cacher la vérité... (A voix basse et détournant les yeux.) Oui, c'est moi, que des conseils infâmes... une horrible frénésie... l'amour du jeu...

M. DE MORTAGNE, d'une voix tremblante et allant en chancelant s'appuyer près de la table.

Le jeu!... oui, je te l'avais prédit... quand ma tendresse alarmée te signalait les écueils qui t'environnaient... le jeu!... voilà ses bienfaits ordinaires... voilà ce qu'il traîne après lui... je t'avais dit... la misère... le vol... l'assassinat... j'avais oublié le parricide...

HENRI.

Ah! ne m'accablez pas!

M. DE MORTAGNE, levant les yeux au ciel.

Pauvre mère!... que tu es heureuse d'être morte!... de n'avoir pas vu ce fils, dont tu étais si fière, pour qui tu avais consumé ton repos et ta vie... devenir notre opprobre, devenir le dernier, le plus lâche des hommes!...

HENRI.

Mon père!...

M. DE MORTAGNE, avec force.

Oui! le plus lâche!... celui que ton bras menaçait était venu chercher asile sous notre toit... il reposait sous la foi de l'hospitalité... c'était ton ami, ton camarade d'enfance...

ici... la nuit... sous le fer d'un meurtrier, il se fût écrié : Henri, Henri, viens me défendre... et Henri l'assassinait...

   HENRI, avec chaleur.

Non !... le ciel m'en est témoin... je voulais le défier... recevoir de lui la mort... ou le forcer au silence et sauver mon honneur...

   M. DE MORTAGNE.

Ton honneur ! malheureux !... un nouveau crime pouvait-il te le rendre ? n'est-il pas perdu pour jamais ?... ton digne complice ne l'a-t-il pas en son pouvoir ?... un mot de Dumesnil ne peut-il pas te traîner devant les tribunaux ?

   HENRI.

Ah ! vous avez raison ! je ne suis plus digne de vivre, (Ramassant l'épée qu'il a jetée au commencement de la scène.) et cette épée, du moins...

   M. DE MORTAGNE, la lui arrachant avec indignation.

Ton épée de gentilhomme !... non, ce n'est pas par l'épée que tu dois périr !... je suis magistrat, et je sais quel est mon devoir...

   HENRI, avec effroi.

Ah ! grâce !... grâce, mon père !

   M. DE MORTAGNE.

Grâce ? et de quel droit vous ferais-je grâce ? moi qui dois la justice à tous, moi qui ai juré devant Dieu de la rendre selon ma conscience... il faut donc que je vous traîne sur le banc des accusés, ou que moi-même je descende du tribunal !...

*AIR :* Un page aimait la jeune Adèle. (*Les Pages du duc de Vendôme.*

    Et de quel front désormais oserais-je
      Y juger des gens tels que vous ?
    Et si jamais et du haut de mon siège
      Je les condamne, ils diront tous :
      Voyez ce juge inexorable
      Qui verse notre sang... eh bien !...

Il en épargne un plus coupable...
Et ce sang... c'est le sien!...

HENRI, avec désespoir.

Mon père!...

M. DE MORTAGNE.

Eh bien oui!... et c'est le seul parti qui me reste... je renoncerai à une carrière dont, grâce à vous, je suis indigne... ainsi, nous avons tous notre part du châtiment... Maintenant allez-vous-en; je ne suis plus magistrat... je ne vous poursuivrai pas... c'est tout ce que je peux promettre...

HENRI, éperdu.

Où puis-je porter mes pas?

M. DE MORTAGNE, vivement.

Où vous voudrez... le plus loin possible... que je n'entende plus prononcer votre nom!...

HENRI, à genoux.

J'obéirai! oui, mon père, je vous délivrerai d'une présence... qui doit vous être odieuse... (Voulant saisir sa main.) mais, du moins, qu'un seul mot... qu'un regard de pitié...

M. DE MORTAGNE, retirant vivement sa main et sans le regarder.

Ne me demandez rien... car ma malédiction!...

## SCÈNE VI.

Les mêmes; HÉLÈNE.

HÉLÈNE, en dehors.

Mon père!... mon père!...

HENRI.

Qu'entends-je?

M. DE MORTAGNE, effrayé.

C'est la voix d'Hélène!...

HENRI, courant à la porte du fond.

Ma sœur!...

M. DE MORTAGNE, de même.

Qu'y a-t-il donc?

(Hélène paraît en négligé du matin, pâle et une lumière à la main. Elle est en désordre.)

HÉLÈNE.

Mon père!... où est-il? (Elle l'aperçoit.) Ah!... vous voilà!... et mon frère aussi... je respire!...

HENRI.

Qu'as-tu donc?

M. DE MORTAGNE.

Pourquoi ce trouble?...

HÉLÈNE, se calmant et posant son flambeau sur la table.

J'ai eu bien peur!... je vous cherchais partout... Imaginez-vous, mon père... vous ne le croirez pas... il y a des voleurs dans la maison...

M. DE MORTAGNE, regardant son fils.

Des voleurs!... que veux-tu dire? explique-toi...

HÉLÈNE, à Henri.

Si je le peux... car le cœur me bat encore... vous savez que je loge au rez-de-chaussée... près de l'appartement de mon père... je ne pouvais dormir parce que je songeais à beaucoup de choses qui me tourmentent... qui me chagrinent... il était tard cependant, et j'allais éteindre ma lumière... lorsque (A son père.) j'entends un bruit sourd dans votre cabinet...

M. DE MORTAGNE.

Dans mon cabinet?...

HÉLÈNE.

J'ai craint que vous ne fussiez indisposé... j'appelle Antoine à voix basse... personne ne me répond... oh! alors, ma frayeur augmente... je m'élance... j'entre chez vous... la fenêtre était forcée... le secrétaire brisé... quelques pièces d'or répandues çà et là sur le parquet, indiquaient les traces du voleur... au cri qui m'échappe, je vois un homme

5.

courir à la croisée... sauter dans le jardin... et je vous en demande pardon, mon frère, mais à sa tournure, il ressemblait beaucoup à votre ami le chevalier...

M. DE MORTAGNE, à lui-même.

Je devine!...

HENRI, voulant sortir.

L'infâme... je cours à sa poursuite.

M. DE MORTAGNE, l'arrêtant.

Non pas... (Froidement, à Henri.) si on l'arrête, il nommera ses complices...

HENRI.

Quoi! la dot de ma sœur!...

M. DE MORTAGNE, à voix basse.

Ne vaut pas l'honneur! plût au ciel que toute ma fortune pût acheter son silence...

HENRI.

Non, je ne souffrirai pas...

HÉLÈNE.

Mon frère, ne vous exposez pas, c'est bien assez que M. Dumesnil...

M. DE MORTAGNE et HENRI.

Dumesnil!...

HÉLÈNE.

Mais oui... c'est pour cela que je suis venue... que j'appelais du secours... il était dans le jardin... car j'ai entendu sa voix et ses pas... il était à la poursuite du voleur...

M. DE MORTAGNE, s'élançant à la fenêtre et l'ouvrant.

Ah! grand Dieu!... voilà ce que je craignais... Dumesnil!...

(Il veut sortir, on entend deux coups de feu dans le jardin, il s'arrête.)

HÉLÈNE, jette un cri.

Ah!...

(Elle s'appuie contre le fauteuil.)

HENRI.

Il n'est plus temps!...

M. DE MORTAGNE.

Malheureux!... il est frappé!... il expire, peut-être... ah! ce doute est affreux!...

HÉLÈNE, s'attachant à lui.

Mon père! je vous en supplie, ne sortez pas...

DUMESNIL, en dehors.

Allez, Antoine, faites exactement ce que je vous ai dit.

HENRI, prêtant l'oreille.

Attendez! c'est sa voix!...

TOUS.

Dumesnil!...

## SCÈNE VII.

Les mêmes; DUMESNIL, au fond, il est suivi d'un Valet.

DUMESNIL, à mi-voix.

Me voilà!... ne craignez rien...

TOUS.

Dieu soit loué!

M. DE MORTAGNE.

Eh bien?

HENRI.

Parlez!...

HÉLÈNE.

Qu'y a-t-il donc? que vous est-il arrivé?

DUMESNIL, avec sang-froid et faisant signe aux deux hommes qu'il ne peut parler devant Hélène.

Ce n'est rien... et deux mots suffiront pour vous expliquer... Mais pardon, mademoiselle, vous n'êtes pas la seule que ce bruit ait effrayée, tout le monde est sur pied dans le château... on se rassemble... on s'interroge, veuillez rassurer ces dames... les amis de votre père... daignez leur dire qu'une rencontre... une affaire d'honneur...

M. DE MORTAGNE et HENRI.

Comment?...

HÉLÈNE.

Un duel ?

DUMESNIL, regardant M. de Mortagne.

Je vous demande pardon, monsieur le président... j'aurais dû me souvenir que j'étais chez vous... mais l'insulte était si grave!...

HÉLÈNE.

Mais enfin, monsieur, cet homme qui s'était introduit...

DUMESNIL, avec un peu d'impatience.

Plus tard, vous saurez tout, mademoiselle, mais laissez-nous, je vous en conjure...

HÉLÈNE, à part.

Par exemple !... s'il croit que je vais lui obéir... (Haut.) Mon père !...

M. DE MORTAGNE, regardant Dumesnil.

Laisse-nous, mon enfant, tu reviendras bientôt.

HÉLÈNE, confondue et regardant alternativement son père et son frère qui ne quittent pas Dumesnil des yeux.

Allons, c'est M. Dumesnil qui commande ici à tout le monde...

(Elle sort.)

SCÈNE VIII.

M. DE MORTAGNE, DUMESNIL, HENRI.

M. DE MORTAGNE et HENRI, après un silence.

Marcel !...

DUMESNIL.

Remettez-vous, monsieur Henri, calmez-vous, mon digne bienfaiteur... il n'y a plus aucun danger...

HENRI.

Comment?...

M. DE MORTAGNE.

Ce misérable?...

DUMESNIL.

Ne peut plus compromettre personne...

M. DE MORTAGNE et HENRI.

O ciel!

DUMESNIL, à M. de Mortagne.

Je n'avais pas besoin de sa dernière tentative, pour être convaincu qu'il était seul coupable de vos chagrins et de toutes les erreurs d'une personne qui nous est si chère... Aussi, en vous quittant... c'est lui que je cherchais!... les cris de votre fille, cette fenêtre franchie... la fuite précipitée de ce malheureux m'ont bien vite éclairé... je m'élance sur ses traces, je l'atteins au détour d'une allée... Furieux de se voir découvert, il se retourne... vient à moi... « Tu peux me livrer, me dit-il, mais tremble de perdre toute une famille que tu aimes... que tu chéris!... j'ai des complices!... il me suffirait d'un mot pour les perdre... » Outré de tant d'audace... je veux le saisir... il recule... je vois briller un pistolet dans ses mains... j'avais les miens... les deux coups partent presque en même temps!... mais le ciel a été juste... et désormais le mystère le plus profond enveloppe sa vie... ses crimes... et même le nom de ceux que ses infâmes conseils avaient pu égarer...

M. DE MORTAGNE, le serrant dans ses bras.

Marcel!... mon ami!... et c'est vous... vous à qui je dois tant!...

HENRI, saisissant sa main et la couvrant de larmes.

O le plus généreux des hommes!... mon sauveur... mon dieu tutélaire!...

DUMESNIL.

Calmez-vous, vous dis-je, votre vieil Antoine est prévenu

de ce qu'il doit faire... de ce qu'il doit dire... je l'ai trompé lui-même... ainsi rien ne peut nous trahir...

HENRI, avec joie.

Je renais... je suis sauvé!...

M. DE MORTAGNE, lentement et le regardant.

Oui, aux yeux des hommes!... il n'en est plus que deux qui connaissent votre crime... moi! et lui... dont le silence peut se lasser un jour...

DUMESNIL.

O ciel! pouvez-vous penser!...

M. DE MORTAGNE.

Je pense que notre honneur est dans vos mains... et je ne sais qu'un moyen de vous contraindre à le garder comme le vôtre; (A Henri.) c'est qu'il daigne faire partie lui-même de cette famille déshonorée.

DUMESNIL.

Qu'entends-je?

M. DE MORTAGNE, à Dumesnil.

C'est une grâce que je vous demande...

DUMESNIL.

AIR : Le luth galant qui chanta les amours.

Que faites-vous?

M. DE MORTAGNE.

Daignez me rassurer;
Pour mon enfant, je viens vous implorer.
La honte désormais à notre nom s'attache,
Que sous l'abri du vôtre, en ce jour, il se cache,
Car c'est vous, maintenant, vous qui, pur et sans tache,
Allez nous honorer.

## SCÈNE IX.

LES MÊMES ; HÉLÈNE, reparaissant à la porte du fond.

HÉLÈNE, timidement.

Puis-je revenir, mon père?

M. DE MORTAGNE.

Oui, mon enfant.

HÉLÈNE.

Tout le monde, qui vient de se relever, est rassemblé dans le salon; on s'inquiète, on vous attend, on veut absolument connaître les détails...

M. DE MORTAGNE.

C'est bien ! nous allons les rassurer, et, en même temps, leur présenter ton mari.

HÉLÈNE, intriguée.

Mon mari!... comment... quel mari? est-ce qu'il est déjà arrivé?

M. DE MORTAGNE.

Non pas M. de Beaugé... à qui je vais écrire et qui me comprendra, j'espère... mais celui que tu avais choisi... que tu aimais en secret...

HÉLÈNE, vivement.

C'est une calomnie, mon père, je n'aime plus personne...

M. DE MORTAGNE.

Et tu refuserais ce bon Dumesnil!... même si tu savais que mon bonheur en dépend...

HÉLÈNE, vivement.

Ah! pour cela, c'est bien différent. (A mi-voix.) Mais êtes-vous bien sûr que ce soit un bon sujet... car il y a tant de choses sur lesquelles il ne s'est pas encore justifié...

M. DE MORTAGNE.

Je n'ai qu'un mot à te dire, mon enfant... je serais fier d'avoir un fils tel que lui !...

HÉLÈNE.

Du moment que vous m'en répondez !... (Se tournant vers Henri qui est immobile.) Vous aussi, mon frère, c'est que je ne ferais rien sans votre consentement... vous êtes le chef de la famille !... vous m'en répondez aussi, n'est-ce pas ?...

HENRI.

Oui, oui, ma sœur... c'est l'homme que j'estime... (S'arrêtant confus.) que je respecte le plus !...

HÉLÈNE, tendant la main à Dumesnil.

A la bonne heure !... aussi bien, j'étais trop malheureuse de ne plus vous aimer...

DUMESNIL.

Chère Hélène !

HÉLÈNE, bas.

Mais vous m'expliquerez l'histoire de ce médaillon ?...

DUMESNIL, bas.

Sans doute !...

M. DE MORTAGNE, les serrant tous deux dans ses bras.

Dieu soit loué !... voilà mes deux enfants !... voilà ceux qui me consoleront... qui me fermeront les yeux... (Il jette un regard sur Henri et s'approche lentement de lui, tandis qu'Hélène et Dumesnil causent tout bas.) Vous, monsieur, vous savez ce que je vous ai dit...

HENRI, les yeux baissés.

Je suis prêt !...

M. DE MORTAGNE, tirant un papier de sa poche.

Voici ce que j'avais demandé et obtenu pour vous...

HENRI.

Un brevet d'officier !... (M. de Mortagne le déchire froidement.) O ciel !... vous le déchirez !...

M. DE MORTAGNE.

De quel droit oseriez-vous commander à des gens qui valent mieux que vous!... (Henri garde le silence.) Partez comme simple soldat!... ils ignorent votre crime... vous serez encore trop heureux qu'ils vous souffrent dans leurs rangs!... et (Avec un regard expressif.) s'il vous reste une étincelle d'honneur... je n'ai rien à vous dire... vous savez ce que vous avez à faire...

HENRI.

Je comprends! je pars!

M. DE MORTAGNE, ému.

Allez!

HENRI, baisant sa main à la dérobée.

Et du moins, mon père... du moins... si je meurs sur le champ de bataille!...

M. DE MORTAGNE, sans le regarder.

J'en rendrai grâce au ciel!...

# UNE MONOMANIE

COMÉDIE-VAUDEVILLE EN UN ACTE

EN SOCIÉTÉ AVEC M. PAUL DUPORT

Théatre du Gymnase. — 31 Août 1832.

| PERSONNAGES. | ACTEURS. |
|---|---|
| GAUTHIER | MM. Ferville. |
| ÉMILE DESGAUDINS, son neveu | Allan. |
| MAUGIRON | Klein. |
| HECTOR DESVIGNETTES, cousin de Maugiron | Numa. |
| M<sup>lle</sup> PALMYRE MAUGIRON, sœur de Maugiron | M<sup>mes</sup> Julienne. |
| HENRIETTE MAUGIRON, fille de Maugiron | Allan Despréaux. |

A la campagne de Maugiron, à une demi-lieue de Paris

# UNE MONOMANIE

Un salon. — Porte au fond et portes latérales. Une table, sur le devant, à gauche de l'acteur.

### SCÈNE PREMIÈRE.

#### GAUTHIER, MAUGIRON, M<sup>lle</sup> MAUGIRON.

MAUGIRON, entrant par le fond avec Gauthier qu'il tient par la main.
Par ici, venez donc. (Appelant.) Palmyre! Palmyre!

M<sup>lle</sup> MAUGIRON, entrant par la porte à gauche de l'acteur.
Eh bien! mon frère?

#### MAUGIRON.

Tu ne te doutes pas, regarde... C'est lui, ce cher Gauthier, notre vieil ami, qui arrive de sa terre de Colmar.

#### GAUTHIER.

Et qui, à une demi-lieue de Paris, n'a pas voulu passer si près de votre campagne sans que sa première visite fût pour vous. Pardon de tomber ainsi à l'improviste.

#### M<sup>lle</sup> MAUGIRON.

Comment! pardon!... C'est si aimable!... D'abord, moi, j'adore les surprises, les coups de hasard, et généralement toutes les catastrophes inattendues.

###### GAUTHIER, souriant.

Bien obligé! Ah çà, mon cher Maugiron, je vais tout de suite au fait. Puis-je espérer la main de ta fille pour mon neveu?... comme je le disais dans ma dernière, outre un fort joli patrimoine, et une place dans les Domaines, que je lui ai fait obtenir, il aura toute ma fortune que je lui assure dans le contrat... parce que je le regarde comme mon enfant; je l'aime comme mon fils, c'est toute ma famille.

###### MAUGIRON, à demi-voix.

C'est bien, mon ami, c'est bien... Nous parlerons de cela.

###### GAUTHIER.

Est-ce que tu hésites?

###### MAUGIRON.

Non pas moi. Mais voilà ma sœur à qui j'ai montré lettre...

###### GAUTHIER.

Et qui refuse?

###### MAUGIRON.

Non pas, nous en préserve le ciel!

###### GAUTHIER.

Eh bien! alors, qu'est-ce que vous dites donc?

###### M<sup>lle</sup> MAUGIRON.

Je dis qu'une demande si brusque, si heurtée...

###### GAUTHIER, passant au milieu.

Il me semble qu'entre grands parents, il n'y a pas besoin de diplomatie. Je ne suis pas un prince, je suis un receveur. Voilà mon neveu Émile Desgaudins... dix-huit ans, cent mille écus de dot, un bon enfant, un joli garçon. En voulez-vous?

###### M<sup>lle</sup> MAUGIRON.

*AIR : J'en guette un petit de mon âge. (Les Scythes et les Amazones.)*

Il faut d'abord qu'on le voie et qu'on l'aime.

**GAUTHIER.**

C'est juste... prenez quinze jours.
Je n'ai que ça de congé.

**M^lle MAUGIRON.**

Quel blasphème!
Ciel! à jour fixe il cite les amours!

**GAUTHIER.**

Quand tout s'accorde, âge, rang et fortune..

**M^lle MAUGIRON.**

Je ne connais que l'inclination;
Et que ma nièce enfin s'y prête ou non,
Il faudra bien qu'elle en ait une.

**GAUTHIER.**

Soit; en se dépêchant...

**M^lle MAUGIRON.**

Ce n'est pas possible avec ma nièce qui a l'esprit le plus froid, le plus lent, le plus terre-à-terre. Je n'ai jamais pu l'exalter, ni exciter son enthousiasme; et excepté les soins du ménage, tenir une maison, régler les dépenses et les revenus, nous soigner quand nous sommes malades, et nous distraire avec son piano quand nous nous portons bien, elle n'est absolument bonne à rien du tout; ça me désole.

**GAUTHIER.**

Et moi ça m'enchante! Une femme de bon sens... voilà celle que je préfère.

**M^lle MAUGIRON.**

Monsieur, est-ce pour m'insulter?

**GAUTHIER.**

Du tout, ce n'est qu'à cause de mon neveu... pour mettre un peu de raison dans ses idées, il ne faut pas moins qu'un pareil contre-poids.

**MAUGIRON.**

Comment?

GAUTHIER.

Eh! mon Dieu! oui, c'est un aveu que je vous dois, et si ça peut lui concilier l'appui de votre sœur, sa folie, au moins une fois, aura été bonne à quelque chose.

M<sup>lle</sup> MAUGIRON, vivement.

Quoi! il serait?...

GAUTHIER.

Perdu dans les papillons noirs, engoué des doctrines du jour, des bizarreries à la mode; et pour comble de mal, ces exagérations, qui, de la part des inventeurs, ne sont qu'un simple jeu d'esprit, un caprice de la pensée... ne s'avise-t-il pas, lui, de les prendre au sérieux, et d'en faire la règle de sa conduite et de ses sentiments?

MAUGIRON.

Pas possible!

M<sup>lle</sup> MAUGIRON.

Preuve d'une âme vierge et candide.

GAUTHIER.

Oh! candide; beaucoup trop, car à quoi bon l'étude et la lecture, si ce n'est pour former le jugement et faire voir le monde tel qu'il est? Pauvre garçon! voilà à peine un an que je l'ai quitté, et ses dernières lettres m'ont causé une frayeur... au point que j'en ai avancé mon voyage. Figurez-vous un vague, un sombre, un dégoût de la vie réelle; cette frénésie d'idéalisme, cette mélancolie épileptique, enfin toute la fantasmagorie lugubre qu'on trouve maintenant plus amusante que notre gaieté française.

M<sup>lle</sup> MAUGIRON.

Et on a raison. Vous qui parlez, soutiendrez-vous que les chefs de la littérature actuelle sont sans talent, sans génie?

GAUTHIER.

Au contraire, ils en ont, et beaucoup! c'est là le malheur! Pourraient-ils donner cours à tant de sophismes, et battre monnaie d'extravagances, si la forme cachait avec moins d'art le faux et le vide du fond ?

M<sup>lle</sup> MAUGIRON.

Extravagant, soit, mais admirable.

GAUTHIER.

*AIR :* Connaissez mieux le grand Eugène. (*Les Amants sans amour.*)

L'admirable tient à l'utile,
On ne saurait les séparer, je croi ;
Les plus beaux dons d'une veine fertile
    N'ont de prix que par leur emploi,
Ils n'ont de prix que par leur bon emploi.
Oui, je choisis pour lumière et pour guide
    Le flambeau qui vient m'éclairer,
    Et non le feu follet perfide
Qui n'a d'éclat que pour mieux m'égarer.

M<sup>lle</sup> MAUGIRON.

Je vous vois venir... avec vos vieux auteurs, n'est-ce pas?

GAUTHIER.

Eh bien oui ! mes vieux amis de collège. Dût-on me traiter de *ganache* et de *rococo*, peu m'importe... Saine morale, raison, naturel, connaissance de la société et du cœur humain... en un mot, leçons pour bien penser et bien vivre, voilà ce que je trouve chez eux, et je m'en contente... (A Maugiron.) Maugiron aussi, j'en suis sûr.

MAUGIRON.

C'est-à-dire, mon ami, depuis qu'on m'a prouvé que leurs idées étaient trop en arrière, je ne les goûte plus.

GAUTHIER.

Quoi ! vous aussi... *tu quoque* pour les novateurs ?

MAUGIRON.

Ah ! c'est différent, ceux-là, leurs idées sont trop en avant, je ne les goûte pas encore.

GAUTHIER.

Que faites-vous donc ?

MAUGIRON.

Je garde un terme moyen, une espèce de juste milieu littéraire, je ne lis plus aucun ouvrage, et je ne vais plus aux spectacles.

GAUTHIER.

Voilà! c'est l'histoire du public! Qu'on se plaigne à présent de son indifférence. A qui la faute? en vain tous les grands et petits journaux lui crient chaque matin : « Entrez, entrez, messieurs, prenez vos places, tout Paris voudra voir cette nouveauté. » Tout Paris reste chez lui, et se dit comme moi :

*COUPLETS.*

AIR du *Galoubet.*

*Premier couplet.*

Je n'irai pas; (*Bis.*)
Le soir, quand mon dîner s'achève,
Je veux des plaisirs délicats,
Des jeux par qui l'esprit s'élève
Mais aller... en place de Grève!
Je n'irai pas.

*Deuxième couplet.*

Je n'irai pas ; (*Bis.*)
Je suis bourgeois, époux et père...
Et quoiqu'à l'abri des faux pas
Ma femme, à voir tant d'adultère,
Peut apprendre comme il faut faire...
Je n'irai pas.

M$^{lle}$ MAUGIRON, en colère.

C'est trop fort. Quelle injustice! Pourtant, monsieur, vous conviendrez...

GAUTHIER.

De tout ce qu'il vous plaira, mademoiselle Maugiron, si vous vous mettez en colère comme jadis, vous savez, en 1803, lorsque vous refusâtes ma main, parce que je m'étais permis de rire du roman de *Werther.*

M<sup>lle</sup> MAUGIRON.

Sans doute : le moyen de vivre avec un homme qui déclare qu'il ne se tuera jamais!

GAUTHIER.

Non, on n'en a pas le droit.

M<sup>lle</sup> MAUGIRON.

C'est celui des grandes passions malheureuses.

GAUTHIER.

Allons donc!

M<sup>lle</sup> MAUGIRON.

AIR du vaudeville de l'*Intérieur d'une Étude*.

La tombe leur sert de refuge.

GAUTHIER.

Envoyons-les à Charenton.

M<sup>lle</sup> MAUGIRON.

Ciel!...

GAUTHIER.

Que votre frère en soit juge,
J'y consens.

M<sup>lle</sup> MAUGIRON.

Parlez, Maugiron.

GAUTHIER.

Voyons, quel parti faut-il suivre?

M<sup>lle</sup> MAUGIRON.

Lorsque l'amour vous brûle à petit feu?

GAUTHIER.

Faut-il mourir?

M<sup>lle</sup> MAUGIRON.

Ou faut-il vivre?

MAUGIRON, qui a passé entre eux deux.

Il faut prendre un juste milieu.

M<sup>lle</sup> MAUGIRON.

Faut-il mourir?

GAUTHIER.

Ou faut-il vivre?

MAUGIRON.

Il faut prendre un juste milieu.

## SCÈNE II.

Les mêmes; HECTOR DESVIGNETTES.

HECTOR, à la cantonade.

James, dételle Zélia, et promène-la doucement, pour qu'elle ne se refroidisse pas.

GAUTHIER.

Quel est ce jeune fashionable?

MAUGIRON.

Un de nos cousins... un protégé de ma sœur.

M$^{lle}$ MAUGIRON.

M. Hector Desvignettes.

HECTOR, présentant un ballot de livres à mademoiselle Maugiron.

Voici, belle cousine, un nouveau tribut que je viens vous offrir.

M$^{lle}$ MAUGIRON.

Vos derniers ouvrages?

HECTOR.

Précisément.

GAUTHIER.

Monsieur Desvignettes est auteur?

HECTOR.

Mieux que ça, monsieur, je suis éditeur, je suis lancé dans la librairie, la haute librairie! celle qui domine l'époque; car franchement, c'est moi qui ai fait la littérature actuelle telle qu'elle est, je peux m'en vanter.

###### GAUTHIER.
Il n'y a pas de quoi.

###### HECTOR.
C'est moi qui ai ressuscité le moyen âge.

*AIR :* Ah! qu'il est doux de vendanger. (*Les Vendangeurs.*)

Avec du vieux on fait du neuf,
Vive treize cent neuf !
La littérature ici-bas,
Grâce à nous, je l'espère,
Vient de faire un grand pas.

###### GAUTHIER, à part.
Un grand pas en arrière !

###### M<sup>lle</sup> MAUGIRON.
Toutes vos publications ont un succès... Votre dernier roman, surtout, m'a fait frissonner! j'en étais toute pâle.

###### HECTOR.
Vous êtes bien bonne.

###### M<sup>lle</sup> MAUGIRON.
Non, vrai, c'était épouvantable !

###### HECTOR, d'un air modeste.
Vous me flattez, trois meurtres et un viol.

###### MAUGIRON.
C'était déjà bien honnête.

###### HECTOR, avec satisfaction.
Il y en a le double dans celui-ci; vous en serez contente. Et puis nous venons de lancer un nouveau journal hebdomadaire, dans le genre à la mode, le CAUCHEMAR... revue qui paraîtra tous les dimanches.

###### GAUTHIER.
Ce sera gai !

###### HECTOR.
Vous avez là le premier numéro que je vous recommande ;

b.

il est enchanteur : *Le Râle d'un pendu*, saynette. — *Ode d'un amant aux vers qui rongent le cadavre de sa fiancée.* Et puis le dernier acte d'un drame encore plus osé que tout ce qu'on a mis au théâtre : *Le frère prêtre et la sœur morte,* ou *l'inceste dans la tombe.*

GAUTHIER.

Dans la...

HECTOR.

Dans la tombe! la scène se passe dans la tombe.

GAUTHIER.

Et nous sommes en France!... au dix-neuvième siècle!

HECTOR.

Oui, monsieur, la poésie ténébreuse, la littérature cadavéreuse! il n'y a plus que celle-là où l'on trouve encore de la vie et de la fraîcheur. Nous laissons reposer l'adultère, qui est bien usé... on en a mis partout, et nous exploitons actuellement l'inceste; c'est une idée qui est de moi, et que j'ai donnée aux jeunes littérateurs qui travaillent sous mes ordres.

GAUTHIER.

Comment! monsieur, c'est la jeunesse qui imagine et décrit des forfaits pareils?

HECTOR.

Oui, monsieur, des jeunes gens charmants, qui sortent du collège. Il y a surtout un petit blond de dix-huit ans, des yeux bleus, une physionomie de demoiselle, il est étonnant pour les atrocités! Il a, dans ce moment, un double assassinat délicieux, qu'il m'a promis pour la fin du mois. Nous en avons fait le plan ensemble, en déjeunant au café Tortoni.

GAUTHIER.

Ces gens-là mangent?

HECTOR.

Très-bien... ce sont de bons vivants.

*Air* du vaudeville de *Turenne*.

La lyre en main, plein de mélancolie,
　Astres mourants, pâles soleils !
Ils vont quitter l'horizon de la vie...
Mais hors de là... gras, joufflus et vermeils,
Du plaisir seul ils suivent les conseils.
Il faut les voir, quand le champagne fume,
Quelle gaîté ! quel feu dans leurs discours !
Et quel esprit !

GAUTHIER.

Ils en ont donc ?

HECTOR.

Toujours.

GAUTHIER.

Tant qu'ils ne tiennent pas la plume !

HECTOR.

Et si vous les aviez entendus hier à dîner chez moi, au milieu du punch et du vin de Porto, c'étaient des éclats de rire, des coq-à-l'âne, des calembours !...

GAUTHIER.

Et vous pouvez vivre au milieu de cette atmosphère de crimes ?

HECTOR.

Je ne vis que de ça, et je vis très-bien, car mes affaires vont à merveille. J'ai de bon vin en cave, de l'or en caisse, vingt auteurs nouveaux dans mes magasins, et trois chevaux anglais dans mon écurie... C'est le moment de s'établir, de faire un bon mariage, et j'espère bien que le cousin Maugiron se décidera en ma faveur.

(Il remonte la scène.)

GAUTHIER, à Maugiron.

Monsieur est un prétendant ?

MAUGIRON.

Je n'ai rien promis ; mais c'est ma sœur qui l'encourage.

#### M<sup>lle</sup> MAUGIRON.

Sans me prononcer, parce que plus il y aura de concurrents, et plus ma nièce aura de chances pour une grande passion.

#### MAUGIRON.

Taisez-vous donc, car la voici.

## SCÈNE III.

### Les mêmes; HENRIETTE.

#### HENRIETTE.

Bonjour, mon papa. (Apercevant Hector.) Ah! notre cousin Hector! vient-il déjeuner avec nous?

#### HECTOR.

Non, cousine, je vais au château de Bréval porter quelques ouvrages que j'ai là, dans mon tilbury; mais soyez tranquille, je reviendrai pour le dîner.

#### GAUTHIER, à Maugiron, après avoir regardé Henriette.

J'aurai là une charmante nièce... allons, Maugiron, une présentation officielle, qui me mette en droit de faire la cour... pour le compte de mon neveu.

#### HENRIETTE.

Quoi! monsieur serait...

#### MAUGIRON.

Notre vieil ami Gauthier... tu sais, dont je t'ai montré la lettre.

#### GAUTHIER, à Maugiron.

*AIR de Julie.*

En la voyant et si fraîche et si belle,
J'ai du dépit, vraiment, d'être aussi vieux.
(Passant auprès d'Henriette, qui baisse les yeux.)
Quoi! pour cela rougir, mademoiselle,
Et me dérober vos beaux yeux?

Si devant ceux que charme tant de grâce,
Vous persistez à les baisser,
Il vous faudra désormais renoncer
A regarder personne en face.

MAUGIRON.

Comment! Gauthier, un madrigal!

HECTOR.

Littérature ancienne.

GAUTHIER.

Un madrigal d'oncle.

HENRIETTE.

Que je trouve fort aimable.

M<sup>lle</sup> MAUGIRON.

A propos d'homme aimable... et notre hôte, est-ce qu'il n'est pas encore descendu?

HENRIETTE.

Pardon, ma tante; il se promène dans le jardin.

MAUGIRON.

Tu l'as vu?

HENRIETTE.

Par hasard, en allant cueillir des fleurs pour la chambre de ma tante.

M<sup>lle</sup> MAUGIRON.

Et, dis-nous, ce généreux inconnu s'est-il un peu remis des dangers qu'il a courus pour moi?

GAUTHIER.

Des dangers!... un inconnu!... que signifie?

HECTOR.

Est-ce qu'il y a un roman là-dedans?

MAUGIRON.

Oh non! une aventure de deux lignes.

HECTOR.

C'est égal, avec des marges et des vignettes, j'en ferai un volume.

Mlle MAUGIRON.

Vous avez raison, et je m'en vais vous conter...
(Elle passe auprès de Gauthier, Henriette s'éloigne et va auprès de la table.)

MAUGIRON.

Ça n'en finirait pas... elle se promenait hier dans notre petit batelet, au bord de la rivière, trois pieds d'eau...

Mlle MAUGIRON.

Trois pieds de vase.

(Henriette remonte la scène.)

MAUGIRON, avec impatience.

Ça n'y fait rien.

HECTOR.

Si vraiment; c'est plus noir, c'est plus sombre.

MAUGIRON.

Le bateau a un peu dérivé, elle a eu peur, elle a crié... un jeune homme qui se promenait en pantalon blanc, et un livre à la main, s'est élancé dans l'eau jusqu'aux genoux...

Mlle MAUGIRON.

Jusqu'à la ceinture.

MAUGIRON.

A ramené le bateau à bord.

Mlle MAUGIRON.

Et voulait s'éloigner, je ne l'ai pas voulu; je l'ai amené ici, pour proclamer son courage et ma reconnaissance; ma nièce l'a remercié; mon frère lui a prêté un pantalon et une robe de chambre; et moi, pour qui il venait de s'enrhumer, je l'ai forcé d'accepter l'hospitalité pendant la nuit.

GAUTHIER.

Sans lui demander son nom?

Mlle MAUGIRON.

M'avait-il demandé le mien quand j'étais dans la vase?

GAUTHIER.

Beau mérite!... se jeter dans l'eau au mois d'août, ça ne peut jamais lui compter que pour un bain.

M<sup>lle</sup> MAUGIRON, avec indignation.

Ah! ce mot là est d'un homme bien sec!... et je me flatte, moi, que nous recevrons souvent ce nouvel ami.

GAUTHIER.

Que vous ne connaissez pas.

M<sup>lle</sup> MAUGIRON, prenant sur la table un livre mouillé.

Je ne le connais que trop; voilà le livre qu'il portait sur lui... les poésies de Joseph Delorme, soulignées aux endroits les plus navrants.

(Henriette a repris sa place auprès de sa tante.)

HECTOR.

C'est un des nôtres.

GAUTHIER.

Belle garantie!

M<sup>lle</sup> MAUGIRON.

Cela nous garantit du moins une sensibilité exquise, une mélancolie profonde, un dégoût amer de la vie.

HENRIETTE, vivement.

Ma tante a raison, car tout à l'heure j'ai causé avec lui au jardin, et il y a tant de tristesse et de douceur dans son regard et dans sa voix! on dirait qu'il a beaucoup souffert, mais c'est une raison pour le plaindre, et non pour le soupçonner, et il ne faudrait plus se fier à personne s'il y avait la moindre fausseté en lui.

GAUTHIER, l'observant, à part.

Aïc, aïe!...

M<sup>lle</sup> MAUGIRON.

Très-bien, ma nièce; enfin tu t'exaltes.

HENRIETTE.

Ah! mon Dieu! est-ce que j'aurais commis une inconséquence?

GAUTHIER, à part.

Mon pauvre Émile! il est temps qu'il arrive. (Haut.) Ah çà! je vous demande la permission de revenir bientôt avec mon neveu, pour le présenter à sa prétendue.

HECTOR.

Sa prétendue!...

GAUTHIER.

Oui, monsieur; Émile Desgaudins, mon neveu, qui, si vous voulez bien le permettre, demande aussi à se mettre sur les rangs, pour faire sa cour à mademoiselle.

HECTOR, allant vivement auprès de Gauthier.

Émile Desgaudins?... Attendez donc... celui qui avait une place dans les Domaines?

GAUTHIER.

Précisément.

HECTOR.

Qui faisait aussi des poésies vaporeuses?

GAUTHIER.

Je n'en sais rien.

HECTOR.

Je le sais; car j'ai de lui un manuscrit.

GAUTHIER.

Vous le connaissez?

HECTOR.

Je ne l'ai jamais vu; mais si je n'ai pas d'autre rival à craindre...

GAUTHIER.

Qu'est-ce à dire?

HECTOR.

Rien, monsieur; depuis quand l'avez-vous vu?

GAUTHIER.

Il y a un an, à peu près; et j'arrive de Colmar.

### HECTOR.

C'est donc cela... (Lui serrant la main.) Pauvre homme !

### GAUTHIER.

Et en quoi, s'il vous plaît ?

### HECTOR.

Je ne dirai pas un mot de plus, il y a des choses qu'on sait toujours assez tôt ; je demande seulement que, dans le cas où M. Émile Desgaudins n'épouserait pas, ce soit moi, Hector Desvignettes... Votre parole, à vous, et à monsieur, cela me suffit ; et je suis sûr de mon fait. Adieu, mes chers parents... adieu, ma jolie fiancée !... (A Gauthier, d'un ton pénétré.) Mon cher monsieur... ah !... (Brusquement.) Je vais déjeuner au château de Bréval, et je reviens dîner ici.

(Il sort.)

## SCÈNE IV.

MAUGIRON, GAUTHIER, M<sup>lle</sup> MAUGIRON, HENRIETTE.

### MAUGIRON.

Qu'est-ce que ça veut dire ?... est-ce que ton neveu aurait disparu ?

### M<sup>lle</sup> MAUGIRON.

Est-ce qu'il serait marié ?

### HENRIETTE, à part.

Ah ! comme cela se trouverait bien !

### GAUTHIER.

Laissez-moi donc tranquille ! je craindrais plutôt qu'il ne fût devenu fou ; car lorsque je me rappelle le style de sa dernière lettre... du reste, je vais le savoir ; car il n'y a qu'une demi-lieue d'ici à Paris, et j'y cours.

MAUGIRON.

Et moi, je ne souffrirai pas que tu nous quittes; tu déjeuneras avec nous.

GAUTHIER.

Et mon neveu?

MAUGIRON.

Écris-lui de venir ici te rejoindre; un de mes gens montera à cheval, et avant deux heures tu auras réponse.

GAUTHIER.

A la bonne heure; je vais écrire.

MAUGIRON.

Moi, faire seller un cheval.

(Il sort.)

HENRIETTE.

Moi, presser le déjeuner.

(Elle sort.)

M<sup>lle</sup> MAUGIRON, tenant le volume.

Et moi, achever de lire les notes tracées au crayon par ce jeune homme. Ah! il y en a une, surtout... un proverbe indien : *Il vaut mieux être endormi qu'éveillé, couché que debout, et mort que vivant.* C'est sublime!...

(Elle sort.)

GAUTHIER, pendant que M<sup>lle</sup> Maugiron sort.

Toujours ses idées!... Elle y tient; ce qui me rassure, c'est que, chez elle, ça ne va pas jusqu'à la consomption.

## SCÈNE V.

GAUTHIER, seul.

Hâtons-nous d'écrire, car ce M. Desvignettes m'a effrayé avec ses phrases entrecoupées et inintelligibles. Cela vient peut-être de l'habitude qu'il a d'en lire tous les jours; ça se gagne!... D'un autre côté, j'ai bien fait de rester, parce

qu'au moins j'observerai par moi-même le nouveau-venu ;
je ne sais, mais à la manière dont la jeune personne prenait sa défense... Dame !... elle a beau être naturellement raisonnable, avec un père qui n'a jamais d'opinion et une tante qui n'en a que de fausses... Moi, je me méfie de tout ce qui a une tournure romanesque, surtout dans les maisons où il y a de riches héritières à marier ; et le plus sûr est qu'Émile se dépêche. (Il va s'asseoir auprès de la table, et écrit.) Pauvre garçon ! Au moins, lui, dans son genre, il est de bonne foi ; c'est ce qui me fait le plus de peine.

## SCÈNE VI.

### ÉMILE, GAUTHIER, à la table, écrivant.

#### ÉMILE, entrant agité.

Ah ! un prétendu pour elle !... qu'on va chercher à Paris, qui sera ici dans deux heures !... que m'importe ? Moi, je n'y serai plus... il faut m'éloigner, accomplir une résolution, malgré moi retardée d'un jour... et c'est un jour de trop ; car, hier, je me sentais plus décidé, mieux affermi ; aucune arrière-pensée, aucun regret... excepté pour mon pauvre oncle !... au lieu qu'en ce moment, j'ignore ce que j'éprouve !... ce n'est plus, comme naguère, de l'indifférence, un vague ennui... Non, c'est comme du dépit, de la jalousie... Eh bien ! tant mieux !... au moins, il y aura un motif à ce que je vais faire, et c'est une consolation.

#### GAUTHIER, mettant l'adresse.

Voilà... à monsieur, monsieur Émile Desgaudins.

#### ÉMILE, se retournant.

Hein ! plaît-il... qui m'a nommé ?... (Courant à Gauthier.) Mon oncle !...

#### GAUTHIER, l'embrassant.

Mon neveu !... mon cher enfant... (Gaiement.) Allons, une

reconnaissance!... c'est la fatalité de la maison... on y est voué au roman.

ÉMILE.

Vous ici!... par quel hasard?

GAUTHIER.

C'est la question que j'allais te faire.

ÉMILE.

Oh! moi ; une circonstance imprévue...

GAUTHIER.

Attends donc, est-ce que ce serait toi, qui hier au soir, dans la rivière?...

ÉMILE.

Vous savez déjà?...

GAUTHIER.

Je te fais compliment, mon garçon.

*AIR* du vaudeville du *Piége*.

Quoi! bravement arracher au trépas
Une beauté de cette consistance!
Et l'enlever, à la nage, en tes bras...
Ah! j'admire la jeune France!
Tout est chez elle, et plus fort et plus grand,
Et ses vertus sont bien plus éclatantes...
Nous enlevions les nièces seulement,
Et vous enlevez les grand'tantes!

Dis-moi, qu'est-ce que tu venais donc faire sur le bord de l'eau?

ÉMILE, à part.

Dieu! cachons-lui... (Haut.) Une promenade... promenade solitaire.

GAUTHIER.

Tu te troubles, tu baisses les yeux, ce n'est pas ça... Hein! fripon, c'était peut-être un rendez-vous... quelque petite grisette que tu attendais?

ÉMILE, vivement.

Vous pourriez croire...

GAUTHIER.

Il n'y a pas de mal; j'aime mieux cela que de te voir sombre et ennuyeux comme un roman nouveau; je te passerais plutôt trois maîtresses sans amour qu'un seul chagrin sans raison; mais malgré cela, et quelque piquante que soit ta nouvelle conquête, il ne faut plus y penser, parce que quand on va se marier...

ÉMILE, avec dédain.

Me marier?

GAUTHIER.

Certainement.

ÉMILE, lui prenant la main.

Oui, je sais que c'étaient là vos projets... mais il faut y renoncer, je ne me marierai pas.

GAUTHIER.

C'est ce que nous verrons; et quand tu sauras quelle est celle qu'on te destine...

ÉMILE.

Cela ne me fera pas changer d'idée... (Avec un soupir.) et à présent, moins que jamais.

GAUTHIER.

Moi, je crois le contraire, et je suis persuadé que la fille de la maison... cette jolie petite Henriette...

ÉMILE, vivement.

Henriette?... que dites-vous?... Quoi, ce serait?...

GAUTHIER.

Elle-même.

ÉMILE.

Et le prétendu qu'on veut faire venir?

GAUTHIER.

C'est toi.

ÉMILE, lui sautant au cou.

Ah! mon oncle! mon cher oncle!... je suis heureux!... (S'arrachant de ses bras.) Non, non, au contraire; je suis le plus malheureux des hommes, et l'on ne vit jamais une fatalité pareille.

GAUTHIER.

Qu'est-ce qu'il te prend donc?

ÉMILE.

Si vous saviez... si... (Regardant par la porte à gauche.) Ah! mon Dieu! je les vois!

GAUTHIER, regardant de même.

Eh! oui, au bord de cette allée, ton beau-père et ta prétendue; je vais te présenter.

ÉMILE.

Non, non, gardez-vous en bien; qu'ils ne sachent pas encore qui je suis.

GAUTHIER.

Et pourquoi cela?... il vaut mieux être à leurs yeux Émile Desgaudins, mon neveu, qu'un héros mystérieux que personne ne connaît.

ÉMILE.

Plus tard, je ne dis pas; mais dans ce moment, je vous supplie...

GAUTHIER.

Pour filer le roman, n'est-ce pas? votre serviteur; moi, je vais tout de suite au dernier volume, et je pense comme mon ami Boileau;

« J'aimerais mieux cent fois qu'il déclinât son nom
« Et dit : Je suis Oreste, ou bien Agamemnon... »

ou Émile Desgaudins...

ÉMILE, avec chaleur.

Eh bien! mon oncle, si vous tenez à ce mariage, apprenez qu'en me nommant, vous pouvez le faire manquer.

GAUTHIER.

Qu'est-ce que tu me dis là?... et quel est ce mystère?

ÉMILE.

Il faut avant tout que j'envoie à Paris; ou plutôt que j'y coure moi-même, pour empêcher, s'il en est temps encore...

GAUTHIER.

Empêcher quoi?

ÉMILE.

On vient, silence, et songez à ce que je vous ai dit.

## SCÈNE VII.

Les mêmes; HENRIETTE, MAUGIRON, tenant un journal, M<sup>lle</sup> MAUGIRON, tenant un numéro de la *Revue de Paris*.

HENRIETTE, entrant avec Maugiron.

Mais je vous répète, mon père, que le déjeuner est servi.

MAUGIRON, avec impatience.

Et tu me dis cela au moment où mes journaux arrivent!

HENRIETTE.

Je vais toujours faire le thé avec ma tante, n'est-il pas vrai?

M<sup>lle</sup> MAUGIRON.

Mais laisse-moi donc achever ma *Revue de Paris!* le héros qui s'était tué respire encore.

HENRIETTE.

C'est fort heureux.

M<sup>lle</sup> MAUGIRON.

Et on va le disséquer vivant, c'est charmant.

HENRIETTE.

Alors nous allons vous attendre dans la salle à manger avec ces messieurs; et si monsieur Gauthier veut me donner la main...

GAUTHIER.

Avec plaisir, ma jolie nièce.

HENRIETTE, à Émile.

Est-ce que monsieur serait indisposé? est-ce qu'il serait plus souffrant?

ÉMILE, s'inclinant.

Non, mademoiselle.

GAUTHIER, bas à Émile.

Vois quelle bonté! quel touchant intérêt! elle te trouve très-bien, j'en suis sûr, et ne pas oser lui dire : « C'est mon neveu... »

ÉMILE, suppliant, et à voix basse.

De grâce!...

GAUTHIER, de même.

Que le diable t'emporte! (Offrant sa main à Henriette.) Allons, mademoiselle.

(Ils font quelques pas pour sortir.)

MAUGIRON, qui lit son journal.

« Nous apprenons à l'instant qu'un jeune homme, connu
« dans les salons par quelques essais poétiques, et chef de
« bureau dans les Domaines, M. Émile Desgaudins... »

GAUTHIER, qui sortait avec Henriette, entendant le nom de son neveu,
s'arrête et dit :

Mon neveu!

ÉMILE, à part.

O ciel!

MAUGIRON, poussant un cri.

Ah! mon Dieu!

TOUS.

Qu'y a-t-il donc?

M<sup>lle</sup> MAUGIRON, qui a saisi le journal.

Ah! c'est affreux, c'est horrible.

(Elle laisse tomber le journal.)

GAUTHIER, s'emparant du journal.

Je saurai ce que ça signifie.

MAUGIRON.

Otez-lui le journal, tenez-lui les mains.

(Tout le monde s'empresse autour de Gauthier.)

GAUTHIER.

Eh non, morbleu! je connaîtrai la vérité. (Lisant avec émotion.) « Chef de bureau dans les Domaines, M. Émile Desgaudins est sorti hier de Paris sous prétexte d'une promenade, et a mis fin à ses jours en se précipitant dans la Seine. »

HENRIETTE.

Ah! le pauvre jeune homme!

GAUTHIER, regardant tour à tour le journal et son neveu qui lui fait signe de se taire.

Il est mort, c'est imprimé... c'est dans le journal.

M<sup>lle</sup> MAUGIRON.

Plus de doute.

MAUGIRON, à Gauthier.

Ah! mon cher ami, que vous devez être malheureux!

GAUTHIER.

Malheureux!... moi, malheureux! Je suis furieux, je ne me possède plus.

M<sup>lle</sup> MAUGIRON.

L'excès de la douleur...

GAUTHIER.

Eh non, morbleu! (Regardant Émile.) Mais enfin, nous saurons, je l'espère, les causes d'une pareille extravagance.

M<sup>lle</sup> MAUGIRON.

Extravagance!

GAUTHIER.

Laissez-moi, de grâce, laissez-moi un instant.

7.

MAUGIRON.

Je conçois qu'on a besoin d'être seul.

GAUTHIER.

Oui, allez déjeuner, je vous rejoins tout à l'heure, car j'ai une faim d'enfer.

M<sup>lle</sup> MAUGIRON.

Vous avez faim? vous pourriez manger?

GAUTHIER.

Je le crois bien.

M<sup>lle</sup> MAUGIRON.

Cet oncle-là est d'une insensibilité... Mais, en général, tous les oncles de l'ancien régime...

GAUTHIER.

*AIR : Rendez-moi mon léger bateau.*

Je vous prie, ici laissez-moi,
(Montrant Émile.)
Hors monsieur, dont j'espère
Quelque mot qui m'éclaire...

ÉMILE.

J'attends vos ordres.

GAUTHIER, à part.

Sur ma foi!
Mort ou vif, tu diras pourquoi.

*Ensemble.*

MAUGIRON, M<sup>lle</sup> MAUGIRON, HENRIETTE.
Juste ciel! dans un tel malheur
Montrer si peu d'alarmes,
Ne pas verser des larmes!
Ce sang-froid dans un tel malheur!
Je lui croyais un meilleur cœur.

GAUTHIER.

Quelle aurait été ma douleur!
Que j'aurais eu d'alarmes!
Qu'il m'eût coûté de larmes!

Si le bruit d'un pareil malheur
Eût loin de lui frappé mon cœur!

ÉMILE.

Tout s'unit pour mon malheur!
Tout accroît mes alarmes!
Au moment plein de charmes
Où j'entrevois le bonheur,
Il fuit comme un songe trompeur.

(Maugiron, mademoiselle Maugiron, Henriette sortent par la porte à droite.)

## SCÈNE VIII.

### ÉMILE, GAUTHIER.

GAUTHIER.

Je respire enfin, et toi aussi, grâce au ciel! j'ai tenu ma parole, j'ai gardé le silence. Mais maintenant, feu monsieur mon neveu, vous allez m'expliquer comment un journal a pu insérer un pareil article, dont je suis encore tout tremblant, quoique j'eusse la réfutation là, devant mes yeux.

ÉMILE.

Ah! n'accusez que moi, car c'est moi-même qui, hier, avais envoyé cette note.

GAUTHIER.

Toi-même! as-tu perdu la tête? Et pourquoi?

ÉMILE.

C'est que... je n'ose vous l'avouer... J'étais sorti hier soir de Paris, avec la ferme résolution d'exécuter ce que j'avais écrit.

GAUTHIER.

Est-il possible! Au lieu de venir à moi, de m'avouer tes fautes, car tu en as commis, je le vois; tu as joué?

ÉMILE.

Non, mon oncle, jamais.

GAUTHIER.

Tu as compromis ton nom, ta signature? des dettes d'honneur...

ÉMILE.

Du tout; je n'ai besoin de rien, j'ai une fortune qui me suffit, et au delà.

GAUTHIER.

Tu as donc des chagrins?

ÉMILE.

Pas précisément.

GAUTHIER.

C'est donc une passion?

ÉMILE.

Je n'en ai que depuis hier, depuis que j'ai vu Henriette.

GAUTHIER.

Eh! il ne tient qu'à toi de l'épouser demain, après-demain, quand tu voudras.

ÉMILE.

J'en conviens.

GAUTHIER.

Eh bien! alors, qu'est-ce qui te manque?

ÉMILE.

Rien, absolument rien, voilà mon malheur. Mais comment empêcher ces idées vagues, ce dégoût de la vie, ce besoin du néant que je trouvais partout autour de moi?

GAUTHIER.

Je comprends. Voilà le fruit de tes lectures, de ces productions nouvelles qui ne respirent que le sang et le meurtre.

ÉMILE.

Quelle est votre erreur! et comment pouvez-vous soupçonner leurs intentions?

GAUTHIER.

Elles sont assez claires. Le meurtre, l'adultère et le suicide, sont, d'après eux, les plus belles choses du monde... ils aiment qu'on se tue.

ÉMILE.

Dans les livres.

GAUTHIER.

Ah! voilà... il serait bien commode de pouvoir soulever l'imagination à son aise, et de lui dire ensuite : Tu n'iras pas plus loin! mais c'est qu'on ne sépare pas ainsi la pensée de l'action; c'est qu'à force de familiariser l'esprit avec la théorie, on finit par l'entraîner jusqu'à la pratique! et comment, en lisant tant de monstruosités, un cœur jeune et crédule comprendrait-il le but et la dignité de la vie, qu'on ne lui présente que sous le plus sinistre aspect!... Il se dégoûte, il s'effraie, il se lasse de tout et bientôt de lui-même, alors il faut en finir, sa pensée était d'un fou, son action est d'un insensé : grande preuve que tout s'enchaîne dans nos facultés; que la vérité est une, en morale comme en littérature; et que pour mettre du bon sens et de la règle dans sa conduite, il faut d'abord en mettre dans ses idées.

ÉMILE.

Mes idées... Eh bien! oui, j'en avais une qui me poursuivait sans cesse, et dont vous ne pourrez, malgré vous, blâmer le noble motif... il m'était insupportable de vivre obscur, ignoré; et qu'est-ce que c'est, me disais-je, que de végéter dans un bureau, d'être employé, commis, sous-chef dans les Domaines?

GAUTHIER.

Sous-chef à cinq mille francs, c'est déjà une fort belle place.

ÉMILE.

Oui, pour celui que ne dévorent point une imagination active et des rêves ardents de renommée! Mais moi, tout venait me désenchanter, et détruire mes illusions, tout, jusqu'au nom que je porte. Y a-t-il rien au monde de plus vulgaire, et de moins poétique... M. Desgaudins?... « Qui est ce jeune homme qui entre dans ce salon?... c'est M. Desgaudins. »

GAUTHIER.

AIR du vaudeville des *Scythes et les Amazones*.

Eh mais! ce nom fut celui de ton père,
Un honnête homme, estimé de chacun,
Qui déploya dans sa longue carrière
Talent, mérite, et surtout en eut un
Que tu n'as pas... celui du sens commun.
Bon employé, sa place fut remplie
Avec honneur... car lui ne s'est tué
Qu'en travaillant... et pour quitter la vie,
Il attendit qu'on l'eût destitué...
Il attendit, pour sortir de la vie,
Que de là-haut on l'eût destitué,
  Oui, monsieur, qu'on l'eût destitué.

ÉMILE.

D'accord, et je ne rougis pas de son nom; mais je me dis seulement : « Soyez donc un grand homme, quand vous vous nommez Desgaudins ! »

GAUTHIER.

Et où est la nécessité que tu sois un grand homme? Sois un bon administrateur des Domaines, c'est tout ce qu'il te faut.

ÉMILE.

Je ne le pouvais pas; il me fallait de la supériorité, de la gloire.

GAUTHIER.

Il ne peut pourtant pas y avoir de la gloire pour tout le monde. Et si tous ceux qui ne sont pas les premiers se tuaient à cause de cela, l'univers finirait par être réduit à un seul homme.

ÉMILE.

Vous pouvez avoir raison aujourd'hui; mais hier, dans ma

fièvre, dans mon délire, voulant à tout prix faire du bruit dans le monde, sinon par ma vie, au moins par ma mort... je l'avais arrangée la plus dramatique possible; j'avais composé à ce sujet des vers que j'avais envoyés à un ami intime, pour qu'il les lût en secret à tout Paris; j'avais écrit aux journaux... que voulez-vous? je n'ai qu'une excuse, une justification : c'était plus fort que moi, c'était une idée fixe, une monomanie.

GAUTHIER.

Ta justification, dis-tu? Mais si on admet une fois celle-là, elle va servir à toutes les bassesses, à tous les crimes.

ÉMILE, étonné.

Mon oncle !...

GAUTHIER.

Celui qui vient de se dégrader par un vol, te dira : Je suis monomane.

ÉMILE, indigné.

Mon oncle!

GAUTHIER.

L'assassin qui frappe une victime désarmée, crie au jury. Je suis monomane.

ÉMILE, avec horreur.

Ah! mon oncle!

GAUTHIER.

Et toi-même, abusé par un pareil sophisme, tu cédais à ton délire en le croyant légitime. Ah! il serait bien temps qu'on s'entendît une bonne fois pour mettre un terme à ces exagérations-là et aux calamités qu'elles entraînent. Naguère encore, la France n'en a-t-elle pas vu avec effroi un douloureux exemple ?... Deux jeunes gens, deux amis, frères de talents et de succès, à qui la vie, au bout des premiers obstacles, n'offrait que bonheur en perspective, déjà l'orgueil de leur famille, peut-être un jour la gloire de leur pays, en une seule nuit, tous deux! Quel cœur ne s'est ému à cette nouvelle? qui n'en a frémi? qui n'a reconnu là un symptôme de la maladie du siècle?... O jeunes gens! jeunes gens! vous, notre appui, notre espoir, vous qui avez montré tous les genres de courage, ayez encore maintenant le plus rare, mais le plus indispensable de tous, celui de la raison.

ÉMILE.

Je l'aurai, mon oncle, je l'aurai; je ne vous quitte plus, je ne veux plus suivre que vos conseils.

GAUTHIER.

Je te retrouve donc, mon Émile, mon fils! Ah! que je suis heureux! mais je t'en prie, à l'avenir, ne me donne plus de bonheur comme ça.

ÉMILE.

Non, mon oncle, parlez, ordonnez.

GAUTHIER.

*AIR du vaudeville du Baiser au porteur.*

Eh bien! ce que d'abord j'ordonne,
C'est de te fixer ici-bas
Près d'une charmante personne
A qui nous ne parlerons pas
De ces beaux projets de trépas...
Oui, des enfants, une femme jolie,
De tous tes maux vont bientôt te guérir...
Ainsi l'amour t'aura rendu la vie,
Et le bonheur te la fera chérir.

Ah çà! maintenant que le roman est fini, je peux t'avouer pour mon neveu, et te présenter comme tel.

ÉMILE.

Pas encore, je vous prie, parce que ce qui vient de se passer ce matin... Un homme qu'on dit mort et puis qui revient, cela me donnerait aux yeux d'Henriette une teinte de ridicule qui peut nuire à un amant... qui n'est pas aimé.

GAUTHIER.

Et tu veux être sûr auparavant...

ÉMILE.

Oui, mon oncle.

GAUTHIER, prêt à sortir.

A la bonne heure! je me tairai encore avec la fille; mais avec le père, c'est différent.

ÉMILE.

Un mot encore.

GAUTHIER.

Non pas, je meurs de faim; si j'attendais plus longtemps, ce serait un véritable suicide, et tu connais mes principes. (Apercevant Hector qui entre.) Ah! M. Hector Desvignettes, déjà de retour! (Bas.) C'est un jeune libraire qui est ton rival, je t'en préviens! et je te laisse avec lui, car moi, je te l'ai dit, je tombe en défaillance.

HECTOR, d'un air pénétré.

Je vois à son air défait que monsieur sait enfin la fatale nouvelle.

GAUTHIER.

Oui, monsieur. (A part.) Je comprends maintenant pourquoi ce matin il était si sûr de son fait, le pauvre jeune homme!

(Il sort par la porte à droite.)

## SCÈNE IX.

### ÉMILE, HECTOR.

HECTOR, le regardant sortir.

Infortuné vieillard! il éprouve un malheur auquel je prends la part la plus vive.

ÉMILE.

Vraiment?

HECTOR.

Pour lui, car pour son neveu, il paraît que c'était bien peu de chose.

ÉMILE.

Monsieur!

HECTOR.

Vous le connaissiez?

ÉMILE.

Oui, monsieur.

HECTOR.

C'est différent; c'est une grande perte, mais il paraît qu'il ne pouvait pas vivre, et que sa mélancolie tenait à un défaut de nature, à un vice de conformation qu'il n'osait pas avouer; elle est si bizarre la nature...

ÉMILE, à part.

Tuez-vous donc, pour faire parler de vous, et pour en faire parler ainsi!...

HECTOR.

Du reste, le pauvre jeune homme, je lui ai trop d'obligation pour ne pas lui devoir de la reconnaissance.

ÉMILE, vivement.

Vous avez eu quelques relations avec lui?

HECTOR.

Aucunes, mais il vient, sans le savoir, d'assurer mon mariage; j'ai déjà la promesse de la tante, à qui je viens de parler, et le consentement du père ne peut me manquer.

ÉMILE.

Vous pourriez vous tromper.

HECTOR.

Je ne le crois pas.

ÉMILE.

J'ai cependant idée que la nouvelle de cette mort est au moins prématurée.

HECTOR.

C'est impossible : j'ai là des preuves évidentes, matérielles.

ÉMILE, à part.

Voilà qui est fort!

HECTOR.

D'abord, tous les journaux l'annoncent aujourd'hui.

ÉMILE, à part.

Ah! mon Dieu! je n'y pensais plus.

HECTOR.

Ensuite j'ai rencontré, ce matin, deux ou trois personnes enchantées qui déjà demandent sa place.

ÉMILE, à part.

Voilà les regrets que j'inspire!

HECTOR.

Et puis enfin, il avait adressé hier à un de ses amis intimes, une pièce de vers, intitulée : *Mes Adieux à la vie;* trois ou quatre cents alexandrins, où il déclare qu'il va se tuer sur-le-champ, sans désemparer, et qu'il faut être bien lâche pour hésiter.

ÉMILE.

Et son ami vous a montré ce dithyrambe?

HECTOR.

Mieux que cela, il est venu ce matin chez moi, pour me le vendre, avec un recueil de ses œuvres.

ÉMILE.

Le vendre! un ami intime... Et de quel droit?

HECTOR.

Du droit de succession... on le lui avait donné... il en dispose; et c'est remplir les intentions du donateur, qui n'avait composé ces vers que pour jouir d'un triomphe posthume que nous allons lui arranger dans les journaux.

ÉMILE, à part.

C'est fait de moi!

HECTOR.

J'ai payé cela le billet de mille francs, ce qui n'est pas cher, grâce aux circonstances favorables qu'on peut exploiter... J'ai déjà dans l'idée une vignette charmante, des branches de cyprès, puis un saule pleureur, une tombe entr'ouverte, une jolie tombe!... La couverture du livre sera feuille morte, et on lira dessus : *Aux mânes de notre ami.*

ÉMILE.

Que vous ne connaissiez pas.

HECTOR.

Qu'est-ce que ça fait?

ÉMILE.

Que vous n'avez jamais ni vu, ni approché.

HECTOR.

La mort rapproche tout... Et puisque vous l'avez rencontré quelquefois, si vous voulez me donner une petite note nécrologique... ce que nous appelons *jeter des fleurs sur sa tombe.*

ÉMILE.

Il ne manquerait plus que cela! monsieur, vous me rendrez ces vers qui lui appartiennent.

HECTOR.

Ils sont à moi, je les ai payés; et rien ne m'empêchera de les imprimer.

ÉMILE.

Si, cependant, il existait encore?

HECTOR.

Il ne le peut pas.

AIR : Ces postillons sont d'une maladresse.

Oser le dire est une calomnie.

ÉMILE.

Vivre, après tout, n'est-il donc plus permis?

HECTOR.

Non pas à lui; morbleu! je l'en défie,
Et vous seriez bientôt de mon avis,

Si vous aviez lu ses derniers écrits.
Pour le suicide à sa verve il se livre,
Et tous ses vers sont si forts et si vrais,
Que je soutiens, monsieur, qu'on ne peut vivre
Après les avoir faits.

ÉMILE.

Monsieur...

HECTOR.

Certainement, ou ce serait trop drôle; tout le monde s'égaierait à ses dépens... au lieu d'un succès de larmes, ce serait un succès de rire, et mon édition s'enlèverait encore plus vite. Du reste, ils sont sous presse.

ÉMILE, à part.

O ciel!

HECTOR.

Et dès que j'en aurai une épreuve, je vous la montrerai. Mais, pardon, le consentement des grands parents n'empêche pas de faire la cour à la prétendue, et je cours auprès de ma belle cousine... nous nous reverrons à dîner... et puis, j'espère bien que vous serez au nombre de mes souscripteurs; j'y compte, au nom de notre ami, de notre malheureux ami!... (Regardant Émile qui paraît accablé.) Il pleure, respectons sa douleur!... Sainte amitié!...

(Il sort par le fond.)

## SCÈNE X.

ÉMILE, seul.

Il a raison!... me voilà raillé, bafoué, montré au doigt... Un rire inextinguible éclatera à ma vue... je n'oserai plus me montrer nulle part... il n'y a pas moyen de vivre ainsi... plutôt la mort que le ridicule; et je cours à l'instant... Dieux! c'est Henriette !

## SCÈNE XI.

ÉMILE, HENRIETTE, sortant de l'appartement à droite.

HENRIETTE.

Comment! monsieur, est-ce que vous partez?

ÉMILE.

Oui, mademoiselle, je suis obligé de vous quitter, bien malgré moi, je vous assure; mais une affaire indispensable...

HENRIETTE.

Que l'on peut remettre, je l'espère.

ÉMILE.

Je l'ai déjà remise une fois.

HENRIETTE.

Raison de plus; vous voyez bien que vous pouvez la retarder encore... et mon père, et m..... ma tante vous en sauront tant de gré!

ÉMILE.

Et vous, mademoiselle?

HENRIETTE, naïvement.

Moi aussi.

ÉMILE, avec embarras.

Certainement... alors il me serait bien doux de vous obéir... mais peut-être ma présence déplaira-t-elle ici à quelqu'un qui tout-à-l'heure vous cherchait.

HENRIETTE.

Qui donc?

ÉMILE.

M. Hector, votre cousin, qui désirait, à ce qu'il m'a dit, se trouver seul avec vous.

HENRIETTE, avec naïveté.

Restez, ça l'empêchera.

ÉMILE, à part, avec joie.

Ah! elle a raison!... je reste encore... Encore un instant de bonheur!... (Haut.) Vous ne l'aimez donc pas?

HENRIETTE.

Si fait, c'est mon parent.

ÉMILE.

Et si, comme il me l'a annoncé, il avait l'idée de devenir votre mari?

HENRIETTE.

J'aimerais mieux qu'il n'eût pas cette idée-là.

ÉMILE.

Que vous êtes bonne!

HENRIETTE.

Non, vraiment, c'est mal; et je suis peut-être injuste envers lui... Mais je ne sais, quand il n'y aurait que cette précipitation à prendre la place d'un infortuné...

ÉMILE.

Votre prétendu... vous le regrettez, mademoiselle?

HENRIETTE.

Oui, surtout à présent; pauvre jeune homme! comment ne pas plaindre sa destinée?

ÉMILE.

Je serais plutôt tenté de l'envier; car enfin, moi, à sa place, vous m'accorderiez aussi un regret...

HENRIETTE, vivement et avec frayeur.

Mais, je ne veux pas vous regretter.

ÉMILE.

Comme lui.

HENRIETTE, d'un ton de reproche.

Lui... quelle différence!... je ne le connaissais pas.

ÉMILE.

Mais moi, vous ne me connaissez pas davantage.

#### HENRIETTE.

Si, vraiment; tout-à-l'heure M. Gauthier, l'oncle du malheureux... M. Gauthier m'a parlé de vous avec tant de chaleur et d'intérêt, qu'il en avait presque oublié la perte de son neveu.

#### ÉMILE.

Vraiment!

#### HENRIETTE.

Et moi qui ce matin le prenais pour un cœur insensible... c'est un parfait honnête homme, qui vous connaît bien, qui nous a vanté votre bon cœur, votre esprit, vos talents; il nous a même parlé de votre fortune, ce qui ne nous regarde pas, et ne nous importe guère.

#### ÉMILE, à part.

Mon pauvre oncle! il a avancé mes affaires.

#### HENRIETTE.

Enfin, il a été jusqu'à me dire qu'après son neveu, vous étiez le seul au bonheur duquel il voulût s'intéresser, et qu'il transporterait désormais sur vous toutes ses espérances, tous ses projets.

#### ÉMILE.

*AIR du Bouquet de bal.* (M<sup>me</sup> DUCHAMBGE.)

*Premier couplet.*

Et vous l'écoutiez sans colère,
Quand il formait de pareils vœux?

#### HENRIETTE, baissant les yeux.

Mais c'est un ami de mon père,
C'est le mien.

#### ÉMILE, à part.

Je suis trop heureux!
Le sort n'a plus rien qui m'effraie,
Que sur moi maint railleur s'égaie!
Au lieu de mourir pour eux,
Vivre pour elle vaut bien mieux.

*Ensemble.*

ÉMILE, à part.

Au lieu de mourir pour eux,
Vivre pour elle vaut bien mieux !

HENRIETTE, de même.

A l'espoir qui brille en ses yeux,
Moi je crois comprendre ses vœux.

*Deuxième couplet.*

HENRIETTE.

Mais qu'avez-vous donc, je vous prie ?

ÉMILE.

Plus je regarde tant d'attraits,
Et plus j'abjure ma folie...
(A part.)
Que de bonheur j'abandonnais !
J'allais pour de vaines alarmes,
A d'autres laisser tant de charmes...
Non... loin de mourir pour eux,
Vivre pour elle vaut bien mieux.

*Ensemble.*

ÉMILE.

Au lieu de mourir pour eux, etc.

HENRIETTE.

A l'espoir qui brille en ses yeux, etc.

## SCÈNE XII.

LES MÊMES ; HECTOR et MAUGIRON, entrant en riant.

MAUGIRON.

Ah ! mes amis !... ah ! ah !... l'aventure est charmante ! et je vous la dis comme je viens de l'apprendre, à condition que vous garderez le secret... Ah ! ah ! ah ! le jeune Émile Desgaudins...

TOUS.

Eh bien?

MAUGIRON.

Il n'est pas mort.

(Mouvement.)

ÉMILE et HENRIETTE.

O ciel!

HECTOR.

Allons, c'est un prétendant qui revient!

HENRIETTE.

Et comment se fait-il?...

MAUGIRON.

Il voulait quitter la vie, c'était son dessein, il avait écrit d'avance aux journaux... et puis au moment...

ÉMILE, à part.

Je suis au supplice.

MAUGIRON.

Il a réfléchi.

HECTOR.

Bah! c'est drôle!

ÉMILE, avec colère.

Monsieur...

MAUGIRON.

Drôle! n'est-il pas vrai? très-drôle, surtout pour mon ami Gauthier, qui retrouve un neveu; moi, un gendre... et ma fille un excellent parti.

HECTOR, à Henriette.

Et vous consentiriez!...

HENRIETTE.

Non, mon cousin.

ÉMILE, avec effroi.

O ciel!

HENRIETTE, à Émile.

Rassurez-vous... (Haut.) Je dois, mon père, respecter vos volontés ; mais vous ne voudrez pas me contraindre à une union désormais impossible.

MAUGIRON.

Et pourquoi ?... puisque le prétendu existe.

HENRIETTE, avec impatience.

Eh bien !... eh bien !... c'est justement pour cela ; non pas que je ne sois enchantée de l'événement qui le rend à sa famille et à ses amis ; mais vous voulez, à coup sûr, me donner un mari que je puisse honorer, respecter... et ce nouveau Werther, qui veut, qui ne veut pas, qui envoie des billets de faire part, et qui change d'idée... je trouve, comme vous, l'aventure si drôle, que je ne pourrai jamais le regarder sans y penser et sans lui rire au nez.

(Hector et Henriette se mettent à rire.)

*Ensemble.*

AIR de la *Tentation.*

MAUGIRON, HECTOR, HENRIETTE.
O la bonne folie !
Il faut bien qu'on en rie,
Car jamais tragédie
N'a fini plus gaîment.
Voyez-le, quand d'avance
Vers la tombe il s'élance,
S'arrêter par prudence,
Pour vivre longuement !

ÉMILE.
De moi souffrir qu'on rie !
Cette honte inouïe,
Elle est pour ma folie
Un juste châtiment.
Ah ! c'est trop de souffrance !
Leur gaîté qui m'offense,

M'avertit par avance
Du destin qui m'attend.

(Hector, Henriette et Maugiron sortent par la porte à droite.)

## SCÈNE XIII.
### ÉMILE, seul.

C'est mon arrêt! Rien ne peut m'y soustraire... j'aurais pu braver le jugement du monde... mais celui d'Henriette!... mais penser qu'elle me méprise, et qu'à ses yeux je suis à jamais voué au ridicule!... Il n'y a plus à balancer; et pour mon honneur, pour ne pas en avoir le démenti... quoique ce soit ennuyeux, désespérant, que je n'en aie jamais eu moins d'envie... n'importe!... ils verront si je suis un lâche, ils verront si j'ai peur de mourir... Allons... (Il va pour sortir et s'arrête.) Mais mon oncle, lui qui a tant fait pour moi, qui m'eût sauvé, si c'eût été possible... passer à ses yeux pour un ingrat!... l'abandonner, sans qu'un dernier souvenir, sans qu'une seule excuse m'obtienne mon pardon... écrivons... Mais que lui dire pour m'excuser... que j'étais sans espoir, que je n'étais pas aimé... (Il se met à la table et écrit.) « Pitié! pitié pour moi, mon oncle!... je m'immole à une « passion sans espoir... plaignez-moi... je n'étais pas aimé. » — Mais c'est que je l'étais, j'en suis sûr... (Il se lève.) j'en ai toutes les preuves... et se tuer, malgré cela!... c'est d'un stupide!... il y a de quoi en devenir fou... Raison de plus pour ne pas réfléchir. (Il se remet à la table et écrit avec vivacité.) Oui, la vérité tout entière... il faut la dire à sa dernière heure... et puis, c'est encore ce qu'il y a de plus vraisemblable... quoique... enfin... (Il plie et cachette la lettre.) Par qui faire remettre?... (Un domestique traverse l'appartement.) Justement... un domestique. (Il lui fait signe.) Mon ami, un mot; où est M. Gauthier?

### LE DOMESTIQUE.

Dans le salon, où il fait un piquet avec M. Maugiron.

ÉMILE.

Tenez, remettez-lui cette lettre qui arrive à l'instant pour lui de Paris. (Le domestique sort.) Et moi, ne perdons pas de temps... il est midi, et dans cinq minutes, j'aurai débarrassé la terre de l'être le plus sot et le plus ennuyé de mourir qu'il y ait au monde!... courons... Adieu, Henriette! c'est pour toi que je me sacrifie!

## SCÈNE XIV.

ÉMILE, M<sup>lle</sup> MAUGIRON et HENRIETTE, qui sont entrées à la fin de la scène, et qui entendent les derniers mots.

HENRIETTE.

O ciel! qu'ai-je entendu!

M<sup>lle</sup> MAUGIRON, le retenant par le bras.

Où courez-vous, jeune insensé? où courez-vous?

ÉMILE.

Eh quoi!... vous étiez là?

HENRIETTE.

Oui, monsieur; ces mots qui vous sont échappés... et le désordre, le trouble où vous êtes... en faut-il davantage pour deviner vos projets?

M<sup>lle</sup> MAUGIRON.

Et pourquoi, je vous le demande?

HENRIETTE.

Oui, monsieur; pourquoi?... mais répondez donc.

ÉMILE, à part.

Et rien, rien à répondre... (Haut.) Eh bien! mademoiselle, je vous aimais; et ce nouveau rival... ce prétendu...

M<sup>lle</sup> MAUGIRON, vivement.

Le neveu de M. Gauthier!... rassurez-vous, elle ne peut pas le souffrir; elle me l'a dit.

8.

HENRIETTE.

Ce ne peut donc pas être là le motif; il y en a d'autres.

ÉMILE, vivement.

Certainement; et M. Hector, votre cousin...

HENRIETTE.

Je lui ai déclaré à lui-même que je ne l'épouserais jamais.

ÉMILE, avec embarras.

Ah! mon Dieu!... (Haut.) Malheureusement, cela ne suffit pas; et si je veux m'ôter la vie, c'est que je suis sûr que monsieur votre père ne consentira jamais...

HENRIETTE.

Il vient de me promettre de ne pas contrarier mon choix.

ÉMILE.

Alors c'est donc madame votre tante.

M$^{lle}$ MAUGIRON.

Je consens, malheureux jeune homme, je consens!

ÉMILE, à part, désespéré.

C'est fini, ils ne me laisseront pas un seul prétexte.

M$^{lle}$ MAUGIRON.

Je sais que c'est un peu prompt, que c'est contraire aux principes; mais puisqu'il n'y a plus d'autre moyen de le décider à vivre... Jeune inconnu, tombez à ses pieds, et nommez-vous.

ÉMILE.

Me nommer!... je ne le puis...

M$^{lle}$ MAUGIRON.

Quel mystère!

ÉMILE.

Me nommer, ce serait changer son affection en haine, ce serait la forcer à me fuir.

M^{lle} MAUGIRON.

Je frémis!... (A part.) Dieu!... si c'était comme dans *Richard d'Arlington*, le fils du...

(Elle pousse un cri en détournant la tête.)

## SCÈNE XV.

### Les mêmes; MAUGIRON.

MAUGIRON, entrant tout effaré.

Ah! mes amis!... mes chers amis!... cette fois, je ne ris plus... J'étais dans le salon à achever un piquet avec ce pauvre M. Gauthier... Le domestique lui apporte une lettre de Paris... « Comment, s'écrie-t-il, l'écriture de mon neveu!... » Il l'ouvre, regarde, pâlit, et tout à coup...

ÉMILE.

Achevez.

MAUGIRON.

Il manque de tomber sans connaissance.

ÉMILE, à part.

Oh! c'est moi qui le tue... je vole...

(Tout le monde s'est précipité vers la porte du fond, Gauthier paraît.)

## SCÈNE XVI.

### Les mêmes; GAUTHIER. Il entre pâle et défait, jette un regard sur Émile, qui baisse les yeux, et reste consterné.

HENRIETTE.

Ah! monsieur! Dieu soit loué!... Vous voilà... qu'est-il donc arrivé?... et votre neveu?

GAUTHIER, froidement.

Je n'en ai plus.

TOUS, excepté Émile.

O ciel !

HENRIETTE.

Malheureux jeune homme !

GAUTHIER.

Tous nos liens sont brisés; je devais l'oublier, je l'ai fait, n'en parlons plus.

Mlle MAUGIRON.

Si peu de sensibilité !

GAUTHIER.

Et pourquoi en aurais-je plus pour lui qu'il n'en a montré pour moi ?... S'est-il inquiété de la douleur que me causerait sa perte ?... A-t-il songé qu'il me laissait seul au monde, sans appui, sans consolations ? Heureusement, j'ai du courage, moi; je ne suis pas un lâche, je sais supporter les revers, même sans les avoir mérités.

HENRIETTE, à Émile qui cache sa tête dans ses mains.

Ah! cela vous émeut !... cela vous fait rougir !... c'est bien heureux.

MAUGIRON.

Qu'y a-t-il donc?

HENRIETTE, à Gauthier.

Que votre neveu n'est pas seul coupable, car voilà monsieur, que vous aimiez, que vous estimiez... Eh bien! tout à l'heure nous l'avons arrêté au moment...

Mlle MAUGIRON.

Où il allait en faire autant.

MAUGIRON.

Lui aussi ! est-il possible ! Ah çà ! mais se tuer va donc devenir la fureur de la jeunesse actuelle ? elle ne pourra plus vivre sans cela !

Mlle MAUGIRON.

Comme en Allemagne, une association pour le...

HENRIETTE, avec une émotion excessive.

Quelle horreur! et dans quel temps vivons nous? partout des images de sang et de désolation! n'entendre parler que de meurtres! Ah! c'est trop, mon cœur se soulève, je souffre, j'aurais besoin de pleurer.

GAUTHIER, la pressant sur son cœur.

Venez, mon enfant, venez... vous, du moins, vous êtes bonne et sensible... ce n'est pas vous qui voudriez sans motifs déchirer le cœur de ceux qui vous aiment.

HENRIETTE, étonnée.

Sans motifs!...

GAUTHIER.

Oui, car mon neveu n'en avait aucun. Lisez, lisez plutôt vous-même cette lettre, où il m'annonce de sang-froid qu'il est revenu à son premier dessein.

HENRIETTE, prenant le papier.

Ah! mon Dieu! (Regardant Émile.) Écoutez, monsieur, écoutez bien. (Lisant.) « Mon bienfaiteur, mon second père, après « l'éclat qui a suivi ma folie, je ne pourrais plus m'offrir « sans honte aux yeux de celle que j'aime... vivant, je serais « ridicule à ses yeux; mort, elle me plaindra peut-être, et « elle se dira du moins qu'elle n'avait pas distingué un lâ- « che... Adieu, pardonnez-moi, et parlez-lui quelquefois d'un « insensé qui meurt en faisant des vœux pour elle et pour « vous. »

GAUTHIER.

Des vœux pour moi! quand il me brise le cœur.

HENRIETTE.

Quoi! ce serait là l'unique motif?... Pauvre jeune homme! et comment juge-t-il celle dont il se croit aimé? Elle aurait donc bien peu de délicatesse pour se plaire à lui rappeler un souvenir affreux.

ÉMILE, à part.

Qu'entends-je! (Haut.) Eh quoi! mademoiselle, dans une

position semblable, vous ne le mépriseriez pas? vous l'aimeriez encore?

HENRIETTE, avec émotion.

Cent fois davantage; je lui dirais : « Venez à mes pieds chercher votre pardon. »

ÉMILE, tombant à ses genoux.

Ah! m'y voilà!

HENRIETTE.

Dieu! que vois-je!

## SCÈNE XVII.

LES MÊMES; HECTOR, entrant dans ce moment par la porte à gauche, et tenant une brochure.

HECTOR.

Qu'est-ce que cela?

ÉMILE.

Un coupable, un malheureux.

HECTOR.

Quoi! ce serait là l'infortuné?...

ÉMILE.

Mon oncle! mon oncle! ne ferez-vous pas comme elle? ne me pardonnerez-vous pas aussi?

GAUTHIER.

Jamais... je vous l'ai dit : vous n'êtes qu'un ingrat.

ÉMILE.

Moi! un ingrat! Vous pouvez le penser? Eh bien! puisque rien ne peut vous fléchir, puisque vous êtes inexorable, je n'ai plus qu'un parti à prendre...

GAUTHIER.

Te tuer, n'est-il pas vrai?

ÉMILE.

Je ferai plus, je renoncerai à celle que j'aime... Oui, abjurant un funeste délire, et éclairé enfin sur mes véritables devoirs, je vivrai, mais je vivrai malheureux : plus d'union, plus de mariage; vous en serez cause, et en me voyant vivre et souffrir par vous et pour vous, vous vous demanderez encore si je ne suis qu'un ingrat.

GAUTHIER.

Non, non, tu ne l'es plus, et puisque tu abjures tes torts, puisque tu ne veux plus déserter le poste où le devoir t'a placé, je pardonne. (Il l'embrasse.) Je te rends le cœur de ton oncle, son amitié... (A Maugiron.) et son héritage.

MAUGIRON.

A la bonne heure!... Dénoûment classique.

HECTOR.

Quoi! c'est là l'oncle? et monsieur est le neveu défunt qui revient de la tombe...

M<sup>lle</sup> MAUGIRON.

Pour épouser...

ÉMILE.

Et pour apprendre à vivre à ceux à qui cela ne conviendrait pas.

HECTOR, lui tendant la main.

Touchez là, cousin; nous n'aurons pas de disputes là-dessus.

GAUTHIER.

Et vous, jeunesse exaltée qu'égarent de fausses doctrines, je vous dirai, s'il m'est permis d'en revenir à mes vieux auteurs, et de les citer encore : « S'il te reste au fond du
« cœur quelque sentiment de vertu, viens; que je t'ap-
« prenne à aimer la vie... Chaque fois que tu seras tenté
« d'en sortir, dis en toi-même : Que je fasse encore une
« bonne action avant que de mourir. Puis va chercher
« quelque indigent à secourir, quelque infortuné à consoler,

« quelque opprimé à défendre... Si cette considération te
« retient aujourd'hui, elle te retiendra encore demain, après-
« demain, toute la vie... Si elle ne te retient pas, meurs, tu
« n'es qu'un méchant. »

MAUGIRON.

C'est du Jean-Jacques.

HECTOR.

Drôle de style, auquel on n'est plus fait chez nous.

GAUTHIER.

Je crois bien, vous n'en imprimez plus comme ça.

TOUS.

AIR : Nous n'avons qu'un temps à vivre.

Nous n'avons qu'un temps à vivre,
Amis, passons-le gaîment ;
Narguons celui qui doit suivre,
Et ne songeons qu'au présent !

VAUDEVILLE.

AIR : Gai, gai, mariez-vous.

GAUTHIER.

Gai, gai, ne mourons pas,
Cette vie
Est si jolie !
Gai, gai, ne mourons pas,
Restons encore ici-bas.

TOUS.

Gai, gai, ne mourons pas, etc.

GAUTHIER.

Tant que Dieu nous donnera
Amis et douce compagne,
Tant qu'à l'homme il restera
Les truffes et le champagne,
Gai, gai, ne mourons pas,
Cette vie
Est si jolie !

Gai, gai, ne mourons pas,
Restons encore ici-bas.

**TOUS.**

Gai, gai, ne mourons pas, etc.

**MAUGIRON.**

Depuis vingt ans, même avant,
J'ai vu des gens que j'honore
Qui changeaient du rouge au blanc,
Et du blanc au tricolore...
Gai, gai, ne mourons pas,
Pour voir s'ils changent encore,
Gai, gai, ne mourons pas,
Restons encore ici-bas.

**TOUS.**

Gai, gai, ne mourons pas, etc.

**M*lle* MAUGIRON.**

J'ai vu mes auteurs chéris,
Massacrer nonne et grand-prêtre,
Cuire et manger en salmis
L'enfant qui venait de naître;
Gai, gai, ne mourons pas,
Ils iront plus loin, peut-être,
Gai, gai, ne mourons pas,
Restons encore ici-bas.

**TOUS.**

Gai, gai, ne mourons, etc.

**ÉMILE.**

Tout va mal, on le prétend,
Et la France se fait vieille;
Plus de héros, de talent,
Le canon même sommeille.
Gai, gai, ne mourons pas,
Il se peut qu'il se réveille;
Gai, gai, ne mourons pas,
Nous lui devrons des soldats.

**TOUS.**

Gai, gai, ne mourons pas, etc.

**HECTOR.**

Si nous avons su déjà
Échapper à la diète,
A l'émeute, au choléra,
Aux docteurs, à leur lancette...
 Gai, gai, ne mourons pas,
Attendons tous la comète ;
 Gai, gai, ne mourons pas,
Restons encore ici-bas.

**TOUS.**

Gai, gai, ne mourons pas, etc.

**HENRIETTE**, au public.

L'auteur a voulu prouver
Qu'on doit vivre... gens honnêtes,
Daignez ici l'approuver,
Et bon public que vous êtes...
 Gai, gai, ne mourez pas,
Pour que vivent nos recettes ;
 Gai, gai, ne mourez pas,
Et vers nous tournez vos pas !

**TOUS.**

Gai, gai, ne mourons pas, etc.

# LE PAYSAN AMOUREUX

COMÉDIE-VAUDEVILLE EN DEUX ACTES

EN SOCIÉTÉ AVEC M. BAYARD

Théatre du Gymnase. — 17 Septembre 1832.

| PERSONNAGES. | ACTEURS. |
|---|---|

LE COMTE D'ALZONE. . . . . . . . . . MM. PAUL.
SIMON, fermier. . . . . . . . . . . . . . BOUFFÉ.
BAPTISTE, domestique . . . . . . . . . BORDIER.

AGATHE . . . . . . . . . . . . . . . . . . Mmes LÉONTINE FAY.
ANNA. . . . . . . . . . . . . . . . . . . . . FORGEOT.
ÉMILIE . . . . . . . . . . . . . . . . . . . HABENECK.
LA MÈRE SIMONE, mère de Simon . . . JULIENNE.
MARIE, meunière. . . . . . . . . . . . . ALLAN-DESPRÉAUX.

INVITÉS. — VILLAGEOIS et VILLAGEOISES.

Dans la ferme de la mère Simone, au premier acte : dans le château de Luzy, au deuxième acte.

# LE PAYSAN AMOUREUX

## ACTE PREMIER

Une salle de ferme ouverte au fond et donnant sur la campagne. — Portes latérales; la porte principale, à droite de l'acteur; à gauche une table.

### SCÈNE PREMIÈRE.

AGATHE, ANNA, ÉMILIE, LA MÈRE SIMONE, BAPTISTE.

(Les trois jeunes filles sont assises autour de la table et boivent du lait; la mère Simone les regarde. Baptiste est debout de l'autre côté.)

*Ensemble.*

AIR : Introduction du deuxième acte du *Philtre*.

AGATHE, ANNA et ÉMILIE.
Quel plaisir nous rassemble !
A l'appétit que j'ai
Depuis un mois il semble,
Que je n'ai rien mangé.

BAPTISTE et LA MÈRE SIMONE.
A voir le lait qu'ensemble
Ell's se sont partagé,

Depuis un mois, il semble
Qu'elles n'ont rien mangé.

**AGATHE, ANNA, ÉMILIE.**

Du lait encor !

**BAPTISTE.**

Courage !
Ces demoiselles ainsi
En ont bu deux fois plus, je gage,
Qu'on n'en avait ici.

*Ensemble.*

**AGATHE, ANNA et ÉMILIE.**

Le plaisir nous rassemble, etc.

**BAPTISTE, LA MÈRE SIMONE.**

A voir le lait qu'ensemble, etc.

(La mère Simone sort et Baptiste va s'asseoir dans le fond à droite.)

**ANNA.**

Dieu ! que c'est bon le lait chaud et le pain bis !

**ÉMILIE.**

Surtout après une promenade aussi longue.

**AGATHE.**

Voyez-vous bien, mesdemoiselles, que nous sommes à plus d'une lieue du château ?

**ANNA et ÉMILIE.**

Vraiment ?

**BAPTISTE, à part.**

Je crois bien... mes jambes ne veulent plus aller...

(Il s'endort.)

**AGATHE.**

Convenez que je ne vous trompais pas, lorsque je vous promettais une promenade délicieuse pour ce matin !... Quel bonheur, se lever à six heures du matin et arriver à travers les champs et les bois jusqu'à ce joli village où il y a de si bonne crème !

ANNA.

Et quand je pense qu'au château, tout le monde est encore endormi!...

ÉMILIE.

Pourvu que nous soyons de retour avant le déjeuner.

AGATHE.

Eh! mon Dieu! ne craignez rien, je tiens autant que vous à ne pas être grondée... jugez donc! ma mère qui ne comprend que deux choses, le sommeil et le boston, si elle savait que tous les matins, je sors par la petite porte du parc, suivie de ce pauvre Baptiste, et qu'à l'heure du déjeuner j'ai déjà fait mes deux lieues à travers les bois...

(Elles se lèvent et viennent sur le devant du théâtre.)

AIR : Du partage de la richesse. (*Fanchon la Vielleuse.*)

A mon retour, je parais plus jolie
Grâce au grand air, aux courses dans les champs,
Et, parmi vous, chacune porte envie
A ma fraîcheur, à mes yeux plus brillants;
Je puis garder tout cela pour moi-même,
Et ma beauté sur vous l'emporterait :
Jugez alors s'il faut que je vous aime,
Pour vous mettre dans mon secret!...

D'ailleurs ça m'amuse, ça me distrait, et j'en ai besoin.

ANNA.

Toi qui ris toujours?

ÉMILIE.

Non pas... car je l'ai surprise hier toute seule qui se désolait...

ANNA.

Est-il possible?... est-ce que tu aurais du chagrin?

AGATHE.

Aucun! mais souvent il faut rire pour ne pas pleurer... par ce moyen on oublie tout, on ne pense à rien, tout vous est indifférent, c'est ce que je fais et je m'en trouve bien.

(**Regardant vers la droite.**) Ah! mesdemoiselles! mesdemoiselles! regardez donc ce joli bateau qu'on aperçoit sur la rivière...

ÉMILIE.

Il est loin encore... mais il vient de ce côté...

AGATHE.

Si nous allions sur l'eau!...

ÉMILIE.

Ah! la bonne idée!... mais cependant, mesdemoiselles, s'il y avait du danger?

AGATHE.

AIR du *Ménage de garçon*.

C'est charmant! quel joli voyage!
Sur terre et sur mer! quel bonheur!

ANNA.

Y pensez-vous? ce n'est pas sage,
Car si le danger...

AGATHE.

Elle a peur!

ANNA.

Eh! non vraiment, je n'ai pas peur,
Mais c'est un plaisir que ta mère
Ne nous permet pas...

AGATHE.

Que dis-tu?
Moi j'y tiens deux fois plus, ma chère,
S'il est vrai qu'il soit défendu!

D'ailleurs, qui le saura? nous, Parisiennes, qui, depuis trois jours, habitons le château de Luzy, est-ce qu'on nous connaît dans le pays? est-ce que dans cette ferme, on sait seulement qui nous sommes et d'où nous venons?...

ANNA.

Elle a raison.

AGATHE.

Allons, allons, Baptiste, éveille-toi!

BAPTISTE.

Hein! qu'est-ce que c'est? est-ce qu'il faut encore marcher?

AGATHE.

Ce pauvre Baptiste, que nous promenons sur la terre et sur l'onde!

ANNA.

C'est un bateau qu'il faut retenir.

BAPTISTE, effrayé.

Un bateau!...

AGATHE.

Est-ce que tu crains l'eau?

BAPTISTE.

Comme le feu...

TOUTES.

Ah! le poltron!

AGATHE.

Et puis il faut le nettoyer ce bateau, l'apprêter pour nous recevoir, je ne me soucie pas de gâter ma robe de mousseline.

ÉMILIE.

Ni moi non plus...

ANNA.

Si nous y allions nous-mêmes?

AGATHE.

Elle a raison.

*AIR de Leycester.*

Allons, plus d'effroi!
Venez, suivez-moi!
Puisque le plaisir
Semble nous fuir,

Quel moyen nouveau !
En léger bateau
Il faut le chercher sur l'eau !

AGATHE, ANNA et ÉMILIE.

Allons plus d'effroi ! etc.

(Anna et Émilie sortent avec Baptiste par la porte à droite.)

AGATHE, restant seule après les autres.

Attendez-moi donc ! que je prenne mon chapeau.

## SCÈNE II.

### MARIE, AGATHE.

MARIE, entrant par le fond et pleurant.

Ah ! que c'est mal à lui, je ne m'y serais jamais attendu !

AGATHE, qui a pris son chapeau de paille et qui est prête à sortir.

Une jeune fille qui pleure... qu'avez-vous donc, mon enfant ?

MARIE, à part.

Dieu ! une belle dame ! (Haut.) Ce n'est rien, mam'selle... ce n'est rien...

AGATHE.

Mais si, vraiment... et si je pouvais vous consoler... est-ce que vous êtes la fille de Simone la fermière ?

MARIE.

Hélas ! non, mam'selle !

AGATHE.

Hélas ! non... je comprends !... vous n'êtes pas si riche que cela.

MARIE.

Si, mam'selle ; je suis Marie la meunière de ce moulin que vous voyez là-bas, au bord de la rivière, et le moulin est à moi par la mort de mon oncle, mon seul parent, dont je suis l'héritière.

AGATHE.

De sorte que vous êtes votre maîtresse et que vous vous appartenez...

MARIE.

Hélas oui !

AGATHE, étonnée.

Hélas oui !... il ne me semble pas que ce soit un malheur...

MARIE, pleurant.

Ah ! si, mam'selle, parce que d'être seule quand on a tant de chagrin... on ne peut pas y suffire, ça vous suffoque...

AGATHE.

Eh bien ! me voilà, mon enfant, me voilà, moi jeune fille comme vous, et qui ai peut-être bien aussi mes chagrins...

MARIE.

Vous ! mam'selle...

AGATHE.

Oui, à la ville comme au village, c'est la même chose !...

MARIE.

Oh non ! vous ne pouvez pas être si malheureuse que moi... Il est passé là, tout à l'heure, et ne m'a pas seulement regardée... et il n'y a pas à dire qu'il ne m'ait pas aperçue... car je lui avais fait la révérence en lui disant : « Bonjour, monsieur Simon », et il a continué son chemin sans me répondre, comme s'il était si difficile de dire : « Bonjour, mam'selle Marie ! »

AGATHE.

Est-il possible ?

MARIE.

C'est affreux, n'est-ce pas ? car enfin on ne force pas les gens à vous aimer, mais au moins il faut être honnête...

AGATHE.

Je vois que vous êtes fâchés ensemble... ce n'est que pour un moment...

MARIE.

Du tout, il est toujours comme ça, sombre, bourru, de mauvaise humeur, lui qui autrefois était si bon et si aimable... Depuis quelque temps il ne parlait à sa mère et à moi que pour nous gronder... mais enfin il parlait... et maintenant v'là qu'il ne dit plus rien.

AGATHE.

Et vous l'aimez?

MARIE.

Oh!... mon Dieu non! mais j'y pense toujours et c'est là ce qui me désole... Comment faire? je vous le demande!

AGATHE.

En aimer un autre!

MARIE.

Ah! si je pouvais!

AGATHE.

Est-elle ingénue!

MARIE, naïvement.

J'ai essayé...

AGATHE.

Vraiment?

MARIE.

Il n'y a pas moyen...

AGATHE, vivement.

Eh bien! c'est comme moi!

MARIE.

Est-il possible? vous, une grande dame, on ne vous aimerait pas...

AGATHE.

Non, Marie, non... je crois qu'il m'aimait... oh oui! j'étais aimée!... mais au moment où il allait se déclarer et m'offrir sa main... il m'abandonne... il s'éloigne... C'était ma faute, c'est possible... je ne dis pas non... mais je n'en conviendrai jamais et, dans mon dépit, je me vengerai sur tout le monde du chagrin que j'éprouve.

MARIE.

Sur tout le monde!

AGATHE.

Sur les hommes s'entend...

*AIR* du vaudeville de *l'Intérieur d'une étude.*

Point de pitié pour eux, ma chère ;
Sans qu'ils m'inspirent de l'amour,
Je me fais un jeu de leur plaire,
De les désoler à mon tour!
Oui, c'est de la coquetterie
Et je m'efforce, en dépit d'eux,
D'être tous les jours plus jolie,
Afin qu'ils soient plus malheureux!

Et je te conseille d'en faire autant.

MARIE.

Je vous remercie bien, mam'selle, je tâcherai...

## SCÈNE III.

Les mêmes; BAPTISTE.

BAPTISTE.

Le bateau est prêt, mam'selle, ces demoiselles vous attendent.

AGATHE.

C'est bien, je vais les rejoindre.

BAPTISTE.

Il n'y a qu'une difficulté, c'est qu'il n'y a personne pour conduire la barque...

AGATHE.

Eh bien! n'es-tu pas là?

BAPTISTE.

Je n'ai jamais été marin...

AGATHE.

C'est égal.

BAPTISTE.

J'ai bien eu un frère qui a bien manqué d'être matelot.

AGATHE.

Tu vois bien... il n'en faut pas davantage et, avec Baptiste pour capitaine de vaisseau, nous allons faire une promenade charmante... Adieu! ma petite Marie, du courage et songe à ce que je t'ai dit.

(Elle sort avec Baptiste.)

## SCÈNE IV.

MARIE, seule.

*AIR : De sommeiller encor, ma chère. (Arlequin Joseph.)*

C'est dit, je profit'rai, j'espère,
Des avis qu'ell' vient d' me donner;
Mais pour êtr' coquett' comment faire?
Elle aurait bien dû m' l'enseigner...
A Paris, pour qu'ell's y parviennent,
C'est plus facil', car en peu d' temps,
On dit que les d'moisell's l'apprennent,
Rien qu'en r'gardant fair' leurs mamans!

Ah! mon Dieu! c'est monsieur Simon.

## SCÈNE V.

**MARIE, SIMON** et **LA MÈRE SIMONE,** entrant par le fond en se disputant.

###### LA MÈRE SIMONE.

Je te dis que si !...

###### SIMON.

Et moi, ma mère, je vous dis que non.

###### LA MÈRE SIMONE.

Je veux que tu y ailles.

###### SIMON.

Je n'irai pas.

###### LA MÈRE SIMONE.

Un paresseux... qui a des bras et des jambes et qui se repose toute la journée...

###### SIMON.

Pour ce qui est des bras et des jambes, c'est possible... ils sont au repos... mais en revanche la tête trotte joliment... Ah ! vous v'là, mam'selle Marie... (D'un air bourru.) bonjour !...

###### MARIE, lui faisant la révérence.

A la bonne heure au moins... bonjour, monsieur Simon, pourquoi ne m'avoir pas dit cela tout à l'heure ?

###### SIMON.

Quand donc ?

###### MARIE.

Quand je vous ai rencontré...

###### SIMON.

Je ne vous ai pas vue d'aujourd'hui !

###### MARIE.

Je vous ai parlé... je vous ai arrêté par le bras...

SIMON.

Ah! c'était vous? c'est possible!... je n'ai rien vu...

MARIE.

Bien vrai?

SIMON.

Quand je vous le dis...

MARIE.

C'est différent... c'est plus gentil et je vous pardonne...

LA MÈRE SIMONE.

Elle n'est pas difficile.

SIMON.

C'est que, voyez-vous, je pensais...

LA MÈRE SIMONE, vivement.

A quoi?

SIMON.

A rien!... (Soupirant et lui prenant la main.) la maman... à rien... j'étais là à rien faire, et si vous voulez me faire toutes les deux un plaisir, c'est de me laisser achever.

LA MÈRE SIMONE.

Encore ses vertiges qui le reprennent... mais, malheureux enfant, qu'est-ce que tu as?

SIMON.

Ce que j'ai?...

MARIE.

*AIR :* L'amour qu'Édmond a su me faire.

Eh! mais c'est du chagrin peut-être,
Monsieur Simon ?

SIMON.

Et quand ça s'rait!...
Est-c' que je ne suis pas le maître!
Si ça m'amuse... si ça me plait...

MARIE.

Je ne dis pas... mais j' suis certaine

Qu' seul on souffre trop! m'est avis
Qu'en fait de plaisir ou de peine,
Faut en faire part à ses amis.

Vous qui, autrefois, étiez si bon garçon, si joyeux, si aimable!...

**SIMON.**

Laissez-moi donc tranquille !

**LA MÈRE SIMONE.**

Pour aimable, je ne dis pas... mais il est bien planté... il est gentil... quand il veut! pas aujourd'hui... et puis il n'a pas des mille et des cent, mais il a quelque chose et quand il voudra se marier, les fermières ne lui manqueront point.

**MARIE.**

Oui, monsieur Simon, pourquoi ne vous mariez-vous pas?

**SIMON.**

Qu'est-ce que ça vous fait à vous?... c'est drôle, ces petites filles! eh bien! pourquoi que vous ne vous mariez pas aussi, vous!... vous êtes grande!... vous êtes riche...

**MARIE.**

Oh! moi, c'est différent...

**SIMON.**

Eh bien! moi, c'est autre chose... et je me disais, tout à l'heure, en regardant votre moulin où j'ai été jeter mes filets...

**MARIE,** avec intérêt.

Ah! vous venez de ce côté-là?

**SIMON,** froidement.

Oui, là ou ailleurs... peu importe!...

**LA MÈRE SIMONE,** vivement.

Et tes filets, qu'est-ce que tu en as fait?

**SIMON,** étonné.

Mes filets... tiens c'est vrai... je ne les ai pas rapportés... ils y sont encore, le poisson aura le temps d'y venir.

LA MÈRE SIMONE.

Et si on nous les vole...Va vite les reprendre, dépêche-toi!

SIMON.

C'est si loin... je n'ai plus de jambes... (Il s'assied auprès de la table.) et puisque mam'selle Marie retourne chez elle... elle peut bien les serrer.

MARIE.

Volontiers... monsieur Simon.

SIMON.

Alors ne perdez pas de temps et allez-y tout de suite... Eh bien? qu'est-ce qu'elle a?... Je vous demande ce qu'elle attend!

MARIE.

Eh mais!... j'attends que vous me le demandiez... un peu plus gentiment que ça...

SIMON.

C'te bêtise... ne faut-il pas lui faire des phrases?... où voulez-vous que j'aille les pêcher?

MARIE.

Mais dame!... c'est vos filets à vous.

SIMON, se levant.

Dieu! que de façons pour rendre un service... eh bien! voyons, quoi? qu'est-ce que vous voulez?

MARIE, passant au milieu.

Un petit mot aimable; dites-moi : « Ma petite Marie, je vous en prie!... rendez-moi ce service... voulez-vous?... »

LA MÈRE SIMONE.

Allons!... va donc!...

SIMON.

Eh bien! ma petite Marie, voulez-vous?...

MARIE.

Avec plaisir... j'y vais, monsieur Simon; vous voyez bien que ce n'était pas bien difficile.

SIMON, avec attendrissement.

Oui, vous avez raison... Tenez, Marie, vous êtes une bonne fille... une brave fille... et maintenant (Avec brusquerie.) allez-vous-en et laissez-moi tranquille.

MARIE.

A la bonne heure au moins !... le v'là qui revient un peu... Adieu, madame Simone. (Quand elle est à la porte, elle se retourne et dit tendrement à Simon.) Adieu !

## SCÈNE VI.

LA MÈRE SIMONE, SIMON.

SIMON.

C'est-il lourd, c'est-il borné, ces paysannes !...

LA MÈRE SIMONE.

Écoute-moi, Simon... nous v'là seuls, elle est partie...

SIMON.

C'est heureux !...

LA MÈRE SIMONE.

Faut que je te parle, mon garçon, cette tristesse, ces soupirs, ce n'est pas naturel... il y a quelque chose là-dessous... et tiens... je crois que t'es amoureux...

SIMON.

Moi !... oh ! ne dites pas !...

LA MÈRE SIMONE.

Si fait... je m'y connais, vois-tu... ça vous rend triste, ça vous rend bête... ton père était comme ça... voyons, confie-moi ça, à moi, à ta vieille mère ; t'es amoureux, n'est-ce pas ?

SIMON.

Eh bien ! oui... la maman ! je le suis, et solidement !

LA MÈRE SIMONE.

Mais fallait donc le dire!... tu es amoureux... il n'y a pas de mal, mon garçon... pourvu que t'aies bien choisi...

SIMON.

Je vous en réponds... trop bien!...

LA MÈRE SIMONE.

Et pourquoi ça?... t'es un bon parti... Voyons... ce n'est pas la petite Marie?... non... j'en suis fâchée... Est-ce la fille au meunier Jalon?... la celle au voisin Thomas?... la nièce à Marguerite?...

SIMON.

Tout ça... c'est des paysannes.

LA MÈRE SIMONE.

C'est une demoiselle!... tant pis...

AIR : Un homme pour faire un tableau. (*Les Hasards de la guerre.*)

Va, crois-moi, ça n' te convient pas ;
Faut choisir parmi nos fermières.
A Paris, qu'est-c' que tu trouv'ras ?
Des coquett's, des femmes légères,
Des femm's qui mènent leur maris !...
C' n'est pas la pein', quand on est sage,
D'aller demander à Paris
Ce qu'on peut trouver au village !

Mais voyons si c'est possible...

SIMON.

Non, la mère, non... ça ne se peut pas!... une demoiselle belle, riche...

LA MÈRE SIMONE.

Qui que c'est?...

SIMON.

Est-ce que je sais?... Il y a un mois, quand je suis allé à Paris, pour le bail du moulin en concurrence avec le père Jalon... j'ai vu tant de belles choses, que j'en étais tout ébahi, quoi!... et des femmes surtout... jolies, si avenantes... ça me faisait battre le cœur... il me montait des chaleurs... je sentais que le sang me bouillait... je les regardais de loin... sans oser faire un pas... sans dire un mot... et puis, j'allais me coucher par là-dessus... et je faisais des rêves!... des rêves!... Mais v'là qu'un jour, dans un grand jardin, où's qu'on va pour voir des cygnes... j'aperçus une demoiselle, comme je n'en avais pas encore vue... elle était belle... elle avait de grands yeux noirs... des yeux qui vous allaient là... elle donnait le bras à une vieille dame souffrante, qui venait chercher de l'air, du soleil et de la santé... je la regardai, la demoiselle!... et puis, sans y penser, je la suivis... et le lendemain je la vis encore de même... et tous les jours comme ça...

LA MÈRE SIMONE.

Et le père Jalon poussait toujours le bail.

SIMON.

Il s'agissait bien du père Jalon!... et un jour, qu'au milieu de sa promenade, il avait pris une faiblesse à sa bonne maman... c'était sa bonne maman, la vieille... moi qui étais là, qui les suivais... je l'ai reportée à sa voiture... et si vous aviez vu la jeune fille, quels regards... quels remerciements elle m'adressait... elle m'a même pris la main!... Oui, ma mère... oui, j'ai touché sa main... je l'ai touchée moi-même... je ne savais plus où j'en étais... j'étais de là immobile comme le factionnaire du jardin... Depuis, je ne les ai jamais revues!.... c'est comme ça que ça a fini...

LA MÈRE SIMONE.

Et que t'as manqué le bail du moulin.

SIMON.

Le moulin!... j'y pensais bien!... j'avais bien le cœur au moulin!... le moulin!... ça m'était bien égal.

LA MÈRE SIMONE.

Et c'est pour cette fille-là que tu te péris l'âme! Qu'est-ce que tu en espères?

SIMON.

C'est ce que je me dis tous les jours... t'es un fou!... t'es une bête, Simon... eh bien!... c'est plus fort que moi.

*AIR du vaudeville de l'Homme vert.*

Je n'ai plus le cœur à l'ouvrage,
Je n' fais rien, ma tête s'en va;
Et pour retrouver son image,
Je ferm' les yeux, je reste d'là!...
C'est en rêve que j'sais lui plaire,
C'est en dormant que j' suis heureux,
Et c'est depuis c' temps-là, ma mère,
Que j' suis d'venu si paresseux.

LA MÈRE SIMONE.

Eh bien! pour te réveiller, pense à autre chose.

SIMON.

Nos paysannes sont gentilles, c'est possible... je voudrais les aimer, il n'y a pas moyen, voyez-vous ; il y a dans les robes de mousseline quelque chose que n'ont pas les indiennes de village... et puis, ces belles demoiselles, c'est si beau, si bien soigné!... ça vous a des voitures, des femmes de chambre... des grands airs... des petites tournures si jolies, si jolies... ah! ma mère!

LA MÈRE SIMONE, *lui prenant la main.*

Mon pauvre garçon... je comprends, c'est une maladie, ça... il n'y a qu'un moyen d'en guérir.

SIMON.

Et lequel?

LA MÈRE SIMONE.

Un bon mariage!...

SIMON.

Jamais!

LA MÈRE SIMONE.

Il ne faut pas dire jamais... tu finiras par là... et alors, vaut mieux commencer tout de suite... Choisis une de nos jeunesses... elles sont gentilles... elles ont aussi des petites tournures... en se serrant un peu.

**SIMON.**

C'est possible... je voudrais bien les aimer... toutes même... je ne demanderais pas mieux... mais je ne peux pas... Encore, si j'en trouvais une qui lui ressemblât un peu... qui ait ses yeux noirs... ses traits...

**LA MÈRE SIMONE.**

Marie est jolie!...

**SIMON.**

Marie!... elle est blonde!... elle a des yeux bleus... l'autre est brune... ce n'est pas la même chose!...

**LA MÈRE SIMONE.**

Bah! en s'y prêtant un peu... et puis, une bonne fille qui nous aime tant!... je suis sûre qu'elle ne se fâcherait pas si je lui disais : « Marie, veux-tu être ma bru? la femme à Simon? »

**SIMON.**

Je crois bien! ça l'y irait joliment!...

**LA MÈRE SIMONE.**

Eh mais! qu'est-ce qui vient là?

**SIMON.**

Silence, ma mère... pas un mot!...

**LA MÈRE SIMONE.**

Sois tranquille!...

## SCÈNE VII.

### M. D'ALZONE, LA MÈRE SIMONE, SIMON.

**LA MÈRE SIMONE.**

Eh! c'est mon fieu... c'est M. d'Alzone.

D'ALZONE.

Moi-même! ma bonne nourrice, mon cher Simon!...

SIMON.

Mon frère de lait!...

D'ALZONE.

Oui, mes amis, j'arrive du Saint-Gothard, du Simplon, de tous les précipices de la Suisse... (Il s'assied.) je voulais voyager toute ma vie et depuis deux mois que j'ai quitté Paris... j'en ai déjà assez... je reviens...

LA MÈRE SIMONE.

Et vous faites bien!...

D'ALZONE.

Et comme tu vois, en allant au château de Luzy, chez ma tante....

LA MÈRE SIMONE.

Il s'est rappelé que nous étions sur le chemin... le cher enfant; et madame la comtesse... et votre jeune femme, est-ce qu'elle est restée dans la voiture?

D'ALZONE.

Ma femme!...

LA MÈRE SIMONE.

Oui, fallait nous l'amener!...

SIMON.

Peut-être, après cela, qu'elle n'est pas comme vous... qu'elle est fière... c'est trop juste... elle est comtesse... elle est grande dame...

D'ALZONE.

Elle n'est rien du tout... car je ne suis pas marié!...

LA MÈRE SIMONE.

Est-il possible!... et que nous a donc dit Mathurin, votre garde-chasse, il y a deux mois en revenant de Paris! « Mère Simone, une grande nouvelle!... notre jeune maître va se marier... je le tiens de lui-même. »

D'ALZONE, se levant.

C'est vrai... je lui avais annoncé que j'espérais bientôt vous amener ma femme et venir, avec elle, visiter les biens que j'ai dans ce pays... mais depuis j'ai changé d'idée, je suis resté garçon !...

LA MÈRE SIMONE.

J'entends !... ça n'était pas un assez bon parti... vous avez trouvé qu'il n'y avait pas assez de dot.

D'ALZONE.

Toi qui me connais, peux-tu le penser !... est-ce que je tiens à la fortune ?... est-ce que je n'en ai pas assez pour deux ? sans compter l'héritage de ma tante.

SIMON.

C'est vrai ! alors c'est qu'elle n'était pas jolie !...

D'ALZONE.

Charmante !... tous les talents, toutes les grâces réunies...

LA MÈRE SIMONE.

Vous ne l'aimiez donc pas ?

D'ALZONE.

Moi ne pas l'aimer ! je crois que je l'aime encore... ou du moins, je ne pense qu'à elle et je me dis tous les jours : Quel bonheur qu'elle ne soit pas ma femme !

SIMON.

Et pourquoi ça ?

D'ALZONE.

Parce que l'aimant comme je le fais... je serais le plus malheureux des hommes.

SIMON.

*AIR du vaudeville de Jadis et aujourd'hui.*

C'est donc un esprit intraitable ?

D'ALZONE.

Au contraire, il était charmant,
Elle n'était que trop aimable !

SIMON.

Et ça vous déplaît?

D'ALZONE.

Oui, vraiment!
Car les maris sont tous de même :
De nos femmes fiers et jaloux,
Nous permettons bien qu'on les aime
Pourvu qu'elles n'aiment que nous!

Et celle-là, avide d'éloges et de flatteries, ne pouvait renoncer aux hommages de mes rivaux... surtout un jeune colonel, riche, brillant, le plus redoutable en un mot, lui faisait une cour assidue... Craignant avec raison, qu'il ne l'emportât sur moi, et dédaignant des détours, indignes de mon caractère, je lui dis avec franchise : « Si vous m'aimez, promettez-moi d'ôter tout espoir au colonel... d'éviter sa présence »... elle me le jura.

LA MÈRE SIMONE.

A la bonne heure!...

D'ALZONE.

Et je partis pour un voyage indispensable... mais on va vite quand on est amoureux... trois jours après j'étais de retour... je cours à l'hôtel de ma prétendue... elle était au bal... chez la mère du colonel.

SIMON.

Est-il possible!

D'ALZONE.

J'y cours, et caché derrière un groupe de curieux, j'aperçois Agathe!... elle dansait avec mon rival dont elle écoutait les galants discours; le plaisir brillait dans ses yeux... le sourire sur ses lèvres... jamais elle n'avait été plus jolie, ni mise avec plus d'élégance...

SIMON.

Ah! oui!... de jolies tailles... des robes de gaze... et voir tout cela... que vous deviez être heureux!...

D'ALZONE.

J'étais furieux... Elle m'aperçut, elle pâlit!..: je lui lançai un regard menaçant; et sans lui parler, sans lui reprocher sa trahison, je partis... je m'éloignai de Paris, décidé à n'y plus revenir... et depuis ce moment, depuis deux mois, je n'ai pas revu Agathe.

SIMON.

Il a bien fait.

LA MÈRE SIMONE.

Il a eu tort, ne fût-ce que pour cette pauvre jeune fille.

D'ALZONE.

Personne, excepté elle et sa mère, ne connaissait mes projets... ainsi la rupture de ce mariage n'a pu lui faire aucun tort.

SIMON, avec colère.

Et quand ça lui en aurait fait... quand ça l'aurait compromise... où est le mal?

AIR : Qu'il est flatteur d'épouser celle. (*Le Jaloux malade.*)

Si je rencontrais, Dieu me damne !
Un' coquett' qui me fît des traits;
Un' demoisell', un' paysanne,
Dieu sait comm' je me vengerais !...
Amant ou mari, quand j'y pense,
Si j'étais trahi !...

LA MÈRE SIMONE.

Qu'est-c' qu'il f'rait?

SIMON.

Ça n' se pass'rait pas sous silence,
Et tout le monde le saurait !

LA MÈRE SIMONE.

Eh bien! alors tu as raison de ne pas te marier... Et vous, monsieur le comte, je trouve que vous avez été bien rigoureux et bien sévère... abandonner une femme qui vous aimait, pour un peu de coquetterie...

D'ALZONE.

Ah! tu appelles ça un peu!

LA MÈRE SIMONE.

Eh bien! quand il y en aurait beaucoup, il faut passer quelque chose aux femmes; elles vous en passent tant!... elles sont coquettes, c'est vrai... mais ce qui rachète ça... c'est qu'elles le sont toutes...

SIMON.

Toutes!... eh bien! voilà le mal!... voilà qui est affreux! pourquoi qu'elles le sont? pourquoi qu'une malheureuse femme ne se raisonne pas?... ah çà! mais, est-ce que, de votre temps, c'était comme ça, la maman?

LA MÈRE SIMONE.

Eh! mon Dieu oui!

D'ALZONE.

Bah!... et peut-être que toi-même...

LA MÈRE SIMONE.

Eh! je ne dis pas!...

SIMON.

Dieu! quel bonheur pour vous que je n'aie pas été mon père...

LA MÈRE SIMONE.

Tu aurais fait comme lui, et tu t'en serais bien trouvé; et, si j'osais donner un conseil à mon ancien nourrisson...

D'ALZONE.

Dis toujours... dis hardiment... ça n'engage à rien...

LA MÈRE SIMONE.

Eh bien! à votre place je ne me découragerais pas si vite, et pour renoncer à une femme qui vous convient, qui peut vous rendre heureux, je ne m'en tiendrais pas à une première épreuve... j'essaierais encore.

AIR : *Le choix que fait tout le village.* (*Les deux Edmond.*)

Pour une erreur, une imprudence,

Ne montrez pas tant de courroux !
Chacun a besoin d'indulgence...
Un' jeun' fille encor plus que nous.
Vous charmer est son seul mérite ;
Et d' plaire pourquoi l'empêcher ?...
Songez-y donc, ça pass' si vite
Qu'elle a raison de s' dépêcher !

    D'ALZONE.

Merci, merci de ton conseil...

  LA MÈRE SIMONE, riant et le regardant en dessous.

Vous mourez d'envie d'en profiter.

    D'ALZONE.

C'est vrai !... je vais passer cette journée au château de Luzy, chez ma tante... et demain, je retourne à Paris.

    LA MÈRE SIMONE.

A la bonne heure !

    D'ALZONE.

Dis-moi un peu, pour aller à Luzy à pied, le chemin le plus court.

    SIMON.

Je vas vous dire : faut prendre à gauche, ensuite, le champ de trèfle à droite ; vous tournerez la chaussée en face et puis à gauche...

    LA MÈRE SIMONE.

Alors vous entrez dans le bois des Brosses.

    SIMON.

A droite...

    LA MÈRE SIMONE.

Vous allez toujours... et vous y êtes !

    SIMON.

C'est clair.

    D'ALZONE.

Oui, très-clair... je ne m'en tirerai jamais !...

        10.

### LA MÈRE SIMONE.

Mais ce qui vaut mieux... Simon peut vous conduire... vous mettre dans la route.

### SIMON.

C'est cela, venez... de prendre l'air cela me fera du bien, car j'étouffe...

(Il va prendre son chapeau.)

### LA MÈRE SIMONE, à part, à d'Alzone.

AIR : Venez, mon père, ah! vous serez ravi. (Les Inséparables.)

Ch'min faisant, parlez à notr' fils
Qui d'viendra fou s'il n'y prend garde.

### SIMON.

Allons, que dit-elle?... est-elle bavarde!

### LA MÈRE SIMONE.

Oui, tu f'ras bien d' suivre ses avis,
Il a d' l'esprit ; toi, tu n'es qu'un benêt,
Et vous devriez êtr' de même
Car je vous ai nourris du même lait...

### SIMON.

C'est qu'il aura pris tout' la crème.

*Ensemble.*

### LA MÈRE SIMONE.

Ch'min faisant parlez à notr' fils
Qui d'viendra fou s'il n'y prend garde ;
Quand j'lui parle, il m' trait' de bavarde,
Mais il f'ra bien d'suivr' vos avis.

### D'ALZONE.

Oui, je vais emmener ton fils.
Eh! mais, je n'y prenais pas garde ;
Quel air triste!... ça me regarde,
Il faut qu'il suive mes avis.

### SIMON.

Venez avec moi, j'vous conduis,
Car c'est moi que cela regarde.

N'l'écoutez pas, c'est un'bavarde,
Mais vous, je suivrai vos avis.

(D'Alzone et Simon sortent.)

## SCÈNE VIII.

### LA MÈRE SIMONE, MARIE.

**MARIE**, entrant par l'autre côté.

Madame Simone... madame Simone!...

**LA MÈRE SIMONE.**

Ah! mon Dieu! comme te voilà essoufflée!...

**MARIE.**

Je crois bien!... si vous saviez... quelle aventure!... j'en suis encore toute tremblante, quoi! Figurez-vous que retournée au moulin, j'allais détacher les filets de Simon... (S'interrompant et regardant autour d'elle.) Tiens... il n'est plus ici?... je croyais...

**LA MÈRE SIMONE.**

Non, non, après?

**MARIE.**

Et je voyais venir le long de la rivière un petit batelet... où's qu'il y avait ces belles demoiselles conduites par un vieux domestique qui leur servait de marinier...

**LA MÈRE SIMONE.**

Ce sont celles qui ont pris du lait ici ce matin... je leur ai procuré un bateau.

**MARIE.**

Vrai?... eh bien! ça leur a joliment réussi!... voilà que, tout-à-coup, j'entends des cris... je regarde... le batelet venait de chavirer...

**LA MÈRE SIMONE.**

Ah! mon Dieu!

MARIE.

Les demoiselles étaient dans l'eau... le domestique surtout criait... criait... il paraît qu'il a bu un coup!...

LA MÈRE SIMONE.

O ciel! du danger peut-être...

MARIE.

Non! il n'y avait que deux pieds d'eau... en hiver, tout de même, ils se seraient noyés... mais, par bonheur, ils ont choisi leur temps... et leur place... je les ai fait sortir de là comme j'ai pu, je les ai menés chez moi, où's qu'il y avait un bon feu... je leur ai donné mes robes, mes bonnets, mes fichus, tout ce que j'ai de plus beau... il y en a déjà une de prête... Mais venez donc, les autres ont besoin de vous... et puis, le domestique, qui gronde toujours, est dans votre grange à grelotter... faut que vous lui trouviez des habits... quelque chose de votre fils.

LA MÈRE SIMONE.

Tout de suite... Ah! quel malheur!...

MARIE.

Oh! ne vous effrayez pas... à présent, elles rient toutes les trois comme des folles! et tenez, en v'là une!...

## SCÈNE IX.

Les mêmes; AGATHE.

AGATHE, en habits de paysanne, entrant en riant.

Ah! ah! ah! la charmante promenade!... Ah! c'est vous, ma jolie meunière!... ces demoiselles vous attendent...

MARIE.

Ne vous impatientez pas, mam'selle, nous allons, avec la mère Simone, leur donner ce qui leur manque.

### LA MÈRE SIMONE.

Tout de suite! Mon Dieu! quand je pense que ce maudit bateau...

### AGATHE.

Ah! il n'y a pas de mal... à présent!... car d'abord, nous avons eu une peur!... ce pauvre Baptiste surtout... Ma bonne, je vous le recommande!...

### LA MÈRE SIMONE.

J'y vais, mam'selle, soyez tranquille... mais vous, il ne vous faut rien... vous n'avez pas à me demander?...

### AGATHE.

Mais non... il me semble qu'il ne me manque rien... qu'en dites-vous?...

### LA MÈRE SIMONE.

Je dis que ça vous va bien.

*AIR :* De l'aimable Thémire.

### MARIE.

Sous cett' robe grossière,
Sous c' modeste corset,
De charmer et de plaire
Vous avez le secret...
Dans ces habits d'village
Que j'viens de vous donner,
Pour moi quel avantage!
Si ça pouvait s'gagner!

### AGATHE.

Ah! c'est gentil] ce que tu me dis là!... (Marie et la mère Simone vont pour sortir.) Ah! dites-moi, encore un service... c'est de garder le secret sur notre aventure... le plus grand secret.

### LA MÈRE SIMONE.

Dame! mam'selle... je tâcherai...

(Elle sort avec Marie.)

## SCÈNE X.

### AGATHE, seule.

A la bonne heure! c'est de la franchise... je voudrais pourtant bien qu'on ne sût rien au château... mais en rentrant par la petite porte du parc, nous pouvons nous glisser jusqu'à ma chambre et changer de costume sans que personne s'en aperçoive. (Se regardant devant un miroir.) Elle a raison... je ne suis pas mal du tout, le costume de paysanne me va très bien... et il me semble même qu'ainsi je suis jolie. (S'arrêtant tristement.) Ah! jolie ou non... cela m'est bien égal à présent, la seule personne à qui j'eusse voulu plaire... me fuit... m'abandonne... ne pense plus à moi... (Vivement.) Allons! allons! ne pensons plus à lui, ni à personne... oublions tout... je ne suis plus moi, je ne suis plus Agathe, me voilà paysanne.

AIR : J'ai vu le Parnasse des dames. (*Rien de trop.*)

Sous ce bonnet, sous ce corsage,
Si je pouvais faire aujourd'hui
Quelque conquête de village ;
Pour moi quelle gloire!... eh bien! oui !
Après tout ce n'est qu'un échange!
Et des maux que j'éprouve là
Il faut qu'à la fin je me venge...
Tant pis sur qui ça tombera!...

Mais par malheur, il n'y a personne pour m'admirer.

## SCÈNE XI.

### AGATHE, SIMON, qui est entré pendant la fin de la scène précédente.

### SIMON.

Je l'ai remis dans son chemin et maintenant... (Apercevant Agathe.) Ah! mon Dieu... qu'est-ce que je vois?

AGATHE, se retournant et apercevant Simon.

A qui en a-t-il, celui-là, et d'où sort-il?

SIMON.

Ce n'est pas possible... et cependant c'est la même physionomie... la même taille... (Avec dédain.) Une fille du pays, une robe de laine... je deviens fou, c'est certain.

AGATHE, à part.

Comme il me regarde!...

SIMON.

Pardon, mam'selle, c'est moi que je suis Simon, le fermier... est-ce que vous êtes de ce village?

AGATHE, faisant la révérence.

Non, monsieur Simon. (A part.) Son air étonné me divertit. (Parlant en paysanne.) J'suis d'un autre village plus considérable... et qui est loin d'ici...

SIMON.

Celui de Rémival?...

AGATHE.

Justement...

SIMON.

C'était l'autre semaine la fête, et je ne vous y ai pas vue...

AGATHE.

Je suis arrivée d'hier...

SIMON, vivement.

De Châtillon, peut-être?...

AGATHE.

Comme vous dites.

SIMON.

Est-ce que vous seriez cette jeunesse qu'attendait la commère Bertrand... c'te cousine qu'avait perdu son père et qui devait venir s'établir chez elle?...

AGATHE.

Précisément.

SIMON, à part.

Je ne peux pas en revenir encore... mais ça me fait une joie, un bonheur... (Haut.) Vous allez demeurer près de nous... à deux lieues. (Riant.) C'est drôle tout de même...

AGATHE.

Fort drôle...

SIMON, riant.

Ah! plus encore que vous ne croyez...

AGATHE, de même.

Non pas!...

SIMON, de même.

Ah! si fait! si fait... j'sais c'que j'dis... c'est-à-dire, pas beaucoup, parce que plus j'vous r'garde et plus il me semble que mes idées s'embrouillent... mais ce n'est pas désagréable... c'est comme quelque chose qui vous monte à la tête... qui vous étourdit... qui vous grise... ça me fait l'effet d'une bouteille de vin le dimanche...

AGATHE, riant.

Ah! ah! (A part.) Qu'il a l'air bête!...

SIMON.

Vous dites?

AGATHE.

Je dis que vous êtes ben galant tout de même.

SIMON.

Non, je ne suis pas galant... je ne sais pas ce que c'est... je n'y entends rien... mais vous êtes si jolie...

AGATHE.

Vraiment! monsieur Simon?... (A part.) En voilà un!... ça se trouve bien!

SIMON.

Qu'il me semble que je vous ai toujours aimée...

AGATHE.

Est-il possible!

SIMON.

Est-ce que vous ne le voyez pas? est-ce que je ne vous l'ai pas dit? oui, mam'selle, oui, je suis encore à savoir comment ça s'est fait... mais il me semble que je vous aime...

AGATHE.

Vrai!... comment que vous me dites ça? répétez-le, je vous prie...

SIMON.

Je vous aime!

AGATHE, à part.

Il est toujours gentil, ce mot-là. (Haut.) Comment, monsieur Simon, vous m'aimez...

SIMON.

C'est-à-dire... pour être franc et ne pas vous tromper... ce n'est pas tout à fait vous que j'aime...

AGATHE.

Qu'est-ce que ça signifie...

SIMON.

C'est une autre.

AGATHE, piquée.

Eh bien! par exemple!...

SIMON.

Une autre qui vous ressemble.

AGATHE.

C'est flatteur pour moi... (A part.) Il faut que je supplante ma rivale. (Haut.) Vous me trouvez donc mieux qu'elle?

SIMON.

Oh non!

AGATHE.

Comment?

SIMON.

Écoutez donc, vous ne pouvez pas être si bien... c'est impossible..: c'était une demoiselle... une vraie demoiselle... de Paris encore!... tandis que vous, vous n'êtes qu'une paysanne... vous avez l'air niais, embarrassé...

**AGATHE.**

Ah dame! monsieur Simon, ce n'est pas ma faute.

**SIMON.**

C'est vrai, avec votre robe de siamoise et de cotonnade, vous ne pouvez pas jouter avec des châles, des manches à gigot... des madapolams...

*COUPLETS.*

AIR : Monsieur Robert est de ces gens.

*Premier couplet.*

Vous n'avez pas l'air distingué,
Ni les manièr's d'un' demoiselle ;
Ni ses bell's robes de dentelle...
Ses yeux si doux... Ah! jarnigué!
Vous v'nez de me r'garder comme elle,
Juste comme elle.

**AGATHE.**

Laissez donc, mes yeux sont trop niais.

**SIMON.**

Ah! c'est fini... v'là qu'ça me monte!
Moi qui pour elle vous aimais,
J'vas vous aimer pour votre compte,
J'sens que j'vous aime pour votr' compte.

*Deuxième couplet.*

**AGATHE.**

Monsieur Simon m'fait trop d'honneur,
Je n'suis qu'un'fille de village.

**SIMON.**

Ah! vous avez un avantage.

**AGATHE.**

Mais lequel?

SIMON.
Ell' me faisait peur,
Je n'disais mot.

AGATHE.
C'était dommage!
Oh! grand dommage!

SIMON.
L'respect m'cassait jambes et bras!
Mais près d'vous le courag' me monte,
Et si ça continue j'm'en vas
Vous embrasser pour votre compte.
(Il lui serre la main.)

AGATHE, sans se fâcher.
Finissez... ou je me fâche... (A part.) Il parait qu'au village, ils sont très-forts sur la pantomime...

SIMON.
Ça m'est égal... ça ne m'effraie pas... et pourvu que je vous revoie... car je vous reverrai, n'est-ce pas?

AGATHE.
Certainement... quand on vous a vu une fois...

SIMON.
A demain.

AGATHE.
A demain!

SIMON.
Au petit bois des Aliziers, qui est à moitié chemin du village de Rémival et de celui-ci.

AGATHE.
Tiens... pourquoi pas?

SIMON, sérieusement.
Votre parole...

AGATHE.
Mon Dieu oui... mais j'y pense... un rendez-vous... rien que cela!...

SIMON, lui serrant toujours la main.

Puisque je vous aime, puisque vous m'aimez... mais en tout bien tout honneur... car vous serez ma femme... je n'en veux pas d'autre.

AGATHE.

Ah! c'est différent.

SIMON.

Et la preuve, c'est que v'là mon anneau... il est d'argent... et de vrai...

AGATHE.

Oh! comme il brille... c'est trop beau, monsieur Simon.

SIMON, la regardant.

Rien de trop beau quand on aime... et en revanche... je prends ce bracelet, me v'là votre fiancé.

AIR : Que j'sis content, queu' bonne affaire. (*Le Baiser au porteur.*)

Que j'sis content ! j'en perds la tête !
C'bijou qu'j'ai pris ! Dieu qu' c'est galant !
Et pour demain, un tête-à-tête,
J'suis sûr d'être heureux à présent !
Que j'sis content !
Ah ! ah ! que j'sis content !

AGATHE.

Ce gage que vous v'nez de m'prendre,
Vous y tenez donc ?

SIMON.

Oui, vraiment.
Je mourrais plutôt que d'le rendre...
(Lui serrant la main.)
Quand j'aime, c'est solidement.

AGATHE, un peu effrayée.

Monsieur Simon, de grâce... j'entends ces demoiselles.

SIMON.

Dites-moi encore une fois que vous m'aimez.

AGATHE.

Eh bien! oui, je vous aime.

SIMON, avec transport.

Vous m'aimez!... elle m'adore... Ah! je suis trop heureux... je m'en vais.

Que j'sis content, j'en perds la tête, etc.

(Il fait quelques pas pour sortir, puis il revient et embrasse Agathe par surprise. — Il s'en va.)

AGATHE.

Il m'a embrassée... il m'a vraiment embrassée!... mais aussi quelle étourderie!... Ah! partons, partons vite... et que jamais on ne sache...

## SCÈNE XII.

AGATHE, LA MÈRE SIMONE, MARIE, ANNA, ÉMILIE, BAPTISTE.

ANNA et ÉMILIE, en paysannes.

Nous voilà!... nous voilà! notre toilette est achevée...

ANNA.

Vois un peu, comment me trouves-tu en paysanne?

ÉMILIE.

Et moi?

AGATHE.

Très-bien!... très-bien!... mais hâtons-nous, retournons au château...

ÉMILIE et ANNA.

Partons!...

AGATHE, à Simone.

Adieu, madame. (A Marie.) Adieu, Marie, nous ne vous oublierons pas!... mais surtout pas un mot de notre aventure.

ÉMILIE.

Comme nous serions grondées!

BAPTISTE.

Et moi donc!...

MARIE.

Mesdemoiselles... pardon... pour vos habits à reporter, où irai-je?

BAPTISTE.

Au château de Luzy!...

AGATHE, bas.

Imbécile!... tais-toi!...

AIR : Finale du *Philtre*.

*Ensemble.*

AGATHE, ANNA et ÉMILIE, se regardant.

Sous cet habit nouveau
Combien nous devons être belles !
Allons, partons, le temps est beau,
Gaîment retournons au château.

LA MÈRE SIMONE et MARIE.

Partez, le temps est beau ;
Partez, mes belles demoiselles,
Et sous ce costume nouveau
Gaîment retournez au château.

BAPTISTE.

Si jamais en bateau
Je mène encor des demoiselles
Et si je r'mets le pied sur l'eau,
J'en réponds bien, il fera chaud !

LA MÈRE SIMONE, passant auprès d'Agathe.

Du chemin je peux vous instruire,
J'connais madame de Luzy...

AGATHE, à part.

Grand Dieu !

LA MÈRE SIMONE.

Et je viens de faire conduire
Monsieur d'Alzone son neveu.

AGATHE, à part.

Quoi! d'Alzone en cette demeure...

LA MÈRE SIMONE, de même.

Mais dans quel trouble je la vois!
Et c'qu'il me disait tout à l'heure...
S'rait-c'par hasard, une des trois?

*Ensemble.*

AGATHE, ANNA et ÉMILIE.

Sous cet habit nouveau... etc.

LA MÈRE SIMONE et MARIE.

Partez, le temps est beau... etc.

BAPTISTE.

Si jamais en bateau... etc.

(Les jeunes filles partent. Marie et la mère Simone rentrent dans la ferme.)

# ACTE DEUXIÈME

Un pavillon du château de Luzy.

## SCÈNE PREMIÈRE.

### AGATHE, ANNA.

ANNA.
Quand je te dis que ces messieurs veulent organiser une partie délicieuse, une chasse dans les bois... et puis les dames suivront en calèche... nous y allons toutes...

AGATHE.
Moi... je ne sortirai pas...

ANNA.
Et pourquoi donc?... on compte sur toi!...

AGATHE.
On a eu tort... je reste ici...

ANNA.
C'est singulier! toi qui étais si gaie, si enjouée hier! comme te voilà triste aujourd'hui!

AGATHE.
Triste, moi!... mon Dieu non, je t'assure...

ANNA.
Je t'assure qu'il y a quelque chose et ce n'est pas bien... quand tous ces messieurs travaillent à nos plaisirs, il faut s'y prêter un peu, ne fût-ce que par reconnaissance... il y a surtout le nouveau venu, celui qui est arrivé hier...

AGATHE.

Le neveu de madame de Luzy!...

ANNA.

Oui! M. d'Alzone! il y met tant de grâce...

AGATHE.

Tu trouves?...

ANNA.

C'est un charmant jeune homme et tu dois le connaître.

AGATHE.

Moi!... fort peu... à peine l'ai-je vu quelquefois.

ANNA.

*AIR du vaudeville de Irons-nous à Paris?*

D'une naissance peu commune,
On nous vante, de tous côtés,
Son esprit, son goût, sa fortune,
Car il a mille qualités;
De plus, une autre bien plus belle,
Qu'on ne peut trop apprécier,
La plus importante !...

AGATHE.

Laquelle ?

ANNA.

On dit qu'il est à marier !

Par malheur, ce ne sera pas pour longtemps...

AGATHE, avec émotion.

Qui te l'a dit?

ANNA.

Personne... mais je le sais... il se promenait ce matin dans le parc avec sa tante, madame de Luzy, et comme ils passaient de l'autre côté de la charmille où j'étais... j'ai écouté...

AGATHE.

C'est très-mal...

ANNA.

C'est-à-dire, j'ai entendu...

AGATHE.

Et que disait-il?

ANNA.

Rien, c'était madame de Luzy qui parlait et qui disait avec sa petite voix cassée : « Puisque vous me demandez mon avis, mon cher neveu, je pense que ce mariage est ce que vous pouvez faire de mieux pour trois raisons... »

AGATHE.

Eh bien ! après ?

ANNA.

Ils sont sortis de l'allée tournante pour entrer sur la pelouse... je n'ai pu les suivre que des yeux, et madame de Luzy s'est éloignée, emportant avec elle ses trois raisons.

AGATHE.

Qui sont détestables, j'en suis sûre...

ANNA.

Et moi aussi! Vouloir le marier! lui qui est si bien ainsi!... ils ne sont plus bons à rien quand ils sont mariés, ils deviennent des papas... ils ne dansent plus... tandis que celui-ci... il nous donne un bal ce soir, ce qui n'empêche pas la partie de ce matin, une journée complète... je vais à ma toilette... et toi?

AGATHE.

Moi! je suis bien ainsi, je n'y changerai rien.

ANNA.

As-tu donc oublié les leçons de coquetterie que tu nous donnais hier?

AGATHE.

Ah! ne parlons plus de cela.

ANNA, à demi-voix.

Tiens, tiens, le voici!

AGATHE, troublée.

M. d'Alzone...

## SCÈNE II.

LES MÊMES; D'ALZONE.

D'ALZONE.

Comment, mesdemoiselles, encore ici!... lorsqu'on fait les préparatifs du départ pour la promenade que nous organisons avec approbation des grands parents... et sauf votre consentement?

ANNA.

Oh! toutes ces demoiselles et moi, nous consentons à l'unanimité... hors une voix, celle d'Agathe.

D'ALZONE.

Mademoiselle refuse!... je voudrais que notre partie réunit tout le monde, car l'absence d'une personne... d'une seule, viendrait troubler notre plaisir... le mien, du moins...

ANNA, bas à Agathe.

Tu entends! on n'est pas plus aimable...

AGATHE, à part.

Je n'ose lever les yeux!...

D'ALZONE, regardant Agathe.

Et je m'attendais si peu en venant dans ce vieux château... où je ne croyais trouver que ma tante... à rencontrer d'anciens amis...

ANNA.

D'anciens amis!... et Agathe me disait tout-à-l'heure, qu'elle vous connaissait à peine...

D'ALZONE.

Vraiment! je serais déjà oublié à ce point!...

AGATHE.

Moi, monsieur... du tout... je n'ai pas dit...

ANNA.

Ah! tu l'as dit... mais raison de plus pour renouer connaissance... (A d'Alzone.) Elle vient avec nous... le départ est, je crois, pour deux heures?...

D'ALZONE.

Oui, mademoiselle, et l'on sera exact.

ANNA.

Ah! mon Dieu!... je n'aurai qu'une heure pour ma toilette... pardon, monsieur... (A part.) Il est charmant ce jeune homme-là !

(Elle sort, et Agathe va la suivre, d'Alzone la retient.)

## SCÈNE III.

### AGATHE, D'ALZONE.

D'ALZONE.

Vous sortez, mademoiselle?...

AGATHE.

Mais... monsieur...

D'ALZONE.

Puisque vous ne devez pas être des nôtres, rien ne vous presse... et moi qui depuis hier désirais vainement vous parler...

AGATHE.

Vous, monsieur?... je ne vous comprends pas... vous qui depuis deux mois avez brusquement disparu... qui avez évité toutes les occasions de me rencontrer...

D'ALZONE.

C'est vrai! mais vous voyez bien que je ne réussis pas toujours...

AGATHE.

Je n'en dois rendre grâce qu'au hasard... car vous ne veniez ici que pour madame de Luzy votre tante...

D'ALZONE.

J'en conviens... je venais pour elle, et je ne lui ai parlé que de vous !...

AGATHE.

De moi !... vous êtes bien bon de vous en occuper encore... moi, grâce au ciel, je vous ai tout-à-fait oublié.

D'ALZONE.

Ah! je m'en aperçois, car vous dédaignez même de porter encore le gage de mon amitié... ce bracelet que vous ne deviez jamais quitter... et que vous avez, comme moi, disgracié.

AGATHE.

Oui, monsieur; c'était, je pense, ce que vous désiriez. (Geste de d'Alzone.) Votre conduite, du moins, me l'a assez prouvé... Après avoir obtenu le consentement de ma mère, de ma famille et, je le dis en rougissant de regret... le mien... vous rompez ce mariage... vous vous éloignez brusquement... sans explication, sans motifs...

D'ALZONE.

Sans motifs !... avez-vous donc oublié, Agathe, la promesse que vous m'aviez faite de ne plus voir le colonel... et ce bal où je vous trouve chez lui ?...

AGATHE.

Qui vous dit que c'était de mon aveu ?...

AIR du vaudeville de *la Robe et les bottes*.

Et si c'était par l'ordre de ma mère ?

D'ALZONE.

Mais votre mère ordonnait-elle aussi
De le séduire et de lui plaire,
De ne danser, ce soir-là, qu'avec lui ?
Vous étiez tellement aimable !...

AGATHE.

Et vous si peu !...

D'ALZONE.

Qui ? moi ! grands dieux !...

AGATHE.

Qu'il fallait, c'était convenable,
Que l'un de nous le fût pour deux.

D'ALZONE.

Ah ! mademoiselle !...

AGATHE, avec émotion et froidement.

Maintenant je n'ignore point vos projets... on vient de me les apprendre... croyez, monsieur, aux vœux que je fais pour votre bonheur.

D'ALZONE.

Quoi ! l'on vous aurait dit !...

AGATHE.

Que votre tante s'occupe en ce moment de vous marier...

D'ALZONE.

C'est vrai ! et si j'osais, je vous demanderais conseil...

AGATHE.

A moi, monsieur !...

D'ALZONE.

Elle m'a parlé d'une jeune personne que je refusais d'abord, car rien n'égalait son inconséquence, sa coquetterie ; et, avec un tel caractère, il n'y a point de bonheur possible en ménage... vous le sentez comme moi... mais madame de Luzy m'a fait voir que je m'étais peut-être trop hâté de la condamner, elle m'a même assuré... et je vous avoue qu'en l'écoutant, je me sentais accablé de remords, elle m'a assuré qu'un certain colonel l'avait demandée en mariage.

AGATHE, à part.

O ciel !

D'ALZONE, la regardant.

Qu'un parti si brillant avait été refusé par elle et qu'elle avait déclaré ne vouloir jamais se marier... qu'en dites-vous ?...

AGATHE.

Je dis... que si elle ne l'aimait pas, elle a bien fait...

D'ALZONE.

Mais à moi, Agathe, croyez-vous qu'elle me pardonne ?... car maintenant je suis bien coupable...

AGATHE.

Elle l'était plus que vous... et vous aviez raison dans tous vos reproches, mais elle en a été bien punie !... Si vous saviez tout ce que j'ai souffert !...

D'ALZONE.

Chère Agathe !

AGATHE.

Mon désespoir... mes tourments... et surtout mes regrets... Ah! je suis corrigée, je le suis pour toujours... et si, maintenant, l'on pouvait m'accuser de la moindre inconséquence, de la moindre coquetterie, méprisez-moi, ne me revoyez plus... je l'aurai mérité.

D'ALZONE.

Je vous crois, Agathe, je vous crois, car après ce que nous avons souffert tous les deux... mais hâtez-vous de me rassurer sur un autre sujet qui m'inquiète bien plus encore...

AGATHE.

Et lequel ?

D'ALZONE.

Ne m'a-t-on pas dit que vous rejetiez tous les partis qui s'offraient à vous... que vous renonciez à vous marier...

AGATHE.

Non, mais j'attendais...

D'ALZONE.

Et vous me permettez de renouveler près de votre mère une demande qui la surprendra peut-être...

AGATHE.

Mais... je le crois !

D'ALZONE.

AIR de *Céline.*

Consentira-t-elle à m'entendre ?
Aurai-je un favorable arrêt ?

AGATHE.

Mais de moi cela va dépendre.

D'ALZONE.

Et vous ?...

AGATHE.

Oh ! moi, c'est mon secret.

D'ALZONE.

Quel est-il ? daignez m'en instruire.

AGATHE.

Non... il faut vous y résigner :
Moi je ne puis pas vous le dire,
C'est à vous de le deviner.

Adieu, je vais trouver ma mère... Vous ne serez plus injuste...

D'ALZONE.

Vous ne serez plus coquette... adieu !...

AGATHE.

Adieu... (A part en sortant.) Ah ! que je suis heureuse !

## SCÈNE IV.

D'ALZONE, seul.

Je suis aimé !... oh ! oui, je ne puis douter de son amour !... Ce n'est plus cette jeune fille légère, étourdie... Je suis heureux d'être venu dans ce château... d'y être resté surtout... car en la voyant, je n'ai pas eu la force de partir... et pourtant, comme je le lui disais tout à l'heure, une nouvelle preuve de sa coquetterie... et rien ne m'aurait retenu, rien ne me retiendrait encore.

## SCÈNE V.

#### D'ALZONE, SIMON, entrant sans voir d'Alzone.

SIMON, jetant son chapeau par terre.

Ah! c'est fini!... j'en mourrai!

D'ALZONE.

Qu'est-ce que c'est que ça?

SIMON.

Me tromper ainsi! c'est affreux, c'est indigne!...

D'ALZONE.

Eh! mais... c'est bien lui... c'est Simon!...

SIMON.

On m'a nommé!... Monsieur d'Alzone!...

D'ALZONE.

Comment! que fais-tu là?...

SIMON.

Je viens rejoindre la maman qu'est à compter ses fermages avec madame votre tante... (Essuyant des larmes.) Ah!

D'ALZONE.

Mais qu'as-tu donc?...

SIMON.

Comme vous voyez... j'étouffe!...

D'ALZONE.

Ah! mon Dieu! mon ami... tu as du chagrin...

SIMON.

Du chagrin... oui, j'en ai... c'est là comme une barre qui me coupe la respiration, quoi!

D'ALZONE.

Mais enfin... explique-toi!

SIMON.

M'expliquer? est-ce que je le peux... est-ce que... Ah! ah! faut-il qu'une femme soit perfide! pourquoi qu'elle est venue chez nous? pourquoi qu'elle m'a fait des mines... qu'elle m'a permis de l'aimer... qu'elle m'a donné un rendez-vous!...

D'ALZONE.

Eh! mais!... de qui parles-tu?

SIMON.

Est-ce que je sais? Figurez-vous qu'hier, chez ma mère, j'ai vu une jeune fille, une paysanne... mais jolie! jolie! comme il n'y en a pas!... si fait pourtant, il y en a une... une autre que j'aimais depuis longtemps... et je ne sais pas si c'est la paysanne qui ressemble à la demoiselle, ou la demoiselle qui ressemble à la paysanne... c'était le même amour!...

D'ALZONE.

Que diable me dis-tu là? je ne te comprends pas...

SIMON.

Ah! vous ne me... c'est possible... car moi-même je ne suis pas bien sûr... là, voyez-vous, la tête n'y est plus... elle m'a ensorcelé!...

*AIR :* De cet amour vif et soudain. *(Caroline.)*

Depuis hier son souvenir
Ne me laisse ni paix ni trève;
Je n' puis manger, je n' puis dormir...
Et j'avais... 'non, c' n'est pas un rêve!
J' voyais là... j'avais d'vant les yeux
Ma femm'... mes quatr' garçons, ma fille...

Et vous voyez un malheureux
Qui vient d'perdre tout' sa famille!

D'ALZONE.

Et comment ça?...

SIMON.

Au bois des Aliziers... ou's qu'elle m'avait donné rendez-vous... pour ce matin... j'y ai couru...

D'ALZONE.

Au bois des Aliziers... et tu as trouvé?...

SIMON.

J'ai trouvé... personne!... J'ai cherché, j'ai appelé, toujours personne!... enfin, las d'attendre, je suis allé jusqu'au village de Rémival... j'ai demandé la cousine de la mère Bertrand... car elle m'a dit qu'elle était la cousine de la mère Bertrand...

D'ALZONE.

Eh bien?

SIMON.

Eh bien!... il n'y a qu'un malheur, c'est que la cousine de la mère Bertrand n'est pas au pays.. on m'a ri au nez... et vrai, il y avait de quoi... j'étais resté de là comme un imbécile!...

D'ALZONE.

Allons... tu ne t'es pas trompé... c'est quelque coquette de village qui s'est moquée de toi!

SIMON.

Qui s'est moquée de moi!... eh bien! nous verrons qu'est-ce qui se moquera de l'autre.

D'ALZONE.

Comment! que veux-tu faire?...

SIMON.

Ce que je veux faire?... je n'en sais rien... mais je vais courir tout le pays... et si je la retrouve, il ne sera pas dit qu'elle m'aura rendu amoureux... qu'elle m'aura donné des espérances, une bague de fiançailles, un rendez-vous... et cela pour se moquer de moi!... Ah! ah! c'est que je ne ferai pas comme vous, moi! je ne m'en irai pas... je resterai... je me vengerai...

D'ALZONE.

Et tu feras bien!...

SIMON.

Mais, c'est égal, tenez, je sens là que je l'aimerai toujours!...

## SCÈNE VI.

### D'ALZONE, SIMON, AGATHE, ANNA, ÉMILIE, Invités.

LE CHOEUR.

AIR de la Fiancée.

A la chasse qui commence
Consacrons tous ce beau jour;
Ce soir les jeux et la danse
Nous attendent au retour.

SIMON.

En v'là-t'il des demoiselles, en v'là-t'il!...

AGATHE.

Ainsi tout est prêt pour le départ?

ANNA.

Certainement... ces messieurs viennent de faire approcher les voitures, nous partons, on n'attend plus que monsieur d'Alzone.

D'ALZONE.

Pardon, j'étais retenu par ce brave garçon, qui me contait ses chagrins.

TOUTES.

Ses chagrins...

SIMON, bas à d'Alzone.

Oh! ne leur dites pas... (Il aperçoit Agathe près de lui.) Ciel!...

AGATHE, à part.

Ah! Simon!...

D'ALZONE.

Qu'est-ce donc?

SIMON.

Rien... je n'ai rien... (A part.) Depuis hier, cette ressemblance est toujours là... fixe!...

D'ALZONE.

Ma chère Agathe, je vous présente Simon, mon ami, mon frère de lait... un brave fermier du pays.

SIMON, à part.

Sa chère Agathe...

AGATHE, à part.

Son ami!

SIMON, à part.

Oh! non, non... ce n'est pas possible!

D'ALZONE.

Ce pauvre garçon est bien malheureux... on l'a joué indignement... une jeune fille de ce village qui s'est amusée à le rendre amoureux, pour s'en moquer après.

AGATHE.

Ah! une jeune fille de village!

SIMON, l'observant.

Peut-être pire que ça... car je ne la connais pas... et si c'était une demoiselle...

AGATHE.

Impossible... ou alors ce ne serait qu'une plaisanterie.

D'ALZONE.

Une plaisanterie qui trouble son repos, son bonheur... ah! ce serait une coquetterie inexcusable, car elle prouve un mauvais cœur... et quant à moi je ne reverrais de ma vie celle...

SIMON, se rapprochant de d'Alzone.

Vous connaissez cette belle demoiselle?

D'ALZONE.

Oui... oui... la jeune fille dont je parlais à ta mère... que j'ai retrouvée ici...

SIMON.

Ah! c' t'autre coquette!...

D'ALZONE.

Chut! nous sommes raccommodés.

SIMON.

Excusez, mam'selle et toute la compagnie... de vous avoir interrompus.

AGATHE, à part.

Ah! je respire... je suis sauvée... (Haut.) Partons vite... Dieu!... c'est Marie!...

## SCÈNE VII.

LES MÊMES; MARIE.

MARIE.

Bonjour, mesdemoiselles!...

ANNA.

Tiens... c'est la petite meunière!...

MARIE.

Oui vraiment... sachant que la mère Simone venait aujourd'hui au château pour payer les fermages à madame... j'ai dit : V'là une bonne occasion pour rapporter les habits à ces demoiselles...

SIMON, brusquement.

Leurs habits... pourquoi ça?

MARIE, d'un air aimable.

Ah!... c'est vous, monsieur Simon... vous ne nous aviez pas dit que vous veniez au château...

SIMON, brusquement.

Je n'ai pas de comptes à vous rendre... dites-moi seulement...

MARIE, de même.

Vous vous portez bien depuis hier...

SIMON.

Il ne s'agit pas de cela... qu'est-ce que c'est que ces habits?

MARIE.

Les robes de ces dames... qu'elles avaient laissées chez nous... au village...

AGATHE, cherchant à l'interrompre.

C'est bien... ma chère enfant... c'est bien... il est inutile de parler...

MARIE.

Oh! ne craignez rien... j'suis du secret... si vos mamans étaient là... je ne dirais mot... mais devant Simon, il n'y a pas de danger... (Bas à Simon.) C'est des robes de paysannes que nous leur avions prêtées... et c'était bien amusant...

SIMON.

Des robes de paysannes...

MARIE.

Ah! mon Dieu!... comme vous êtes pâle!

SIMON.

Moi? du tout!... (A part.) C'est elle, j'en suis sûr... (A Marie à demi-voix.) Allez donc aussi, vous, allez donc chercher vos habits... ceux que vous avez prêtés à mam'selle...

MARIE.

Ah! mon Dieu! comme vous me chassez...

D'ALZONE.

Qui donc!... Simon! (A Marie.) Ah! mon enfant, pardonnez-lui... je vous le recommande, ce pauvre garçon!... il est amoureux, il me l'a avoué!...

MARIE.

Amoureux!... c'est-il possible!... enfin, amoureux... et de qui? Ah! je le devine...

D'ALZONE, donnant la main à Agathe.

Venez, Agathe!...

SIMON, s'approchant d'Agathe; pendant que d'Alzone va donner la main à Anna. Bas.

Restez, mam'selle, ou j'éclate devant tout le monde.

LE CHŒUR.

A la chasse qui commence
Consacrons tous ce beau jour ;
Ce soir, les jeux et la danse
Nous attendent au retour.

(Marie sort par le fond, d'Alzone, Anna, Émilie, et tous les amis sortent par la porte latérale, à droite. Agathe va pour sortir la dernière, Simon se place devant elle.)

## SCÈNE VIII.

SIMON, AGATHE.

SIMON.

Me v'là, mam'selle!

AGATHE.

Comment? Que voulez-vous?

SIMON.

Je vous ai attendue au bois des Aliziers... vous n'êtes pas venue... et cependant, vous m'y aviez donné rendez-vous... et ce rendez-vous, je l'aurai!...

###### AGATHE.

Taisez-vous, et rendez-moi ce bracelet que je vous ai confié.

###### SIMON.

Que vous m'avez donné... pour de vrai, je le garde.

###### ANNA, en dehors.

Agathe!... Agathe!... viens-tu?

###### AGATHE.

Me voici!...

###### SIMON, la retenant.

Mam'selle, vous n'irez pas... que ce que vous m'avez promis...

###### AGATHE.

Y pensez-vous? du bruit... un éclat?...

###### SIMON.

Il me faut ce rendez-vous.

###### AGATHE.

Silence!... vous me perdez...

###### SIMON.

Ah! je vous perds, si je fais du bruit... eh bien! j'en ferai, mam'selle, j'en ferai... (A part.) Oui! j'oserai en faire... (Haut.) Je vous le promets... et moi je tiens mes promesses.

###### AGATHE.

C'en est trop!... vous êtes le maître... faites ce que vous voudrez... je sais, moi, le parti qui me reste à prendre... et, quelles qu'en soient les suites, il m'épargnera l'humiliation de vous craindre... (Simon veut la retenir.) Laissez-moi, éloignez-vous, ou je vous fais chasser du château.

###### SIMON.

Mam'selle...

###### AGATHE.

Ne reparaissez jamais devant moi.

(Elle sort par le fond.)

## SCÈNE IX.

### SIMON, LA MÈRE SIMONE.

**SIMON**, seul; il est resté immobile.

Hein!... me faire chasser!... moi Simon... après ce qu'elle a fait... et moi, qui espérais me mettre en colère... l'accabler de reproches!... je ne sais... cet air... cette voix.., ça m'a tout intimidé!... ah çà! qu'est-ce que j'ai donc?

**LA MÈRE SIMONE.**

Enfin te v'là!... je te retrouve... si tu savais comme je suis aise!... t'es donc amoureux?

**SIMON.**

Amoureux!... oui, oui, je le suis... et furieusement!

**LA MÈRE SIMONE.**

A la bonne heure!... puisque c'est de quelqu'un que tu peux épouser!...

**SIMON.**

Que je peux!... par exemple!... ne dites donc pas des choses comme ça, la maman!

**LA MÈRE SIMONE.**

Dame! si c'est de la petite Marie?...

**SIMON.**

De Marie?

**LA MÈRE SIMONE.**

Elle vient de me le dire en courant, elle est si contente! elle t'aimait depuis si longtemps!... elle n'en dormait pas!...

**SIMON.**

Pauvre Marie!... elle était donc comme moi!...

**LA MÈRE SIMONE.**

Elle en perdait la tête!

**SIMON.**

Comme moi!

LA MÈRE SIMONE.

Tout à l'heure encore elle fondait en larmes !

SIMON, sanglotant.

Comme moi !

AIR : Ce que j'éprouve en vous voyant. (ROMAGNESI.)

Pauvre Marie ! ah ! je le voi,
J'ai bien des reproch' à me faire !...
J'étais brutal, j'étais colère,
Tandis qu'elle souffrait pour moi !
Je m'en punirai, je le doi...
D' chaque côté, c'était la même chose :
Elle ressentait tout c' que j'éprouvais,
Mêmes tourments, mêmes regrets...
Et les chagrins qu' l'autre me cause,
Sans le vouloir j' les lui rendais !

LA MÈRE SIMONE.

Et tiens, la voilà...

## SCÈNE X.

### LES MÊMES ; MARIE.

MARIE, à la cantonade.

Oui, je la lui remettrai, soyez tranquille... (Entrant.) Ah ! c'est Simon !... comme il me regarde ! il a l'air plus aimable... (A Simon.) Ça va mieux, n'est-ce pas ?

LA MÈRE SIMONE.

Eh bien ! mes enfants, à quand la noce ? Dame ! j'suis pressée, je vous en avertis.

MARIE.

Ah ! ne dites donc pas...

SIMON, lui prenant la main.

Tiens, Marie, écoute... à moins d'être mauvais cœur, je vois bien... (Voyant la lettre qu'elle tient.) Qu'est-ce que vous tenez donc là ?... ce papier...

MARIE, mystérieusement.

Chut! c'est une lettre de mademoiselle Agathe pour son amoureux.

SIMON.

Ah!

MARIE.

Pour M. d'Alzone.

LA MÈRE SIMONE, passant entre Marie et Simon.

Oui, mon fieu m'a tout dit... cette jeune fille... tu sais... elle est corrigée; elle n'est plus coquette... mais plus du tout... elle l'a revu, et ça reprend... c'est pourtant moi qui lui ai donné ce conseil-là... hein!... il est bon?...

SIMON.

Joliment!... (A part.) Elle aurait aussi bien fait de le garder pour elle. (A Marie.) Et mam'selle Agathe vous a priée...

MARIE.

De lui remettre secrètement ce billet... et comme elle était émue... comme sa main tremblait... je crois que c'est un billet doux.

SIMON, avec colère.

Et c'est vous qui vous en êtes chargée!... c'est vous, mam'selle!

MARIE.

Dame! monsieur Simon... le désir de rendre service...

SIMON.

Des services pareils!... allez, mam'selle, c'est affreux!... c'est indigne... j'avais de l'affection pour vous... ça me commençait... mais après un trait comme celui-là!

MARIE, pleurant.

Mais qu'est-ce qui lui prend donc?

LA MÈRE SIMONE.

A-t-il perdu la tête?

SIMON, passant auprès de Marie.

Remettez-moi ce billet tout de suite... c'est le seul moyen que je vous pardonne.

MARIE.

Oh! le v'là, monsieur Simon... le v'là...

SIMON.

Je me charge de le remettre à son adresse... parce que moi, c'est différent... (Lisant.) D'Alzone... c'est bien ça... Allez-vous-en... allez!...

MARIE.

Et vous, est-ce que vous ne venez pas?

SIMON.

Si fait... bientôt.

MARIE.

C'est qu'il me semble qu'à présent, je ne voudrais plus vous quitter.

LA MÈRE SIMONE.

Dépêche-toi; va trouver mon fieu... fais-lui compliment sur son mariage.

SIMON.

Son mariage!... Adieu, la maman, adieu!

MARIE, s'approchant de lui.

Adieu, monsieur Simon!

SIMON, durement.

Adieu!

MARIE, à part.

Toujours un peu bourru... mais c'est égal, il est déjà bien plus gentil.

(Elle sort avec la mère Simone.)

## SCÈNE XI.

### SIMON, seul.

Son mariage!... ah! elle va se marier... à un beau monsieur parce qu'il est riche, parce qu'il est comte!... et moi,

12.

tant pis si je souffre... tant pis si je suis malheureux... je suis un paysan ! oui... mais un paysan qui a du cœur... qui a de la tête... qui ne souffrira pas qu'on se moque de lui... qu'on le traite comme un imbécile !... (Il déchire la lettre qu'il tient et en jette les morceaux à terre.) je le suis, c'est possible... je ne dis pas... mais à qui la faute?... quand je pense qu'elle m'a chassé... et que dans le même moment elle lui écrivait un billet doux... (Ramassant les morceaux de la lettre.) car c'en est un, j'en suis sûr... (Il les rapproche et lit.) « Il faut que je vous « parle... mon sort en dépend... feignez de partir pour la « chasse... et revenez au pavillon... je vous y attends. » C'est ici !... c'est un rendez-vous... Allons, v'là le coup de grâce... ma tête n'y est plus... un rendez-vous !... c'est pour ça qu'elle me chasse... un rendez-vous !... Ce n'est pas lui... c'est moi qui l'aurai... j'y suis et j'y reste. (Apercevant Agathe qui entre par le fond.) Ah !

(Il se tient caché près de la croisée.)

## SCÈNE XII.

### SIMON, AGATHE.

AGATHE, entrant sans le voir et dans le plus grand trouble.

Que faire? grand Dieu !... je voulais tout lui avouer, c'était mon dessein... et madame de Luzy à qui je viens de me confier m'a dit que c'est me perdre à jamais. (Apercevant Simon.) Ciel... encore !...

SIMON.

Ne craignez rien, mam'selle... c'est moi.

AGATHE.

Sortez, monsieur... ou plutôt...

(Elle veut sortir.)

SIMON, la retenant.

Non, non, vous resterez... et moi aussi... je le veux.

AGATHE.

Qu'osez-vous faire, malheureux! y pensez-vous?

SIMON.

Oui, oui, j'y pense... ah! vous avez cru qu'après m'avoir trompé, vous n'auriez plus qu'à me dire : « Taisez-vous... je vous chasse... sortez! » et que je me tairais, que je sortirais... Non, mam'selle, non, je suis resté, me v'là!...

AGATHE.

Eh! mais que voulez-vous de moi?... laissez-moi, car enfin, savez-vous si je n'attends pas...

SIMON.

Oui, je sais, vous l'attendez, lui!... vous lui donnez un rendez-vous, comme à moi... mais il n'y viendra pas.

AGATHE.

Comment?

SIMON, lui montrant les morceaux de la lettre qui sont à terre.

Tenez, votre billet... le voici.

AGATHE.

Et qui a osé?

SIMON.

C'est moi... moi à qui vous avez donné un rendez-vous aussi, et j'y viens... pourquoi pas?... il vous parlerait de son amour... je vous parlerai du mien... il vous aurait parlé de son mariage... mais ce mariage-là il ne faut plus y penser... je saurai bien l'empêcher...

AGATHE.

L'empêcher!

SIMON.

D'abord M. d'Alzone est mon ami, mon frère de lait... il ne souffrira pas que je sois malheureux par vous... et je ne veux pas qu'il épouse une coquette qui ne l'aime pas.

AGATHE.

Moi! mais l'aimer est tout mon bonheur...

#### SIMON.

Comme moi... ce matin encore, j'étais d'une joie... ma pauvre mère croyait que j'étais fou, quoi! je l'embrassais... je sautais, je chantais, c'est que c'était vrai, j'étais fou... je le suis encore.

#### AGATHE.

Simon, mon ami, c'est une faute, une inconséquence dont je ne prévoyais pas les suites... mais vous vous abusez vous-même... m'aimer ainsi!... y pensez-vous?... après une heure d'entretien... c'est impossible...

#### SIMON.

Ah! cet amour avait commencé depuis longtemps... vous ne vous rappelez pas ce jour... ce jardin... à Paris, quand votre mère se trouva mal... car c'était vous... oh oui! c'était vous.

AIR : Connaissez mieux le grand Eugène. (*Les Amants sans amour.*)

Un paysan s'offrit à votre vue,
   Car partout il suivait vos pas...
   Par lui vous fûtes secourue...

#### AGATHE.

Quoi! c'était vous?

#### SIMON.

     Je ne m'en vante pas ;
Oui, c'était moi... je ne m'en vante pas ;
   Mais dit's-moi si c'est d' la justice,
   Et qui d'nous fut l'plus généreux?
   J'vous ai vu'pour vous rendr'service,
   Et vous, mam'selle, pour m'rendr'malheureux.

#### AGATHE.

Ah! vous avez raison... j'ai eu plus de torts que je ne croyais... mais je veux les réparer... reconnaître le service que vous m'avez rendu... je parlerai à ma mère, et ses bienfaits... le peu de fortune que je possède...

#### SIMON.

De l'argent... à moi!... à moi... Ah! mam'selle... vous

me méprisez donc?... Gardez votre fortune, je n'en veux pas... ce qu'il me faut, c'est que ce mariage ne se fasse pas...

AGATHE.

Ah! je le sais... un mot de vous, et il est rompu sans retour... je le sais, d'Alzone me fuira de nouveau... mais malgré lui, malgré vous, je l'aimerai toujours.

SIMON.

Vous l'aimez... et celui que vous avez rendu malheureux?

AGATHE.

Qu'exige-t-il de moi?... lui, mon plus cruel ennemi.

SIMON.

O ciel! quand mon amour...

AGATHE.

Non, je n'y crois pas...

SIMON.

Vous n'y croyez pas? je vous trompe donc aussi, moi? et mon désespoir, mes larmes, vous n'y croyez pas? je n'ai donc renoncé à rien pour vous? je ne vous ai donc pas fait de sacrifice?... et moi aussi, on m'aimait... oui, mam'selle, oui... il n'y a pas une de nos jeunes filles qui ne voulût être ma femme!... et cette pauvre Marie si bonne, si gentille!... j'ai tout refusé pour vous... et cet amour, ce bonheur, ces espérances... vous donneriez tout ça à un autre!... non... c'est plus fort que moi...

AGATHE.

Silence!... j'entends les voitures... ils reviennent.

SIMON, fermant les portes.

Ça m'est égal.

AGATHE.

Que faites-vous?

SIMON.

Ils vont venir... tant mieux... ils me trouveront ici, en tête-à-tête avec vous.

AGATHE.

Je suis perdue!... je ne te parle plus de mon avenir, de mon mariage... j'y renonce... c'est fini... mais pour ma mère... pour ma réputation... (Tombent à genoux.) Grâce! grâce... je t'en prie.

SIMON.

Ciel! à mes genoux! vous... mademoiselle!... ah! me faire un tel affront... relevez-vous, relevez-vous... je suis un malheureux... j'avais perdu la tête... elle était là pourtant... elle y était...

AGATHE.

Ah! si je vous suis chère...

SIMON.

Ah! grand Dieu!

(On frappe à la porte du fond.)

AGATHE.

Ciel!

SIMON.

Silence!

D'ALZONE, en dehors.

Agathe, êtes-vous là?

AGATHE.

D'Alzone! c'est fait de moi...

SIMON.

Non, non...

(On frappe à droite.)

MARIE, en dehors.

Simon, Simon...

SIMON.

Marie...

(Il court ouvrir la porte à droite.)

## SCÈNE XIII.

LES MÊMES; MARIE, puis D'ALZONE.

MARIE, entrant.

Vous ne venez donc pas?

SIMON.

Chut!... entre... tais-toi.

(Il court ouvrir la porte du fond.)

D'ALZONE, entrant.

Enfin, on peut entrer... Ah! Simon...

SIMON, s'efforçant de rire.

Oui, nous étions là... depuis une demi-heure... avec mademoiselle... Marie et moi...

MARIE.

Tiens...

SIMON, bas à Marie.

Dis comme moi.

MARIE.

Oui, oui, depuis une demi-heure...

SIMON, lui serrant la main.

Bien... tu es une bonne fille.

MARIE, à part.

Qu'est-ce que ça veut dire?

D'ALZONE.

Ma chère Agathe, je viens de parler à votre mère, de lui demander votre main... et maintenant mon sort dépend de vous.

AGATHE.

Monsieur...

(Elle jette un regard d'inquiétude sur Simon qui se détourne pour cacher ses larmes.)

D'ALZONE.

J'entends tout le monde qui, instruit de mes projets, vient vous féliciter.

AGATHE, à demi-voix.

Ah! je vais tout lui dire!

SIMON, bas à Agathe.

Silence, mam'selle, pas un mot... c'est ma condition.

## SCÈNE XIV.

Les mêmes; LA MÈRE SIMONE, ANNA, ÉMILIE, tout le Monde.

D'ALZONE, à Agathe.

Parlez, mademoiselle, c'est votre consentement... Mais que vois-je? que s'est-il donc passé? Agathe, vous êtes émue... des larmes...

AGATHE, troublée.

Moi... moi... monsieur!...

SIMON, très vivement et gaiement.

Oh! c'est possible... quand vous êtes entré, mam'selle nous parlait de son bonheur... que nous en étions tout émus, Marie et moi... (A Marie.) N'est-ce pas?...

MARIE.

Moi... (Simon la pousse.) Oui, oui, tout émus... c'est vrai!

D'ALZONE.

Et pourquoi? qui peut vous affliger? votre mariage?...

AGATHE.

Mon mariage...

SIMON.

Au contraire... mam'selle nous disait qu'elle était contente. (Bas à Agathe lui rendant son bracelet.) Allez, j'en mourrai... c'est égal!

D'ALZONE, se retournant.

Eh bien?

SIMON.

Oui, vous savez... ces idées que j'avais... mam'selle m'en a guéri, en s'occupant de notre bonheur à Marie et à moi... mam'selle arrangeait notre mariage.

MARIE.

Avec moi!... Ah! mam'selle... il se pourrait!... quelle joie... quelle...

SIMON.

Mais puisque tu étais là...

MARIE, se calmant.

Ah! oui... c'est juste... j'étais là... mais c'est égal, ça fait toujours plaisir à entendre... Simon m'épouse... je suis sa femme... et c'est à mademoiselle que je dois...

AGATHE.

Oui, mon enfant! c'est un bon choix dont je félicite Simon, il vous aimera... il vous aime déjà... et vous le rendrez bien heureux, n'est-ce pas? Ah! il le mérite... c'est un brave et honnête garçon. (A d'Alzone.) D'Alzone, vous m'avez dit qu'il était votre ami, votre frère... il sera le mien...

(Elle lui tend la main.)

SIMON, la prenant.

Ah! mam'selle! (A part.) Ah! ce n'est pas la même chose

MARIE.

Oh! oui, il sera heureux... je vous le promets... (Lui frappant sur la joue.) Tu seras content, va!...

D'ALZONE.

C'est bien, voilà qui est convenu, nous ferons les deux noces ensemble, le même jour... je veux que Simon soit à la mienne et au bal de ce soir.

SIMON, à part.

Moi... par exemple, voir ça!... (Haut.) Merci!... nous

allons nous marier de notre côté... en famille... Marie aime mieux ça, n'est-ce pas?

(Il la pousse.)

MARIE.

Moi, oui, oui, j'aime mieux ça... (Bas à Simon.) Oh! tout ce que tu voudras...

SIMON.

Adieu! monsieur d'Alzone... madame la comtesse...

LE CHŒUR.

AIR d'une *Tyrolienne*.

Heureuse amie,
On la marie!
Combien j'envie
Ce bonheur-là!

SIMON.

Adieu, partons.

(A part.)

Il faut m'éloigner d'elle
De l'oublier il n'est pas d'aut' moyen.

AGATHE.

Vous nous quittez?

SIMON.

Nous f'rons des vœux, mam'selle,
Pour vot' bonheur, et ça m'fra croire au mien.

LE CHŒUR.

Heureuse amie, etc.

SIMON et MARIE, prêts à sortir par la porte à droite.

Adieu... adieu!...

(Ils sortent.)

**LE CHŒUR.**

Heureuse amie,
On la marie !
Combien j'envie
Ce bonheur-là !

# LA
# GRANDE AVENTURE

COMÉDIE-VAUDEVILLE EN UN ACTE

EN SOCIÉTÉ AVEC M. VARNER

Théatre du Gymnase. — 2 Novembre 1832.

| PERSONNAGES. | ACTEURS. |

CLICQUOT, barbier et aubergiste . . . . . . MM. Bouffé.
SUBREGONDI, seigneur corse. . . . . . . . Klein.
NELVILLE, ancien officier français . . . . . Firmin.
GAILLARDET . . . . . . . . . . . . . . . Sylvestre.

M<sup>me</sup> CLICQUOT . . . . . . . . . . . . . . . M<sup>mes</sup> Julienne.
LOUISE, sa fille . . . . . . . . . . . . . . Élisa Forgeot.

Aux îles d'Hyères.

# LA GRANDE AVENTURE

Une salle d'auberge. — Porte au fond et portes latérales. Auprès de la porte du fond, fenêtre à six pieds d'élévation; une petite table sur le devant à droite, sous laquelle il y a un seau avec de l'eau; une autre table à gauche; une troisième avec tiroir au-dessous de la fenêtre. Sur cette dernière, plat à barbe, pot à l'eau, serviettes, etc.

## SCÈNE PREMIÈRE.

### CLICQUOT, M<sup>me</sup> CLICQUOT, LOUISE.

(Au lever du rideau, madame Clicquot, assise auprès de la table à droite, s'occupe à plier des serviettes ; Louise, à la table à gauche, enlève quelques assiettes et la nappe dont elle était couverte, et les porte dans le fond sur une autre table qui se trouve derrière elle.)

CLICQUOT, en costume de barbier, entrant par le fond et s'adressant à Louise.

Eh bien! les étrangers qui sont descendus cette nuit dans notre auberge, sont-ils levés?... ont-ils paru?... ils ont l'air bien, n'est-ce pas?... sais-tu ce qu'ils sont ?

LOUISE.

Non, mon père.

CLICQUOT.

Moi, je le sais; le plus jeune est un ancien officier de Napoléon, qui a servi le roi Murat, et qui plus tard, proscrit comme carbonaro, s'est enfui au Brésil, où, ne sachant que faire, il a fait une fortune immense, pour se distraire...

M^me CLICQUOT, se levant.

Est-il possible!

CLICQUOT.

Je n'aurai jamais de ces distractions-là... Aujourd'hui, il revient en France. C'est son valet de chambre qui m'a raconté tout cela. Il arrive de Nice, a couché dans mon auberge, la plus belle des îles d'Hyères, *au Plat d'Étain*, CLICQUOT, *barbier, aubergiste, fait la barbe, la coiffure et les matelotes, le tout à juste prix.*

*AIR du vaudeville de Turenne.*

Au Plat d'Étain tenant auberge,
Clicquot, barbier, perruquier et traiteur,
Reçoit, rase, nourrit, héberge...
D'un double emploi s'acquitte avec honneur. (*Bis.*)
Oui, des barbiers je suis le Bonaparte,
Nul client ne m'a reproché
Que jamais je l'aie écorché...
(A part.)
Si ce n'est peut-êtr' sur la carte.

(Haut.) Aussi, l'ancien officier du roi Murat est enchanté de moi.

M^me CLICQUOT.

Il restera donc ici?

CLICQUOT.

Non, il part; il veut se rendre aujourd'hui à Toulon, où il a grande hâte d'arriver; pourquoi? je n'en sais rien, ni son domestique non plus; mais je le saurai.

M^me CLICQUOT.

Vous êtes si curieux!... (Vivement.) Et l'autre voyageur, ce vieux qui a un air sombre, est-ce aussi un Français?

CLICQUOT.

Certainement, puisqu'il est Corse ; c'est un gentilhomme d'Ajaccio ; un gaillard en dessous, qui a l'air, comme on dit, de vous donner avec plus de facilité un coup de poing qu'une poignée de main; aussi, il faut être honnête avec lui. Es-tu montée dans son appartement?

M<sup>me</sup> CLICQUOT.

Vous savez bien que je n'entre jamais seule dans la chambre des voyageurs.

CLICQUOT.

C'est juste... tu es d'une rigidité de principes, je dirai même d'une sauvagerie!... on t'appelle partout la belle insensible! ta réputation embaume les îles d'Hyères, ça et les orangers qui y poussent.

M<sup>me</sup> CLICQUOT.

Je te conseille de plaisanter.

CLICQUOT.

Je ne plaisante point ; l'autre année, tu aurais été nommée rosière, si tu n'avais eu une fille et un mari ; à cause de cela, on t'a préféré une innocente, soi-disant... ce n'était pas l'avis de tout le monde ; mais je me tais, parce que, dans notre état, il faut de la discrétion.

M<sup>me</sup> CLICQUOT.

C'est précisément ce qui te manque, tu ne peux rien garder.

CLICQUOT.

Par exemple! j'ai une foule de secrets que je n'ai jamais partagés avec personne, pas même avec toi, qui es ma moitié ; t'ai-je jamais parlé des intrigues de la petite Justine, de la grande Félicité, de madame Cothereau, la femme du courrier de la malle? quand le mari est en route, on dit que...

AIR : Qu'un poète.

Mais silence ! (*Bis.*)
Je sais, moi, ce que j'en pense ;

13.

Oui, silence ! (*Bis.*)
Car je hais
Les indiscrets.

De notre épicier Mathieu
L'épouse n'est pas cruelle...
L'époux vend de la chandelle,
Mais il n'y voit que du feu.
Aussi ce fortuné père,
Quoique des plus contrefaits,
Bossu par devant, derrière...
N'a que des enfants bien faits.

Mais silence, etc,

Le philanthrope à côté
Était un ancien gendarme.
C'te grand' dam' qui fait vacarme
Fut danseuse à la Gaîté...
Enfin, la prude Charlotte,
Qui fait toujours des sermons,
(Louise quitte la table, et s'approche de son père pour écouter.)
Eut, avant d'être dévote,
Trois cousins dans les dragons.

Mais silence, etc.

Oui, je les hais, et pourquoi ? parce que... (Se retournant vers Louise.) Ma fille, la discrétion est un devoir pour notre sexe, comme elle est un ornement pour le vôtre.

M<sup>me</sup> CLICQUOT.

Auras-tu bientôt fini ?

CLICQUOT.

C'est toi qui parles sans cesse ; mais c'est égal, continue ; je t'écoute, je suis bon mari, j'ai de la patience : il en faut ! souviens-toi de ça, ma fille, quand tu auras un époux, une maison, des enfants !...

M<sup>me</sup> CLICQUOT.

Si toutefois cela arrive jamais, car malheureusement, ma fille a des attraits et pas de dot.

CLICQUOT.

Comme sa mère.

LOUISE.

Oh! ça n'y fait rien, et je connais quelqu'un qui, malgré ça, ne demanderait pas mieux.

CLICQUOT.

Qu'il se présente! et s'il a des talents, de la considération, de la fortune...

M^me CLICQUOT.

Et des mœurs.

CLICQUOT.

Certainement! ça ne peut pas nuire, c'est même beaucoup, quand on a le reste.

LOUISE.

Dame! mon père, si vous êtes trop exigeant...

CLICQUOT.

Sois tranquille; c'est dans ton intérêt; tu n'auras pas à te plaindre, si je te donne un équipage, avec une petite livrée. D'abord, j'ai un pressentiment que tu es réservée à de brillantes destinées. (Voyant Gaillardet qui paraît à la porte du fond.) Qu'est-ce qu'il veut celui-là?

## SCÈNE II.

Les mêmes; GAILLARDET.

GAILLARDET, à part, dans le fond du théâtre.

Les voilà réunis, c'est le moment de me présenter; d'abord, je n'y tiens plus, il faut absolument que je leur parle. (Il fait quelques pas pour s'approcher.) Bonjour, monsieur Clicquot, ainsi que madame et mademoiselle.

LOUISE, d'un air gracieux.

Je vous salue, monsieur Gaillardet.

CLICQUOT, avec un air de protection.

Bonjour, bonjour! est-ce qu'il y a quelqu'un qui voudrait me parler?

GAILLARDET.

Précisément.

CLICQUOT.

J'y cours : faut-il que j'emporte mes rasoirs?

GAILLARDET.

Ne bougez pas d'ici; ce quelqu'un-là, c'est moi.

CLICQUOT.

En voilà une sévère! il appelle ça quelqu'un. N'importe, je consens à t'accorder une audience...

M$^{me}$ CLICQUOT.

Pourvu qu'il se dépêche.

GAILLARDET.

Père Clicquot, il y a longtemps que vous me connaissez...

CLICQUOT.

Cette bêtise! c'est moi qui t'ai vacciné dans les bras de ta nourrice, la mère Durand, il y avait quinze jours que le bureau des Orphelins, pour ne pas dire des Enfants-Trouvés, t'avait confié à sa tendresse, dont il avait payé trois mois d'avance, et depuis on t'a gardé dans le pays : c'est la commune qui t'a tenu lieu de mère.

LOUISE.

Pauvre jeune homme!

CLICQUOT.

Elle t'a élevé à ses frais avec économie, et comme tu annonçais un gaillard, on t'a appelé Gaillardet. C'est même à moi que tu dois ce nom-là, j'ai voulu aussi te donner quelque chose.

GAILLARDET.

Je vous en remercie, mon parrain. Après cela, pendant que vous étiez en train de me donner un nom, vous pouviez m'en choisir un plus beau, parce que Gaillardet... Enfin c'est égal, je m'y tiens, le nom ne fait rien à la chose. Aujourd'hui me v'là grand garçon, mon éducation est terminée.

CLICQUOT.

C'est-à-dire que tu ne sais rien... que tu ne fais rien...

M$^{me}$ CLICQUOT.

Et que pour vivre ainsi, il faudrait n'avoir pas de cœur.

GAILLARDET.

Et justement j'en ai un, je m'en suis aperçu il y a deux mois.

*AIR :* Tenez, moi je suis un bon homme. (*Ida.*)

J'adore du fond de mon âme
Vot' fill'.

CLICQUOT.

J'en reste stupéfait.

GAILLARDET.

J'viens vous la demander pour femme ;
J'veux qu'ell' soit madam' Gaillardet.

CLICQUOT.

Un Gaillardet dans ma famille !

GAILLARDET.

Pourquoi pas ? en filleul bien né
Je prétends rendre à votre fille
Le nom que vous m'avez donné.

CLICQUOT.

C'est-à-dire que c'est d'une audace...

M$^{me}$ CLICQUOT.

Je n'en reviens pas.

GAILLARDET.

Il ne manque plus que votre consentement, car mam'selle Louise ne demande pas mieux.

CLICQUOT.

C'est faux.

LOUISE.

Non, mon papa.

M^me CLICQUOT.

Silence!

LOUISE.

Mais je vous jure que nous nous aimons.

CLICQUOT.

C'est impossible, je ne l'ai pas permis!...

GAILLARDET.

Vous ne voulez donc pas consentir?...

CLICQUOT.

Il faudrait que je fusse bien absurde... Qui? moi, homme établi, j'irais donner ma fille à un citoyen anonyme qui n'a ni état ni famille, qui ne paie ni contributions, ni patente, qui n'a ni présent, ni passé, ni avenir!

GAILLARDET.

Puisque je lui plais comme ça!

M^me CLICQUOT.

Nous y mettrons bon ordre.

CLICQUOT.

Et nous saurons bien empêcher...

GAILLARDET.

C'est ce que nous verrons.

CLICQUOT.

Je crois qu'il me brave!

LOUISE, cherchant à calmer Gaillardet.

De grâce!...

M^me CLICQUOT, à son époux.

Mon ami!...

GAILLARDET.

Je me ferai adorer malgré vous.

CLICQUOT.

Voyez-vous le factieux!

GAILLARDET.

Nous avons juré d'être l'un à l'autre.

CLICQUOT.

C'en est trop!

GAILLARDET.

Et elle sera ma femme.

CLICQUOT, d'un ton menaçant.

Sors à l'instant!

GAILLARDET.

Je sortirai si je veux.

CLICQUOT.

Il faut donc que je te jette dehors! (A sa femme et à sa fille.) Retenez-moi, je vous en prie!

LOUISE, poussant Gaillardet du côté de la porte.

Allons, ne l'exaspérez pas.

GAILLARDET, à Louise.

Puisque vous m'en priez, mam'selle, je m'en vais... je vous obéis... (A Clicquot.) Mais, ce n'est qu'à cause d'elle; je reviendrai.

CLICQUOT.

Avise-t'en! tu trouveras ma porte fermée.

GAILLARDET, en s'en allant.

Ça m'est égal, j'grimperai par la fenêtre.

(Il sort par le fond.)

CLICQUOT.

Le scélérat!... (Courant vers la porte.) Je te forcerai bien à respecter l'autorité paternelle... Je vais toujours pousser le verrou.

(Il ferme la porte du fond, et pousse le verrou.)

## SCÈNE III.

### M$^{me}$ CLICQUOT, CLICQUOT, LOUISE.

M$^{me}$ CLICQUOT.

Dieu merci! nous en voilà débarrassés! ce n'est pas sans peine.

CLICQUOT.

Autrefois, avec des protections, on aurait mis un drôle comme ça à la Bastille; mais aujourd'hui on n'est plus libre... Qu'il prenne garde à lui!...

LOUISE.

Est-ce que vous croyez qu'il n'osera pas revenir?

CLICQUOT.

Je l'espère bien.

LOUISE.

Comme ça, nous serions séparés?...

CLICQUOT.

A jamais!

LOUISE, éclatant.

Non, mon papa, c'est impossible!

M$^{me}$ CLICQUOT, d'un ton sévère.

Ma fille!...

LOUISE.

Je ne saurais vivre sans lui!

CLICQUOT.

Il faudra pourtant que tu t'arranges pour ça...

LOUISE.

Vous voulez donc me voir mourir d'amour?

CLICQUOT.

Ah! tu crois que l'on meurt d'amour?... Non, ma fille, c'est une indisposition très-ordinaire, on en revient toujours.

LOUISE.

Eh bien! moi, mon papa, je vous jure...

CLICQUOT.

Je vous défends de jurer... silence! Voici un de nos voyageurs, c'est le Français, officier de Napoléon et de Murat, exilé comme carbonaro, et qui a fait fortune au Brésil.

## SCÈNE IV.

LES MÊMES; NELVILLE, entrant par la porte latérale à gauche.

CLICQUOT.

Monsieur désire-t-il quelque chose? Il n'a qu'à parler.

NELVILLE.

Est-il arrivé quelqu'un de Toulon?

CLICQUOT.

Pas encore; mais si on savait de quoi il s'agit, on pourrait s'informer, on pourrait envoyer; nous n'avons que sept ou huit lieues tout au plus...

NELVILLE.

C'est inutile! c'est une lettre, un paquet que j'attends.

CLICQUOT.

On vous le remettra aussitôt son arrivée. Monsieur veut-il déjeuner dans sa chambre, ou ici à côté, à table d'hôte?...

NELVILLE.

Ici? volontiers! Y a-t-il beaucoup de monde?...

CLICQUOT.

Sans doute, un voyageur, un gentilhomme corse, un vieillard. Je peux même vous dire qui il est, car j'ai lu son nom sur un nécessaire de voyage qui renfermait deux pistolets, trois poignards et des couteaux de poche.

NELVILLE.

Je vous remercie, je ne tiens pas à savoir son nom.

CLICQUOT.

Ni moi non plus. C'est M. de Subregondi, demeurant à Ajaccio !

NELVILLE.

O ciel !

M<sup>me</sup> CLICQUOT.

Subregondi !

CLICQUOT.

Vous le connaissez ?

NELVILLE.

Je ne l'ai jamais vu...

CLICQUOT, à sa femme.

Et toi ?...

M<sup>me</sup> CLICQUOT.

Ni moi non plus, mais il y a dix-huit ans à peu près, j'ai été femme de chambre d'une jeune dame qui portait ce nom, et qui était bien malheureuse...

NELVILLE.

Bien malheureuse !...

M<sup>me</sup> CLICQUOT.

Elle retournait en Corse rejoindre son mari, mais je n'ai pas voulu l'accompagner jusque-là, et je suis restée ici.

CLICQUOT.

Où je t'ai épousée à cause de tes vertus.

NELVILLE.

Et combien de temps êtes-vous restée près d'elle ?

M<sup>me</sup> CLICQUOT.

Deux mois à peine ; elle m'avait prise à son service en rentrant en France.

AIR du vaudeville de *la Somnambule*.

Elle venait alors de l'Italie,
Elle était faible et paraissait souffrir,
Mais sa pâleur la rendait plus jolie,

Et l'on n' pouvait la voir sans la chérir !
　　Ma maîtresse et moi n' faisions qu'une...
On sympathise avec les êtr's souffrants.
Il m' semblait doux de servir l'infortune...

CLICQUOT, à part.

Qui lui payait de bons appointements.

NELVILLE.

Ainsi, quand vous l'avez quittée, c'était en 1815 ?

M<sup>me</sup> CLICQUOT.

Justement ; comment le savez-vous ?

NELVILLE, avec embarras.

Je le présume ; vous m'avez dit tout à l'heure qu'il y avait dix-huit ans, à peu près... moi, à cette époque j'étais déjà parti pour Rio-Janeiro.

CLICQUOT.

C'est égal, il paraît que vous connaissiez cette dame.

NELVILLE.

Moi ! du tout.

CLICQUOT.

Il n'y a pas de mal, et c'était possible, vous pouviez l'avoir rencontrée en Italie, quand elle voyageait, et que vous étiez au service du roi Murat... Joachim Murat.

NELVILLE, sévèrement.

Hein ! qui vous a dit ?...

CLICQUOT.

Personne ; ce sont des idées, des présomptions.

NELVILLE.

Il suffit, qu'on me serve à déjeuner ! je quitterai cette auberge dès ce soir. Laissez-moi.

CLICQUOT.

Oui, monsieur.

M<sup>me</sup> CLICQUOT, à demi-voix.

Encore une pratique que tu éloignes par tes bavardages !

CLICQUOT, de même.

Est-ce ma faute s'il a servi le roi Murat?... Je suis sûr maintenant qu'il la connaissait, j'en mettrais ma main au feu... (A Nelville qui s'impatiente.) Voilà, monsieur; on va vous servir votre déjeuner, et avertir l'autre voyageur. (A madame Clicquot et à sa fille.) Allons! vous autres, à l'ouvrage!
(Ils sortent tous trois par la porte latérale à droite de l'acteur.)

## SCÈNE V.

NELVILLE, seul.

Je partirais sur-le-champ, sans cette lettre que j'attends. Si ce vieux serviteur habite toujours ce pays, s'il existe encore, lui seul peut me donner les renseignements que j'espère! Mais si mon attente est trompée, si aucun lien ne m'attache plus à la vie, que m'importe alors cette fortune que j'ai acquise et qui me devient inutile?... Qui vient là?

## SCÈNE VI.

NELVILLE, SUBREGONDI, qui entre par la porte à gauche.

SUBREGONDI, à la cantonade.

Oui, tous vos négociants de Marseille ont le cœur doublé de fer, comme leur coffre-fort, et je vous revaudrai cela, je vous promets, capital et intérêts... (Apercevant Nelville qu'il salue.) Votre serviteur.

NELVILLE, souriant.

Je vois, monsieur, que vous en voulez beaucoup au commerce.

SUBREGONDI.

Et ce n'est pas sans raison!... refuser un gentilhomme corse!... ne pas vouloir lui escompter une lettre de change de deux mille francs, payable à un an de date par une maison de banque des plus solides!... Tous ces gens de comptoir sont des Arabes.

### NELVILLE.

Pas tous; et si je puis vous rendre ce service...

### SUBREGONDI, lui donnant la lettre de change.

Est-il possible!... quoi! monsieur, sans me connaître?

### NELVILLE.

Cette signature est fort bonne. (Lui donnant deux rouleaux.) Voici votre somme en or.

### SUBREGONDI, voulant défaire un rouleau.

Et que vous dois-je?

### NELVILLE.

Rien; j'ai besoin de papier sur Paris, et cela me rend service à moi-même.

### SUBREGONDI.

Monsieur, voilà un trait... qui restera là! parce que nous autres Corses nous n'oublions ni un service, ni une offense... Nous en tenons registre dans les familles; et toutes nos dettes finissent toujours par être acquittées... fût-ce même à la troisième génération!... Moi, qui vous parle, je me rappelle avoir liquidé à dix-huit ans un coup de carabine qu'un grand-oncle à moi devait à un de ses voisins; c'était la seule chose qu'il nous eût léguée par testament, et il a bien fallu faire honneur à la succession.

### NELVILLE.

AIR du vaudeville du *Piége*.

Je n'y puis croire!

### SUBREGONDI.

Et pourquoi donc?... Chez nous
Depuis longtemps nos mœurs sont ainsi faites.

### NELVILLE.

Vous n'aurez pas, je l'espère pour vous,
    A léguer de semblables dettes
    A vos enfants, à vos neveux?

SUBREGONDI.

Non, ce n'est pas là mon système ;
Car je tiens, autant que je peux,
A payer toujours par moi-même.

Voilà pourquoi je me dépêche, car je me fais vieux ; et cet argent que vous avez eu la générosité de m'avancer me servira, je l'espère, à acquitter un arriéré que, depuis dix-huit ans, je soupçonne.

NELVILLE.

Est-il possible !

SUBREGONDI.

Sans savoir au juste ce que je dois, et si même je dois quelque chose.... ce qui est la position la plus pénible.

NELVILLE.

Et comment cela ?

SUBREGONDI.

A vous, qui venez de me rendre un service d'ami, je puis vous faire connaître ma position ; j'ai eu une femme, jeune, jolie...

NELVILLE.

Que vous avez perdue ?

SUBREGONDI.

Oui : il y a une douzaine d'années ; une maladie, une fièvre cérébrale... ce n'est pas sa faute, je ne lui en veux pas, mais je lui en ai voulu, je lui en veux encore de sa tristesse continuelle !... je l'ai surprise plusieurs fois pleurant toute seule.

NELVILLE.

O ciel ! vous pourriez soupçonner !...

SUBREGONDI.

Sans doute ; que pouvait-elle regretter ? ce n'était pas moi, qui étais toujours là, qui ne la quittais point, qui ne l'avais jamais quittée qu'une fois en ma vie, et bien malgré moi.

NELVILLE.

Et pour quel motif?

SUBREGONDI.

Un motif supérieur; l'autre, mon compatriote, qui régnait alors, avait pris en mauvaise part quelques mots de tyran et de despote que j'avais lâchés tout haut sur son compte!... La police impériale était sur mes traces, et je m'étais réfugié, avec ma femme, en Italie, dans une maison de campagne aux environs de Florence et près des bords de l'Arno; j'y fus découvert, arrêté, et jeté dans une chaise de poste qui me conduisit dans une prison d'État, où je restai un an.

NELVILLE.

C'est bien long.

SUBREGONDI.

Ça m'était bien égal, pour moi du moins, mais pour ma femme... que faisait-elle pendant ce temps-là?... je ne l'ai jamais su, elle ne m'a jamais rien avoué; et cependant j'ai toujours eu des soupçons.

NELVILLE.

Sur qui?

SUBREGONDI.

Sur tout le monde. D'abord, comme je vous disais, ses regrets, sa tristesse, quand on parlait de l'Italie; et puis une fois, quand elle dormait, je lui ai entendu prononcer un nom... qui n'était pas le mien... elle disait : Arthur.

NELVILLE.

Arthur?

SUBREGONDI.

Oui : elle me l'a dit, à moi, Jean-Jérôme-Joseph Subregondi.

*AIR du vaudeville du Charlatanisme.*

J'en demeurai comme hébété.

NELVILLE.

Peut-être vous crûtes entendre?

SUBREGONDI.

Elle l'a deux fois répété,
Et je ne saurais m'y méprendre.
Un soupçon affreux m'a saisi ;
Car une femme, je suppose
Capable d'oublier ainsi
Même le nom de son mari...
Peut bien oublier autre chose !

Et si ce ne sont pas là des preuves?...

NELVILLE.

Bien faibles, vous en conviendrez.

SUBREGONDI.

Et c'est là-dessus, cependant, que je vis depuis une quinzaine d'années ; attendant toujours qu'il m'en arrive de plus décisives... lorsque, il y a quelque temps, feuilletant d'anciens papiers, de 1814 à 1815, des mémoires, des comptes écrits de la main de ma femme... j'ai vu : « Donné deux « cents francs, pour derniers gages, à Cécile Gertrude, ma « femme de chambre, qui m'a quittée aux îles d'Hyères. » Je me suis dit : Voilà donc le nom d'une des personnes qui ont été près d'elle, pendant mon absence ; je me suis embarqué, j'ai appris ici que cette Cécile Gertrude avait épousé un nommé Clicquot, barbier, aubergiste, maître de cet hôtel ; je veux la voir, l'interroger, la forcer, par l'or ou les menaces, à me donner tous les détails qui sont en son pouvoir ; et si, par ce moyen, je puis arriver à connaître le séducteur, je le poursuivrai jusqu'au bout du monde.

NELVILLE.

Et s'il n'existe plus ?

SUBREGONDI.

Peu m'importe !... lui, ou les siens ; il faut que ça tombe sur quelqu'un... c'est mon existence, mon avenir... c'est une idée que je caresse à mon coucher, à mon réveil ; je crois voir le coupable, je crois l'entendre !... Depuis quinze ans, je le tue tous les soirs, avant de m'endormir, et je recommence en me réveillant.

NELVILLE.

Quelle folie!

SUBREGONDI.

Vous ne connaissez pas, comme nous, le plaisir de la vengeance... *la vendetta*... la seule passion que le temps ne détruise point, et qui s'accroisse avec l'âge; passion qui tient de toutes les autres, qui vous fait vivre dans l'avenir, qui vous fait oublier le boire et le manger; car, avec elle, on n'a besoin de rien, on ne prend rien, et on engraisse.

## SCÈNE VII.

### CLICQUOT, SUBREGONDI, NELVILLE.

CLICQUOT, entrant par la porte à droite. Il est en veste de cuisinier.

Le déjeuner de ces messieurs sera prêt dans un quart d'heure.

SUBREGONDI.

Tant mieux! car j'ai une faim!... Faites venir, pour moi, un barbier, en attendant.

CLICQUOT.

Voilà, voilà!

(Il ôte sa veste de cuisinier, et paraît en costume de barbier.)

SUBREGONDI.

Comment! vous exercez donc?

CLICQUOT.

Je dirai même, avec une certaine adresse; ce n'est pas étonnant; ancien élève en chirurgie, je n'ai consenti à prendre le rasoir que par égard pour le menton de mes compatriotes : il n'y avait dans l'île que des massacres.

SUBREGONDI.
Je vous préviens que je suis très-difficile...
CLICQUOT.
Tant mieux!... je suis charmé d'avoir affaire à un connaisseur. (Il va prendre un rasoir sur la table du fond et le montre à Subregondi.) Voici un rasoir anglais qui a eu l'honneur de faire la barbe au duc de Wellington, une fameuse lame, un peu ébréchée.
SUBREGONDI.
Dépêchons!... (A Nelville.) Vous permettez?...
NELVILLE.
J'ai moi-même quelques notes à écrire.
CLICQUOT, à Nelville lui montrant la table à gauche.
Vous avez là tout ce qu'il vous faut; même les journaux. (Nelville s'assied auprès de la table, et prend un journal qu'il lit. Subregondi se place sur une chaise au milieu du théâtre. Clicquot lui passe au cou une serviette, ensuite il verse de l'eau dans le plat à barbe, et se dispose à le raser.) Avez-vous, à minuit, entendu l'orage?
SUBREGONDI, assis.
Je crois bien, je ne dormais pas.
CLICQUOT, allant et venant.
Alors, ça n'a pas pu vous réveiller... Quels éclairs! et quels coups de tonnerre! ça me rappelait une nuit où je n'étais pas à la noce... il est vrai qu'en Italie les orages sont bien plus terribles.
NELVILLE, vivement et sans quitter sa place.
Vous avez été en Italie?
CLICQUOT.
Certainement; parti en 1813, à la suite d'un général de division, qui m'admettait dans son intimité; c'était moi qui l'accommodais.

AIR de la Vieille. (Du Barbier de Séville.)

J'étais avid' de renommée,
Et j'escortais nos grenadiers.

NELVILLE.
Quoi! vous avez suivi l'armée?
CLICQUOT.
Oui, j'étais parmi nos guerriers.
SUBREGONDI.
Mais, dites-moi, dans cette armée
A quoi servaient les perruquiers?
CLICQUOT.
A quoi servaient les perruquiers ?
Ah! c'est pour eux qu' cett' campagn' fut utile,
Je regardais, et devenais habile...
Oui, d' nos soldats la valeur m' fut utile,
En les r'gardant, je devenais habile,
Et j'apprenais de mes concitoyens
A fair' la barbe aux Autrichiens !

Aussi, et pour me reposer de mes fatigues, je m'étais, après la campagne, établi à Florence.

NELVILLE, de même.

A Florence ?

CLICQUOT.

Oui ; est-ce que vous avez été dans ce pays-là ?

NELVILLE.

Jamais.

CLICQUOT, savonnant la figure à Subregondi, et s'interrompant pour parler à Nelville.

Tant pis, c'est une des plus belles villes du monde, des rues larges; un ciel pur; et un luxe... ah!
(Parlant toujours à Nelville sans regarder Subregondi dont il barbouille la figure jusqu'aux yeux.)

SUBREGONDI, à Clicquot.

Prenez donc garde!

CLICQUOT.

Pardon, je sais bien que ce n'est pas le front qu'il faut

raser. (Lui savonnant le menton. — A Nelville.) Je vous disais que je m'étais établi à Florence, où j'avais de la peine à me produire, faute de savoir l'italien, car le mérite qui n'a pas la langue, n'a rien qui parle en sa faveur; je n'avais que mon enseigne, une enseigne superbe... « Clicquot, docteur de la faculté de Paris, chirurgien-accoucheur, dentiste, orthopédiste, méthodiste, etc. » Je m'étais fait un grand nom, avec des lettres de deux pieds... (Il va poser le plat à barbe sur la table à droite.) Il ne me manquait rien que des pratiques. Il y avait quinze jours que j'en attendais...

SUBREGONDI.

Et il n'en arrivait pas?

CLICQUOT, toujours auprès de la table.

Non, mais une nuit, on frappe à ma porte; je me dis : Voilà quelqu'un qui veut se faire raser, il est un peu tard, c'est égal... J'ouvre... un homme masqué se présente, je crus que c'était pour me voler, j'allais crier; mais il m'offre une bourse, ça me rassure; il ajoute, à voix basse : « Voulez-vous gagner dix louis? — Certainement. — On a besoin de votre ministère. — Disposez de moi. » Là-dessus, il me bande les yeux, me prend par la main, et je le suis en aveugle.

(Il commence à raser Subregondi.)

SUBREGONDI.

Quel était cet homme?

CLICQUOT, rasant Subregondi.

Un inconnu.

SUBREGONDI.

Et vous vous êtes risqué?

CLICQUOT.

Le barbier français est naturellement aventureux; nous montons en voiture, mon compagnon ne dit mot, ni moi non plus.

NELVILLE, à part.

Maudit bavard !

CLICQUOT.

Au bout de quelques minutes, je n'entends plus retentir les roues sur le pavé : nous roulions sur un terrain uni. Je dis : Nous ne sommes plus dans la ville ; nous allons à la campagne.

SUBREGONDI.

De quel côté ?

CLICQUOT.

Je n'en sais rien. La voiture s'arrête, un certain bruissement m'indique que nous sommes près de la rivière, je me dis : C'est l'Arno.

SUBREGONDI, à part.

Une maison de campagne sur l'Arno !

CLICQUOT.

Nous franchissons une allée sablée ; nous montons un perron de six marches ; et je traverse trois chambres, dont les portes s'ouvrent successivement devant moi.

SUBREGONDI, de même.

C'est bien cela.

NELVILLE, cherchant à l'interrompre.

Si monsieur Clicquot avait fini ?

CLICQUOT.

Pas encore.

SUBREGONDI.

Continuez donc.

CLICQUOT.

C'est monsieur qui me fait couper...

SUBREGONDI.

Hein !...

CLICQUOT.

Qui me fait couper dans mon récit. (Il continue à raser.) On m'ôte mon bandeau, et l'on me laisse seul dans un cabinet étroit et sans lumière, où je m'attendais à être victime... et, résigné à mourir, je m'empare d'une espèce de bonbonnière, pour mettre la justice sur les traces de mes assassins! Je l'ai toujours gardée, j'en ai fait une tabatière... (La tirant de sa poche.) En usez-vous?

SUBREGONDI, à part, la regardant.

Ciel! mon chiffre!... plus de doute... c'était chez moi!

CLICQUOT.

Qu'avez-vous donc?

SUBREGONDI.

Rien, c'est que votre récit m'a tout retourné.

CLICQUOT.

Vous n'y êtes pas encore.

NELVILLE, à part, et cherchant à lui faire des signes.

Et impossible de l'arrêter en chemin!

CLICQUOT.

J'étais dans les transes; un autre homme masqué vient me prendre, il m'introduit dans une pièce élégamment meublée, et faiblement éclairée par une lampe d'albâtre suspendue à une chaîne argentée.

SUBREGONDI, à part.

Précisément.

CLICQUOT, qui a mis de l'eau fraîche dans le plat à barbe, vient laver la figure à Subregondi.

Là, sur un lit de douleur, une femme dont les traits étaient cachés par un voile...

SUBREGONDI.

Eh bien?

CLICQUOT.

Eh bien!... vous comprenez... grâce à mon ministère, elle donna le jour à un enfant bien, très-bien constitué...

(Il se retire et va porter son bassin sur la table.)

SUBREGONDI, à part, se levant.

Voilà donc mes soupçons confirmés!

CLICQUOT, serrant son plat à barbe et son rasoir.

On m'emmène avec les mêmes précautions. Après avoir marché pendant trois heures, je me retrouve sur la grande place de Florence. (Il se trouve en ce moment à la gauche de Subregondi.) Mon conducteur me glisse dans les mains un rouleau de cent louis, en murmurant à mon oreille, et d'une voix que je crois encore entendre...

NELVILLE, qui s'est levé, et s'est approché de Clicquot, lui dit à demi-voix :

Si tu dis un mot de plus, tu es mort!

CLICQUOT, tremblant, à part.

Ah! mon Dieu!... la même phrase... et presque la même...

SUBREGONDI, qui s'était retourné un instant pour se débarrasser de sa serviette, revient à lui, et lui dit avec impatience.

Eh bien! voyons, achève cette aventure.

CLICQUOT, tout troublé, balbutiant et regardant Nelville, qui est passé à la droite de Subregondi, et qui est alors en face de lui.

Mais il me semble qu'elle est déjà assez longue comme ça, et c'est abuser de la patience de ces messieurs. (Regardant Nelville.) D'autant plus que moi, je croyais que depuis... dix-huit ans... je pouvais... sans danger...

SUBREGONDI, avec colère.

Eh! qui te dit qu'il y en a?... Allons, la suite de cette aventure; il y a une suite?

CLICQUOT, de même et tout tremblant.

J'espère bien que ça n'en aura pas... d'autant que j'ai oublié le reste.

SUBREGONDI.

Ce n'est pas possible.

CLICQUOT.

Je vous jure sur l'honneur...

SUBREGONDI, à demi-voix.

Parle, ou tu es mort!

CLICQUOT, à part.

Juste comme l'autre! si encore ils pouvaient s'entendre...
(Nelville, après les avoir un moment observés tous les deux, sort par la porte à droite en recommandant le silence à Clicquot par un signe menaçant.)

## SCÈNE VIII.

### SUBREGONDI, CLICQUOT.

SUBREGONDI, prenant Clicquot par le bras, et l'amenant sur le devant de la scène.

Je ne te demande plus qu'un mot, mais je le veux... (Avec mystère.) Je veux connaître ce que cet enfant est devenu.

CLICQUOT, vivement.

Pour ça, c'est la vérité, je n'en sais rien.

SUBREGONDI.

Tu le sais.

CLICQUOT.

Non, monsieur, je n'ai jamais su autre chose.

SUBREGONDI, lui serrant fortement le bras.

Tu me trompes, car tu ajoutais tout-à-l'heure : « J'ai oublié le reste. »

CLICQUOT.

C'est une bêtise que j'ai dite, car on m'a congédié sur-le-champ, avec tant de mystère et de promptitude, que je n'ai pas même pu savoir si c'était une fille ou un garçon... et depuis... pas la moindre nouvelle.

SUBREGONDI.

Ce n'est pas vrai!

CLICQUOT.

Il y a de quoi se damner! (A part.) Car le diable m'emporte si je sais un mot de plus. (Haut.) Et tout ce que je peux ajouter, c'est qu'un an après je revins ici, au pays, où j'épousai mademoiselle Cécile Gertrude, actuellement madame Clicquot, avec qui j'ai vécu en bonne intelligence, ce que tout le monde peut vous attester.

SUBREGONDI.

Il ne s'agit pas de cela... tu as plus d'esprit et de finesse que tu n'en as l'air.

CLICQUOT.

Du tout.

SUBREGONDI.

Je te dis que si.

CLICQUOT.

C'est pour ne pas vous démentir.

SUBREGONDI.

Tu t'es arrêté au moment...

CLICQUOT.

Où je n'avais plus rien à dire.

SUBREGONDI.

Où tu as cru voir que ce mystère m'intéressait... (A demi-voix.) Eh bien! oui, et je n'ajouterai qu'un mot : D'ici à un quart d'heure tu me livreras cet enfant, ou tu me diras où l est, sinon, tu es un homme perdu... je ne t'en dis pas davantage.

(Il sort par la porte à gauche.)

## SCÈNE IX.

CLICQUOT, seul.

C'est bien assez. Quelle histoire diabolique! j'avais bien besoin de la lui raconter, moi qui en fais tant d'autres!

me voilà maintenant obligé de donner la suite, ou sinon... Je tremble comme la feuille; je serais en ce moment incapable de faire la barbe. (Il va serrer ses rasoirs dans le tiroir de la table qui est placée contre le mur au-dessous de la fenêtre.) S'il m'arrive maintenant de parler... ça m'apprendra...

GAILLARDET, en dehors, ouvrant la fenêtre pendant que Clicquot est baissé.

Il paraît que le papa est sorti, entrons.

(Il passe par la fenêtre et se glisse le long du mur sans apercevoir Clicquot.)

CLICQUOT, continuant de parler sans voir Gaillardet.

Cet enfant qu'il me demande, et qu'il lui faut sur-le-champ, est-ce que je sais où il est?... comment le trouver? à moins qu'il ne tombe des nues. (Dans ce moment Gaillardet met le pied sur l'épaule de Clicquot, et saute par terre.) Aïe!... aïe!... aïe!... Qui est-ce qui me jette quelqu'un sur la tête?

## SCÈNE X.

### CLICQUOT, GAILLARDET.

GAILLARDET.

Merci de m'avoir fait la courte-échelle.

CLICQUOT.

C'est encore toi, mauvais sujet?

GAILLARDET.

Non, ce n'est pas moi, c'est une pratique.

CLICQUOT.

Je t'ai défendu de venir ici.

GAILLARDET.

Je viens pour qu'on me coiffe.

CLICQUOT.

Par la fenêtre?

GAILLARDET.

La porte était fermée.

CLICQUOT.

Je vais te l'ouvrir, pour que tu partes.

GAILLARDET.

Ce n'est pas pour ça que je suis venu.

CLICQUOT.

Veux-tu sortir sur-le-champ!

GAILLARDET.

Non, je suis public; j'ai le droit de rester.

CLICQUOT.

Comment! chez moi?

GAILLARDET.

Vous n'avez rien à dire, pourvu que l'on consomme. Vous allez me mettre des papillotes.

CLICQUOT.

A-t-il du toupet!

GAILLARDET.

Avec de la pommade à la rose.

(Il prend une chaise et s'assied.)

CLICQUOT, voulant retirer la chaise que Gaillardet s'obstine à garder.

Il prend encore la plus belle chaise!

GAILLARDET, du côté de la coulisse à droite.

Mademoiselle Louise, holà! la fille!

CLICQUOT, courant à lui.

Qu'est-ce que tu lui veux?

GAILLARDET, élevant la voix.

Un peignoir blanc; je paierai ce qu'il faut.

AIR du *Galoubet*.

J'ai de l'argent, (*Bis.*)
Et je puis me mettre en dépense,
Je veux qu'on me serve.

CLICQUOT.
Un instant.
GAILLARDET.
Obéissez, pas d' résistance!
CLICQUOT.
Eh mais, a-t-il de l'insolence!
GAILLARDET.
J'ai de l'argent. (*Bis.*)
(Il fait sonner l'argent qu'il a dans sa poche.)
CLICQUOT.
Veux-tu bien te taire!
GAILLARDET, élevant encore plus la voix.
Madame Clicquot!... Mam'selle Louise!

CLICQUOT.
Ah! le maudit garnement!

## SCÈNE XI.

LOUISE, GAILLARDET, CLICQUOT.

LOUISE, accourant.
Qu'est-ce?... qu'y a-t-il?... Quel tapage!
GAILLARDET.
C'est monsieur qui refuse de me coiffer!
LOUISE.
Pourquoi donc ça, mon père?
CLICQUOT.
Parce que je ne veux pas avoir affaire à une pareille tête.
GAILLARDET.
Et moi, je tiens à être frisé par vous.
CLICQUOT.
Va-t'en au diable!... j'ai bien autre chose à démêler.

GAILLARDET.

Vous tenez boutique pour tout le monde.

LOUISE.

Si mon père n'a pas le temps...

GAILLARDET.

J'attendrai... mais je ne m'en irai pas d'ici sans avoir été papilloté, crêpé, bichonné, parfumé à l'huile antique.

*AIR du vaudeville de Voltaire chez Ninon.*

Allons, commencez à l'instant,
Les papillot's sont-elles prêtes?
J' veux être beau, j' veux êtr' charmant,
Je veux tourner toutes les têtes.
Vrai Lovelac', je veux enfin
Que, grâce aux talents dont il brille,
Le pèr' me donne de sa main
Les moyens d' séduire sa fille.

CLICQUOT.

Quelle rouerie!

GAILLARDET.

Et quand je devrais rester ici jusqu'à demain...

CLICQUOT, à part.

C'est un enragé!... c'est un diable! quand on le chasse par la porte, il rentre par la fenêtre, et personne pour m'en débarrasser! moi qui ai tant besoin d'être seul, et de recueillir mes idées!... (*Voyant Subregondi qui rentre par la porte à gauche.*) Allons! encore le vieux.

## SCÈNE XII.

LES MÊMES; SUBREGONDI.

SUBREGONDI, *s'approchant de Clicquot, la montre à la main.*

Le quart d'heure est expiré.

CLICQUOT, tremblant.

Vous avancez.

SUBREGONDI.

Non pas... je viens chercher la réponse.

CLICQUOT.

Une réponse?... (A part, regardant Geillardet.) Moi qui, grâce à cet imbécile-là, n'ai pas eu le temps de réfléchir... Ah! mon Dieu! quelle idée.

SUBREGONDI, à demi-voix.

Eh bien! cet enfant?

CLICQUOT, de même, et le prenant à part.

Un mot seulement. Qu'est-ce que vous voulez en faire

SUBREGONDI, de même.

L'emmener avec moi.

CLICQUOT, de même.

Pas autre chose?

SUBREGONDI, avec impatience.

Eh! non, te dis-je.

CLICQUOT.

Et l'emmènerez-vous un peu loin?

SUBREGONDI.

Sois tranquille.

CLICQUOT, à part.

C'est ce qu'il me faut! moi qui ne peux jamais le renvoyer de ma boutique; je fais d'une pierre deux coups.

SUBREGONDI, avec impatience.

Eh bien donc!... achève... cet enfant...

CLICQUOT, à demi-voix.

Il existe.

SUBREGONDI, à part.

O ciel!

CLICQUOT, de même.

Il est ici.

SUBREGONDI.

Dieu soit loué !

CLICQUOT, à Louise qui s'approche pour écouter.

Qu'est-ce que vous voulez, mademoiselle ? Emportez ce plat à barbe.

LOUISE.

Oui, mon père...
(Elle prend le plat à barbe, et rentre dans la chambre à droite ; Gaillardet la suit doucement et rentre après elle.)

CLICQUOT.

Il est, depuis seize ans, caché dans ce village, sous le nom de Jérôme Gaillardet.

SUBREGONDI, avec joie.

Il suffit.

CLICQUOT, bas à Subregondi.

Tout le monde vous dira qu'il est issu de père et mère inconnus, élevé par la commune ; et rien qu'en le regardant, vous verrez qu'il a des traits qui annoncent une naissance irrégulière. (Ne le voyant plus.) Eh bien ! où est-il donc ?

SUBREGONDI.

Je suis content de toi, et je t'en récompenserai.

CLICQUOT.

En l'emmenant du pays, au plus vite, c'est tout ce que je vous demande.

SUBREGONDI.

Maintenant, envoie-moi ta femme, mademoiselle Cécile Gertrude, j'ai à lui parler.

CLICQUOT.

A ma femme ! et pourquoi ?

SUBREGONDI.

Tu le sauras.

CLICQUOT, regardant par la porte à droite.

Dieu! le voilà avec ma fille qu'il veut embrasser.

(Il s'élance dans la chambre à droite.)

## SCÈNE XIII.

SUBREGONDI, seul; puis NELVILLE.

SUBREGONDI.

Je le connais donc enfin; je suis content, je suis heureux!... ça me rajeunit de vingt ans... Ah! ah!... monsieur Jérôme Gaillardet, vous aurez de mes nouvelles.

NELVILLE, la serviette à la main, sortant de la chambre à droite.

Eh bien! monsieur, ne venez-vous pas déjeuner? j'ai commencé sans vous.

SUBREGONDI, rayonnant de joie.

Achevez sans moi; je n'ai besoin de rien... comme je vous le disais tantôt, cela tient lieu de tout; on se nourrit de cela; et je ne me suis jamais mieux porté que dans ce moment.

NELVILLE.

En effet, vous avez l'air radieux.

SUBREGONDI.

C'est que ça vous rafraîchit, vous dilate; je vais enfin me venger.

NELVILLE.

Comment cela?

SUBREGONDI.

Cette histoire que nous racontait ce barbier m'intéressait plus que vous ne pouviez le penser. Il m'apprenait, sans le savoir, ce que je soupçonnais depuis dix-huit ans. (Lui prenant la main avec force.) Cet enfant existe.

NELVILLE, avec joie.

En êtes-vous sûr?

SUBREGONDI, de même.

Il est ici.

NELVILLE.

Grand Dieu!

SUBREGONDI.

Caché sous le nom de Jérôme Gaillardet; j'en ai déjà des preuves, et j'attends mademoiselle Cécile Gertrude, qui va me les confirmer; car grâce à vous, mon cher ami, j'ai ce qu'il faut pour la faire parler... j'ai de l'or! je vous tiendrai au courant de tout ce que j'apprendrai, le bonheur a besoin de s'épancher! et je suis si heureux!... Adieu!... adieu! du silence! Je vais donc enfin me venger!

(Il sort par la porte à gauche.)

## SCÈNE XIV.

NELVILLE, seul.

Se venger! c'est ce que nous verrons; il existe, j'en suis sûr, c'est tout ce que je demandais au ciel, et je saurai bien dès aujourd'hui le soustraire à ses coups. Aujourd'hui, oui; mais dans quelques mois, dans quelques années, il est capable de nous rejoindre, de nous poursuivre, de traverser les mers... et toujours craindre un ennemi, ce n'est pas vivre! Si je pouvais, dès ce moment, dès l'origine, anéantir ses soupçons, en renversant de fond en comble l'histoire de ce maudit barbier; mais, par quel moyen?... Ah! madame Clicquot, cette Gertrude qu'il va interroger... elle seule pourrait... Mais y consentira-t-elle? Eh! sans doute, quand je devrais à ce prix faire sa fortune.

## SCÈNE XV.

NELVILLE, M^me CLICQUOT, entrant par la droite.

M^me CLICQUOT.

Ma pauvre fille! elle m'a attendrie! car enfin elle aime ce jeune homme, et impossible de la marier... Pas d'autre dot que les vertus de sa mère et les siennes... et une dot comme celle-là, loin d'augmenter avec le temps, ça risque chaque jour de... Ah! que les mères de famille sont à plaindre!

(Elle va pour entrer dans la chambre à gauche.)

NELVILLE.

Un mot, madame Clicquot.

M^me CLICQUOT.

Pardon, monsieur, je suis à vous à l'instant : ce monsieur étranger m'a fait prier de passer chez lui, et je me rends à ses ordres.

NELVILLE, la prenant par la main.

Pas encore! il faut auparavant que je vous parle. (A demi-voix.) Les moments sont précieux. Vous êtes une brave femme, une honnête femme...

M^me CLICQUOT.

Je m'en vante, monsieur, et dans un pays où, Dieu merci! il ne manque pas de mauvaises langues, on n'a pas encore pu mordre sur mon compte.

NELVILLE.

Je n'en doute point.

M^me CLICQUOT.

C'est ma seule richesse; mais je la conserverai intacte.

AIR : Elle a trahi ses serments et safo .

Combien de fois j'ai vu les amoureux
V'nir à mes pieds me peindre leur tendresse

En gros soupirs ils exprimaient leurs vœux,
J'les repoussais! mais ils r'venaient sans cesse...
Découragés enfin par mes vertus,
Depuis dix ans ils n'y reviennent plus.

Aussi vous sentez bien que maintenant, et pour tout l'or du monde, je ne voudrais pas qu'on pût dire que Cécile Gertrude, femme Clicquot, a failli à l'honneur.

### NELVILLE, à part.

Ah! diable! (Haut.) Aussi me préserve le ciel de rien vous proposer qui puisse porter atteinte à votre vertu! elle existe, elle est réelle, vous en êtes sûre et moi aussi, c'est l'essentiel! après cela qu'importent les apparences?

### M<sup>me</sup> CLICQUOT.

Que voulez-vous dire?

### NELVILLE.

Que vous pouvez, si vous le voulez, me rendre un important service, sauver la vie à un malheureux, et de plus assurer à votre fille une dot considérable.

### M<sup>me</sup> CLICQUOT.

Est-il possible!... et que faut-il faire pour cela?...

### NELVILLE.

M'écouter, et raconter à cet étranger ce que je vais vous dire.

### M<sup>me</sup> CLICQUOT.

Parlez, monsieur, parlez, je vous écoute.

### NELVILLE.

Vous aurez été à Florence pendant un an.

### M<sup>me</sup> CLICQUOT.

Avec plaisir...

### NELVILLE.

Femme de chambre de madame Subregondi, votre ancienne maîtresse.

M^me CLICQUOT.

Permettez, je n'ai été que deux mois à son service, et c'était ici, en France.

NELVILLE.

Il n'importe ! vous aurez été à Florence.

M^me CLICQUOT.

Oui, monsieur; c'est convenu.

NELVILLE.

Il y a dix-huit ans.

M^me CLICQUOT.

Je m'en souviendrai.

NELVILLE.

En 1814, dans un château, sur l'Arno, vous aurez en secret, et mystérieusement...

M^me CLICQUOT.

Oui, monsieur.

NELVILLE.

Un an avant votre mariage...

M^me CLICQUOT.

Oui, monsieur.

NELVILLE.

Donné le jour à un enfant charmant !...

M^me CLICQUOT, se récriant.

Eh bien !... par exemple !...

NELVILLE, froidement et tirant son portefeuille.

Voici deux mille francs.

M^me CLICQUOT.

Et ma réputation !

NELVILLE, de même.

Quatre mille !...

M^me CLICQUOT.

Et la vertu !...

NELVILLE, de même.

Six mille!...

M<sup>me</sup> CLICQUOT.

J'entends bien ; mais l'honneur avant tout, et le mien m'est si cher...

NELVILLE.

Dix mille !...

M<sup>me</sup> CLICQUOT.

Ah dame!... vous m'en direz tant!...

NELVILLE.

Ils sont là, dans ce portefeuille ; prenez, je vous le donne, et vous réponds du secret qui restera entre nous ; car il est inutile que votre mari en sache rien.

M<sup>me</sup> CLICQUOT.

Je l'aime autant.

NELVILLE.

Il n'y aura que moi et cet étranger ; et si vous parvenez à bien le persuader, à le convaincre, je vous promets, après la réussite de notre projet, une somme pareille...

M<sup>me</sup> CLICQUOT.

Dites-vous vrai?... vingt mille francs !

NELVILLE.

Pour l'apparence d'une faute, quand, à ce prix-là, on en trouverait de toutes faites... Partez, maintenant, il vous attend ; et songez, quoi qu'il arrive, à ne point nous trahir.

M<sup>me</sup> CLICQUOT.

Oui, monsieur ; oui, soyez tranquille ; il y va maintenant de mon honneur... c'est-à-dire, non, au contraire, ce qui est toujours très pénible, surtout quand ça n'est pas vrai. En vérité, et sans ce portefeuille, je croirais que c'est un rêve.

(Elle entre dans la chambre à gauche.)

15.

## SCÈNE XVI.

NELVILLE, puis CLICQUOT, en costume de cuisinier.

###### NELVILLE.

A merveille!... et maintenant que j'ai éloigné de lui le danger, ne songeons qu'au bonheur de le voir.

###### CLICQUOT, un bougeoir à la main, sans voir Nelville.

Je viens de l'enfermer dans ma cave, c'est plus sûr; ça le sépare de ma fille, et d'ici à ce que l'autre l'emmène, ne disons rien; car voilà une bonne leçon pour ne plus parler, et on me demanderait maintenant l'heure qu'il est, que je répondrais : « L'heure qu'il vous plaira. »

(Il pose le bougeoir sur la table.)

###### NELVILLE, venant à lui.

C'est vous, maître Clicquot? je suis enchanté de vous voir. Vous qui connaissez tout le monde, dites-moi donc s'il n'y a pas ici dans le pays un jeune homme nommé Jérôme Gaillardet.

###### CLICQUOT.

C'est possible!... (A part.) Où veut-il en venir?

###### NELVILLE.

Et savez-vous où il demeure... où il est dans ce moment-ci?...

###### CLICQUOT.

Où il est?... (A part.) Et lui aussi qui veut me faire jaser! je l'en défie bien... (Haut.) Où il est, monsieur? Ça ne me regarde pas!... et je ne veux plus me mêler désormais que de ce qui me regarde.

###### NELVILLE.

Qu'est-ce que cela signifie? et pourquoi cet air de mystère? il y en a donc?

CLICQUOT.

Comme vous voudrez ; mais je me suis promis de ne plus rien dire maintenant, et je ne dirai rien.

NELVILLE.

Tu sais donc quelque chose ?

CLICQUOT

Moi, monsieur !

NELVILLE.

Tu veux en vain dissimuler, tu sais tout !...

CLICQUOT.

Ce n'est pas vrai !

NELVILLE.

Tu sais tout, et tu parleras, ou tu ne sortiras pas vivant de mes mains !

CLICQUOT, à part.

Et lui aussi !... (Haut.) Et qu'est-ce que vous voulez que je vous dise ?

NELVILLE.

La vérité tout entière.

CLICQUOT.

Et laquelle ?

NELVILLE.

Où est ce Gaillardet ?... où est-il ?

CLICQUOT.

Enfermé dans ma cave.

NELVILLE.

Tu vois bien ! et tu disais que tu ne savais rien... tu ne m'échapperas pas, et si ce jeune homme sort d'ici, s'il lui arrive le moindre mal, c'est à toi que je m'en prends.

CLICQUOT.

Et de quel droit, s'il vous plaît ?

NELVILLE.

Je t'en ai trop dit pour ne pas achever; ce jeune homme appartient à une famille puissante, à des parents immensément riches, qui l'aiment, qui l'adorent, qui ne négligeront rien pour assurer son bonheur.

CLICQUOT.

O ciel! serait-il vrai!... et si ces parents, dont vous me parlez, ces parents immensément riches savaient qu'il est amoureux, éperdument amoureux?...

NELVILLE.

Que dis-tu là?

CLICQUOT.

Et qu'il n'y a pas de bonheur pour lui, sans une jeune fille qu'il adore, et qu'il ne peut quitter...

NELVILLE.

Achève.

CLICQUOT.

Jeune fille vertueuse, parents respectables et sans un sou de rente. Croyez-vous que sa noble famille consentirait à cette alliance disproportionnée?

NELVILLE, vivement.

Eh! plût au ciel!... qu'il soit heureux, voilà tout ce qu'on demande.

CLICQUOT, lui sautant au cou.

Ah! monsieur, disposez de moi maintenant; je n'en sais pas davantage, mais je dirai tout ce que vous voudrez.

NELVILLE.

Mène-moi vers lui, c'est tout ce que je demande.

CLICQUOT.

A l'instant même, le temps d'allumer ce bougeoir; car pour y voir clair dans cette cave, et dans le mystère qui nous environne... et puis... j'oubliais... je ne sais pas où j'ai la tête; ce paquet que vous attendiez ce matin vient d'être apporté par un homme qui attend en bas la réponse.

(Il lui donne le paquet qu'il tire de sa poche.)

### NELVILLE.

Eh! donne donc... (A part.) C'est l'écriture de Raymond, de ce vieux serviteur à qui Amélie avait confié notre secret, lorsque moi-même, proscrit, obligé de fuir... (Lisant.) « Ras-
« surez-vous, monsieur, cet enfant dont vous n'avez pu voir
« la naissance, et dont vous ignorez même le sexe, a été
« par moi soustrait à tous les regards et ne court aucun
« danger; suivez l'homme qui vous remettra ce billet, il
« vous conduira à deux pas d'ici, près de moi et dans les
« bras de votre fille... » Ma fille !... il serait possible ! ah! quel bonheur !... courons, courons à l'instant même !...

(Il s'élance vers la porte du fond et disparaît.)

## SCÈNE XVII.

### CLICQUOT, puis LOUISE et GAILLARDET.

#### CLICQUOT, achevant d'allumer son bougeoir.

Maudite chandelle !... J'ai cru qu'elle ne prendrait pas; nous y voilà enfin, et maintenant qu'il s'agit de voir clair et de savoir ce qu'on fait... (Regardant autour de lui.) Eh bien! où est-il donc ?... (Se tournant de l'autre côté et apercevant Gaillardet et Louise.) Eh! qu'est-ce que je vois là?

(Il se tient au fond à l'écart, pendant que Louise et Gaillardet descendent sur le devant de la scène.)

#### LOUISE, à Gaillardet.

Oui, monsieur Gaillardet, ce n'est peut-être pas bien à moi de vous avoir délivré...

#### GAILLARDET.

Vous avez bien fait. J'allais tout briser dans cette cave.

LOUISE.

J'espère au moins que vous ne ferez pas un mauvais usage de votre liberté, et que vous partirez à l'instant même.

GAILLARDET.

Je ne vous quitterai que si vous me jurez d'être ma femme.

LOUISE.

Vous savez bien que mon père ne le veut pas, qu'il ne le voudra jamais... (Apercevant son père.) Dieu! c'est lui, je suis perdue!...

GAILLARDET, voyant Clicquot.

Maître Clicquot! sauvons-nous!...

CLICQUOT.

Un instant, vous ne sortirez pas!... (Les prenant tous deux par la main.) Enfants ingrats!... avez-vous pu vous méfier à ce point de ma tendresse paternelle? vous ne la connaissez pas la tendresse paternelle, vous ne savez pas de quoi elle est capable! Certainement, Gaillardet, je ne t'aimais pas, si j'avais pu te chasser, te rosser même, je l'aurais fait de grand cœur, parce que j'ai le cœur sur la main... Je suis franc, l'honneur avant tout. Mais enfin puisque tu es aimé de ma fille, que tu as osé t'élever jusqu'à elle, ou plutôt, puisqu'en allant elle-même te délivrer à la cave, elle est descendue jusqu'à toi, je ne résisterai pas plus longtemps aux preuves d'un pareil amour; je sacrifierai mon orgueil au bonheur de mon enfant... je suis vaincu, Gaillardet : le barbier est désarmé, le père pardonne, et je te nomme mon gendre.

GAILLARDET.

Est-il possible!...

LOUISE.

Vous consentez?...

CLICQUOT.

Oui, mes enfants, oui, mon cher et estimable Gaillardet... (A part le regardant.) Il est de fait qu'il y a dans sa physionomie quelque chose de distingué et d'original... (Haut.) Je viens te prier d'excuser mes torts...

GAILLARDET.

Lesquels?

CLICQUOT.

Il est inutile que je te les rappelle, puisqu'il s'agit de les oublier... souviens-toi seulement que, lorsque je t'ai choisi, tu étais un enfant mystérieux et anonyme, sans famille, sans fortune; je n'ai rien vu de tout cela, je n'y tiens pas, je t'ai donné ma fille, et quoi qu'il arrive, tu seras son époux, quand même... Voilà comme je suis!...

LOUISE.

Je n'y puis croire encore.

GAILLARDET.

Cette main est à moi?

CLICQUOT.

Certainement.

GAILLARDET.

Et je puis l'embrasser, là, devant vous?

CLICQUOT.

Cela me fera plaisir.

GAILLARDET, allant vivement à Louise, et l'embrassant.

Et à moi aussi.

LOUISE.

O le meilleur des pères!...

CLICQUOT, passant entre eux deux.

Oui, certes, le meilleur des pères, car vous me devez non seulement votre bonheur, mais l'avenir le plus flatteur, le plus brillant...

LOUISE.

Comment cela?

CLICQUOT.

Il est ici une famille puissante, je ne vous la nommerai

pas, ça ne m'est pas encore permis... des parents immensément riches; je ne sais pas encore lesquels, mais ils existent, ils vous attendent, ils se feront connaître; et tout cela, grâce à moi, qui ai tout mené, tout conduit, tout dirigé... Silence!... on vient, ayez toujours les regards attachés sur moi, et quand je vous ferai signe...

GAILLARDET.

Et pourquoi cela?...

CLICQUOT.

Silence!... te dis-je; ferme la bouche et ouvre les yeux.

## SCÈNE XVIII.

LES MÊMES; NELVILLE, rentrant par le fond.

NELVILLE, à part.

Je l'ai vue! je l'ai embrassée!... Je suis le plus heureux des hommes; mais je me suis arraché de ses bras pour veiller à sa sûreté... Je ne serai tranquille que lorsque j'aurai vu embarquer ce Subregondi. Heureusement le bateau à vapeur qui doit le ramener à Ajaccio est prêt à partir.

CLICQUOT, qui s'est approché de lui.

Monsieur, monsieur?...

NELVILLE.

Qu'est-ce donc?

CLICQUOT.

Il n'est plus à la cave, il est là...

NELVILLE.

Qui donc?

CLICQUOT.

Le jeune et intéressant Jérôme Gaillardet.

NELVILLE.

Ah! ah! c'est lui?...

CLICQUOT, à part.

Je crois que c'est le moment de la reconnaissance. (Bas à Gaillardet.) Approche. (Haut à Nelville.) Vous lui trouvez, n'est-ce pas, un air...

NELVILLE.

Oui, un air bête...

CLICQUOT.

C'est possible, mais c'est égal!... je suis sûr que vous voudriez... (Bas à Gaillardet.) Avance encore... (Haut à Nelville.) Vous auriez envie de l'embrasser.

NELVILLE.

Moi, du tout.

CLICQUOT.

Comment!... cet unique rejeton que réclame une famille riche et puissante...

NELVILLE.

Qu'est-ce que cela me fait?

CLICQUOT.

Ce que ça vous fait?... Mais vous m'avez dit vous-même...

NELVILLE.

Eh bien! quand ça serait... est-ce que ça me regarde? est-ce que j'y suis pour rien?

CLICQUOT.

Je comprends, ce n'est pas lui qui est le père... (Repoussant Gaillardet.) Recule-toi, je m'étais trompé... recule-toi encore!... C'est l'autre! c'est le vieux!... Aussi bien, je me rappelle qu'il voulait l'emmener avec lui... Silence! le voici.

## SCÈNE XIX.

Les mêmes; SUBREGONDI.

NELVILLE, à part, le regardant.

Ah! mon Dieu! quel air triste!...

SUBREGONDI, à demi-voix, à Nelville.

Mon cher ami!... je suis bien malheureux.

NELVILLE.

Comment cela ?

SUBREGONDI.

Je vais me rembarquer sans pouvoir me venger sur personne; décidément ma femme n'était pas coupable.

NELVILLE.

Vraiment?

SUBREGONDI.

J'ai interrogé moi-même avec adresse cette malheureuse femme de chambre qui, troublée par mes questions, a perdu la tête et a fini par m'avouer franchement que c'était elle-même...

NELVILLE.

Quoi!... elle en est convenue? (A part, avec joie.) Je respire!

SUBREGONDI.

Elle est convenue de tout; et cet enfant sur qui j'avais des doutes...

NELVILLE.

Ce Jérôme Gaillardet?

SUBREGONDI.

Lui appartient, j'en suis sûr! elle l'aura élevé près d'elle dans le pays, à l'insu de tout le monde et de son mari...

NELVILLE.

C'est évident!... (A part.) Il n'a plus de soupçons, c'est tout ce que je voulais!...

CLICQUOT, bas à Gaillardet.

Comme il te regarde! il paraît que l'autre lui a fait un rapport, et voilà le moment de te jeter dans ses bras.

GAILLARDET.

Les bras de qui?...

CLICQUOT, à demi-voix.

On te le dira... r'avance-toi. (Haut à Subregondi, en s'approchant de lui.) Voici le jeune Jérôme Gaillardet, que vous désirez connaître. (Bas à Gaillardet.) Avance toujours.

SUBREGONDI.

Ah! ah!... c'est lui?... Il n'est pas mal, ce jeune homme... une physionomie heureuse et spirituelle.

CLICQUOT, à part.

Comme on reconnaît l'amour paternel! l'autre qui lui trouvait un air bête!...

SUBREGONDI.

Et vous ne savez pas de qui il est né?...

CLICQUOT.

Non, monsieur.

SUBREGONDI, à part, le regardant.

Pauvre homme!...

CLICQUOT, avec finesse.

Mais monsieur s'en doute, peut-être...

SUBREGONDI.

C'est possible!... je ne dis pas non, et si je peux faire quelque chose pour lui...

CLICQUOT.

Cela vous est facile... (A Gaillardet et à Louise.) Ne dites rien, et laissez-moi arranger cela; avec de l'entraînement et de la chaleur... (A Subregondi.) D'abord, il est amoureux... (A Gaillardet, qui fait un geste.) Il faut toujours qu'on le sache.

SUBREGONDI.

Amoureux!... vraiment?

CLICQUOT.

Une passion que rien ne pourra éteindre; et il voudrait être sûr, avant tout, que vous ne vous opposerez point à son bonheur.

SUBREGONDI.

Moi, m'y opposer! m'en préserve le ciel!... et pourquoi donc?

CLICQUOT.

C'est que vous m'avez dit à moi-même que vous vouliez l'emmener avec vous, l'emmener bien loin d'ici.

SUBREGONDI.

Rassure-toi!... j'ai changé d'idée!... Le bateau à vapeur va partir et Gaillardet restera ici.

CLICQUOT.

A la bonne heure! car celle qu'il aime est en ces lieux; elle est née en nos climats : simple, naïve, ingénue, riche des seuls trésors de l'innocence, elle pouvait craindre que la pauvreté fût un obstacle... à vos yeux.

SUBREGONDI, avec impatience.

A mes yeux, à moi! Êtes-vous fou?... Qu'est-ce que cela me fait?

CLICQUOT.

Cela ne vous fait rien, vous consentez... Mes enfants, Gaillardet... (Le repoussant.) Non, pas toi, ma fille d'abord... tombez à ses pieds!...

SUBREGONDI.

Eh! pourquoi donc?

CLICQUOT.

C'est ma fille qu'il aime, qu'il adore, et que je lui ai promise pour femme.

SUBREGONDI.

Pour femme!... y penses-tu, malheureux!... lui, Gaillardet, l'époux de ta fille ; et madame Clicquot y consent?

CLICQUOT.

Il s'agit bien d'elle!... je ne lui en ai seulement pas parlé, et dès que cela nous convient...

SUBREGONDI.

Mais ce mariage-là est impossible; monsieur te le dira comme moi.

NELVILLE, à part.

Ah! mon Dieu!

SUBREGONDI.

Il ne peut pas avoir lieu; et nous ne pouvons pas le laisser terminer dans l'intérêt de la morale.

CLICQUOT, avec véhémence.

Dites plutôt dans l'intérêt de l'orgueil, des préjugés. Oh! inégalité du rang et de la naissance... Oh!...

SUBREGONDI.

Mais, te tairas-tu, maudit bavard!... il ne s'agit pas ici de phrases. (Clicquot veut toujours parler; Subregondi lui serre la main, et lui dit à demi-voix.) Éloigne ces jeunes gens de quelques pas, car je ne puis pas devant eux...

CLICQUOT, à Gaillardet.

Éloigne-toi encore.

GAILLARDET.

Mais je ne fais que cela...

(Il s'éloigne avec Louise.)

CLICQUOT, revenant près de Subregondi et de Nelville.

Et maintenant qu'ils ne peuvent nous entendre, parlez, je veux savoir... j'ai besoin de savoir...

SUBREGONDI.

C'est malgré moi, au moins... et pour empêcher un malheur, un grand malheur... (A Nelville.) N'est-il pas vrai? (A Clicquot.) Apprends donc, et monsieur le sait aussi bien que moi, que cette union serait criminelle.

CLICQUOT, étonné.

Bah! et en quoi?

SUBREGONDI.

Incestueuse.

CLICQUOT.

Hein ?

SUBREGONDI.

Gaillardet est le frère de ta fille.

CLICQUOT.

Le fils de ma femme ?

SUBREGONDI.

Oui, mon ami.

CLICQUOT

Et moi, je serais...

SUBREGONDI.

Oui, mon ami.

CLICQUOT.

C'est impossible...

SUBREGONDI.

Je vais te le prouver : quand elle était à Florence, femm de chambre...

CLICQUOT.

A Florence ?...

SUBREGONDI.

Pendant un an au service de ma femme.

CLICQUOT.

Ce n'est pas vrai; elle n'a servi votre femme que pendant deux mois, en France, et elle n'a jamais été à Florence, je l'atteste.

SUBREGONDI.

En es-tu bien sûr ?... ce serait donc moi alors...

NELVILLE, avec effroi.

Ah ! mon Dieu !...

CLICQUOT.

J'entends ma femme; nous allons voir.

SUBREGONDI.

Je vais l'interroger encore.

CLICQUOT.

Du tout, c'est moi que cela regarde.

NELVILLE.

Vous sentez bien que devant vous elle n'avouera jamais...

CLICQUOT.

Aussi, soyez tranquille; je n'irai pas lui dire : Est-il vrai, ma chère amie, que vous avez... Dieu merci, j'ai un peu plus d'habitude que ça, et je m'y prendrai avec adresse.

NELVILLE, à part.

Voilà la peur qui me prend! Si cependant elle se rappelle ce que je lui ai dit...

## SCÈNE XX.

Les mêmes; M$^{me}$ CLICQUOT.

CLICQUOT.

Approchez, madame Clicquot, approchez... vous allez rire comme moi... Voilà monsieur (Montrant Subregondi.) qui prétend que vous avez été en Italie.

M$^{me}$ CLICQUOT, troublée, les regardant tous.

Moi, en Italie!

SUBREGONDI.

Y avez-vous été?

NELVILLE, bas à madame Clicquot.

Continuez à dire : oui, et je double la somme.

CLICQUOT.

O ciel! elle hésite... (Haut.) On vous demande oui ou non... Voilà toute la question.

M^me CLICQUOT.

Eh! mais... quand cela serait, quel mal y aurait-il à cela?

CLICQUOT.

Aucun; tout le monde a été en Italie... moi, d'abord, moi qui vous parle, le premier consul, et tant d'autres... et vous aussi, à ce qu'il paraît!

M^me CLICQUOT, poussée par Nelville.

Eh bien! oui.

NELVILLE, bas.

A merveille!

CLICQUOT, à part.

J'ai le frisson... (Haut.) Et vous ne me l'avez jamais dit...

M^me CLICQUOT.

A quoi bon?... il y a si longtemps... bien avant notre mariage...

CLICQUOT, tremblant.

Ah! c'était avant...

SUBREGONDI, bas à Clicquot.

Cela vaut mieux.

CLICQUOT.

Laissez-moi donc tranquille. (A madame Clicquot.) Et en quelle année à peu près y avez-vous demeuré?

NELVILLE, bas à madame Clicquot.

Rappelez-vous mes instructions.

CLICQUOT, avec impatience et colère.

Quelle année?

M^me CLICQUOT.

Mil huit cent quatorze.

CLICQUOT.

Quelle ville?

M^me CLICQUOT.

Florence.

CLICQUOT.

Quel endroit?

M^me CLICQUOT.

Un château, sur l'Arno.

CLICQUOT.

Sur l'Arno... et c'est moi, moi-même, moi, Clicquot, qui dans cette nuit mystérieuse et fatale, un bandeau sur les yeux, jouais mon honneur au colin-maillard!... c'en est trop, et je ne puis me retenir.

SUBREGONDI, le retenant au moment où il veut se précipiter sur madame Clicquot.

Malheureux! respecte la mère de ton fils!...

M^me CLICQUOT.

Son fils!... que dit-il?

(Louise et Gaillardet, qui s'étaient tenus à l'écart, se précipitent dans les bras de Clicquot.)

LOUISE.

Son fils!... Vous avez donc réussi?

GAILLARDET.

Vous êtes donc mon beau-père?... Ah! quel bonheur!

CLICQUOT, se débattant et cherchant à se débarrasser de leurs embrassements.

A l'autre, maintenant. Va-t'en au diable!... tu n'auras pas ma fille! (On entend un coup de canon.) Le canon!

SUBREGONDI.

C'est le premier coup pour le départ; je retourne en mon pays, heureux et satisfait de savoir à quoi m'en tenir. (A Clicquot.) Je vous avais bien dit que ce mariage ne pouvait pas avoir lieu... Adieu, monsieur Nelville... (Aux autres.) Adieu, mes amis... pensez à moi.

(Il s'en va et sort par la porte du fond.)

LOUISE, le suivant en pleurant, et le regardant s'éloigner.

Vous qui avez fait notre malheur.....

GAILLARDET, de même.

Vous qui, sans qu'on y puisse rien comprendre, empêchez notre mariage...

NELVILLE, qui était remonté aussi, passant entre Louise et Gaillardet.

Non, mes enfants, non, rassurez-vous; il n'empêchera rien; vous serez mariés, je vous le promets.

CLICQUOT.

Je n'y consentirai jamais; vous savez bien que c'est impossible.

NELVILLE.

Et si ça ne l'était pas? si ta femme était toujours la vertu la plus pure, la plus irréprochable?

CLICQUOT.

Encore des mystères!... mais pour ce qui est de celui-là...

NELVILLE.

Ce n'est pas dans ce moment qu'on te l'expliquera... dans quinze jours... (A madame Clicquot.) Pas avant, quand je serai loin... Mais en attendant, mes enfants, je prends sur moi votre mariage, je me charge de la responsabilité, et de la dot.

TOUS.

Est-il possible!

CLICQUOT, vivement, et se frappant le front.

Je comprends, et j'avais raison... (Montrant Gaillardet.) c'est décidément à vous qu'il appartient?

NELVILLE.

Non pas.

CLICQUOT.

C'est donc au vieux?

NELVILLE.

Du tout.

CLICQUOT.

A ma femme?

NELVILLE.

Encore moins.

CLICQUOT.

Alors ça n'a pas de nom. (On entend un second coup de canon. Mais expliquez-moi...

AIR : Garde à vous. (La Fiancée.)

TOUS.

Taisez-vous, taisez-vous !

NELVILLE, à Clicquot

Ici votre opulence
Dépend de son silence.

CLICQUOT, passant entre Nelville et madame Clicquot.

Alors expliquons-nous.

NELVILLE.

Taisez-vous !

M$^{me}$ CLICQUOT.

Taisez-vous !

LOUISE et GAILLARDET.

Taisez-vous !

CLICQUOT.

J'enrage.

M$^{me}$ CLICQUOT.

Patience !

CLICQUOT.

Mais ta vertu ?

M$^{me}$ CLICQUOT.

Silence !

CLICQUOT.

Suis-je de ces époux ?...

TOUS.

Taisez-vous !

LOUISE, M$^{me}$ CLICQUOT, GAILLARDET.

Taisons-nous,

Faisons silence,
Il faut de la prudence.
Pour leur bonheur à tous,
Taisons-nous!

NELVILLE.

Taisez-vous,
Faites silence,
Il faut de la prudence;
Pour leur bonheur à tous.
Taisez-vous!

(Le canon se fait entendre de nouveau. Nelville sort par le fond, en leur faisant à tous un signe d'adieu. Madame Clicquot et Gaillardet font signe à Clicquot de se taire, et Louise lui met la main sur la bouche.)

# TOUJOURS

ou

# L'AVENIR D'UN FILS

COMÉDIE-VAUDEVILLE EN DEUX ACTES

EN SOCIÉTÉ AVEC M. VARNER.

Théatre du Gymnase. — 13 Novembre 1832.

PERSONNAGES.                                    ACTEURS.

ARMAND, fils de madame Dermilly. . . . . MM. Paul.
JOSEPH, domestique de madame Dermilly .     Numa.

M<sup>me</sup> DERMILLY. . . . . . . . . . . . . . M<sup>mes</sup> Grévedon.
CLARISSE, sa pupille. . . . . . . . . .      Théodore.
MATHILDE, sa nièce. . . . . . . . . . .      Allan-Despréaux.

A Paris, au premier acte; dans le château de la Vaupalière, au deuxième acte.

# TOUJOURS,

ou

# L'AVENIR D'UN FILS

## ACTE PREMIER

Un salon élégant. — Porte au fond et portes latérales. La porte du fond, qui reste toujours ouverte, laisse voir une autre pièce qui sert de passage à la société qui se rend dans les appartements. Sur le devant du théâtre, à droite de l'acteur, une petite table couverte d'un tapis.

### SCÈNE PREMIÈRE.

CLARISSE, ARMAND, entrant vivement par le fond.

#### CLARISSE.

Laissez-moi, monsieur Armand, laissez-moi !

#### ARMAND.

Non, Clarisse, vous savez combien je suis malheureux, et combien je vous aime !

#### CLARISSE.

C'est mal à vous, ce n'est pas généreux. Où un pareil

amour peut-il vous conduire? Vous êtes riche; je n'ai rien.

ARMAND.

Eh! qu'importe? vous serez à moi, vous serez ma femme; il n'y a pas d'obstacles qui puissent s'opposer à ce que j'ai résolu.

CLARISSE.

Et votre mère qui ne consentira jamais à cette union... votre mère qui, depuis deux ans, a pris soin de moi, et dont je suis, en quelque sorte, la pupille... ne serait-ce pas de l'ingratitude? ne serait-ce pas bien mal reconnaître ses bontés?

ARMAND.

Que de faire mon bonheur?

CLARISSE.

Peut-être ne pense-t-elle pas ainsi. Et je vous le répète, monsieur Armand, je ne puis, je ne dois pas vous écouter, sans l'aveu de votre mère.

ARMAND.

Oui, vous avez raison, je lui parlerai; vingt fois déjà j'ai été sur le point de tout lui déclarer, et au moment où je prononçais votre nom, je voyais sur ses traits un air de sévérité, de froideur, qui glaçait ma confiance, arrêtait mes aveux; et troublé, interdit... je la quittais, me promettant d'être plus hardi le lendemain, et le lendemain, c'était de même.

CLARISSE.

Votre mère est donc pour vous bien terrible?

ARMAND.

Ma mère! c'est la bonté même; une femme d'un mérite supérieur, et qui, depuis mon enfance, a tellement captivé ma confiance que, jusqu'à ce moment, j'avais l'habitude de tout lui dire... de penser tout haut avec elle.

*AIR :* L'amour qu'Edmond a su me taire.

C'était presque mon camarade,

Mon cœur dans le sien s'épanchait,
Lui confiant souvent mainte incartade ;
Et quand parfois, ou timide, ou discret...
Je lui cachais quelques étourderies,
Elle semblait toujours les ignorer...
Et sa bonté, pour punir mes folies,
Sans m'en rien dire, allait les réparer.

Du reste, il n'y a pas de jeune homme plus heureux ou plus riche que moi; des chevaux, des chiens, des équipages, tout ce que je peux désirer.

### CLARISSE.

Ah! vous avez raison d'aimer votre mère, de la préférer à tout, et loin de vouloir jamais vous engager à lui déplaire, à braver son pouvoir, je vous dirai : Renoncez à des idées qui ne peuvent faire que votre malheur et le mien.

### ARMAND.

Le vôtre !

### CLARISSE.

Oui, par pitié, par égard pour moi, n'entretenez pas des illusions impossibles à réaliser... Seul rejeton d'une illustre famille, je sais quels devoirs m'impose ma naissance; et quoique sans fortune, je porte un nom qui peut me donner aussi quelque fierté; et si vous n'avez pas, comme moi, la force et le courage de souffrir en silence, il faut nous séparer et ne plus nous voir; j'en trouverai le moyen.

### ARMAND.

Moi! vivre sans vous! cela m'est impossible, et rien ne m'empêcherait d'avouer mes tourments et mes projets, si seulement un mot de vous, Clarisse...

*AIR :* Il m'en souvient, longtemps ce jour.

De grâce, ne refusez pas
Cet aveu que de vous j'implore;
Lui seul peut me donner, hélas!

La force que je cherche encore;
De ce mot dépend mon bonheur.

CLARISSE.

Eh! comment, dans mon trouble extrême.
Vous avouer ce que mon cœur
Voudrait se cacher à lui-même?

ARMAND.

Ah! je suis trop heureux!... Clarisse, vous serez à moi; je vous en fais serment, je le jure à vos pieds...

CLARISSE.

Que faites-vous? C'est Joseph; ce vieux domestique vous aura aperçu.

ARMAND.

Non, non, rassurez-vous, il a la vue basse.

CLARISSE.

C'est égal... il voit tout.

## SCÈNE II.

ARMAND, CLARISSE, JOSEPH, entrant par la porte à droite

ARMAND, avec impatience.

Qu'est-ce qui t'amène? Qu'est-ce que tu veux?

JOSEPH.

Je ne veux rien... On n'est pas depuis trente ans domestique dans une maison, pour ne rien faire... aussi je fais mon inspection accoutumée. Je viens voir si dans ce salon tout est bien à sa place... (Avec intention.) si tout, enfin, est comme il devrait être... et je ne crois pas...

ARMAND.

Que veux-tu dire?

JOSEPH, rangeant quelques meubles.

Je dis que j'ai bien fait d'arriver pour remettre les choses dans l'ordre. Comme il y a ce soir un bal, une grande réunion...

#### ARMAND.

Joseph, tu abuses étrangement de ton privilège de vieux serviteur; mais je suis encore plus que toi dans la maison.

#### JOSEPH.

En un sens, c'est possible, mais sous d'autres rapports... d'abord vous n'y êtes pas depuis si longtemps que moi. Il n'y a pas un seul meuble que je n'aie essuyé et épousseté tant de fois, que l'habitude de nos relations...

#### ARMAND.

C'est bon, c'est bon...

#### JOSEPH.

Nous a presque rendus confrères. Je me regarde comme du mobilier.

#### ARMAND.

Oui, mais de mobilier, on en change quelquefois, surtout quand il est vieux, et je pourrais bien finir par te congédier.

#### JOSEPH.

Moi, monsieur! vous me faites de la peine pour vous quand vous me parlez comme ça. Est-ce que c'est possible? est-ce qu'il ne vous manquerait pas quelque chose, si je n'étais pas là pour vous aimer, (Geste d'Armand.) pour vous impatienter? Vous y êtes fait, et moi aussi, et on ne change pas comme ça ses habitudes.

#### ARMAND.

C'es bon! en voilà assez. Où est ma mère?

#### JOSEPH.

Dans sa chambre, où elle vous a déjà demandé, car ordinairement (Regardant Clarisse.) elle est la première personne que vous embrassez dans la journée.

#### ARMAND, sévèrement.

Il suffit. (A Clarisse.) Je vais la voir et lui parler.

CLARISSE.

Et moi, je vais achever ma toilette. (Bas, lui montrant la porte à droite.) Adieu ; si vous m'aimez, du courage...

(Elle sort par la porte à gauche.)

## SCÈNE III.

### JOSEPH, ARMAND.

ARMAND, à part avec trouble.

Oui, elle a raison ; du courage. (Haut.) Tu dis que ma mère est visible ? elle n'est pas souffrante ?

JOSEPH.

Toujours un peu. Ma femme, qui avait entendu du bruit cette nuit dans sa chambre, est entrée ; elle dormait d'un sommeil agité, et elle disait à voix haute : « Mon fils ! mon fils ! »

ARMAND.

Quoi ! même en dormant, j'occupe encore son cœur et sa pensée ?

JOSEPH.

Sa pensée ! elle n'en a qu'une, c'est vous ! elle a toujours été trop bonne, ce n'est pas comme ça que j'entends l'éducation des enfants, et si elle avait cru mes avis...

ARMAND, à part.

Et se décider à l'affliger ! il faut cependant... (A Joseph.) Elle est seule, n'est-il pas vrai ?

(Il va pour entrer dans la chambre à droite.)

JOSEPH.

Un notaire est avec elle depuis midi et je ne sais pas s'il y est encore.

ARMAND, au moment d'entrer, s'arrêtant ; vivement.

Dans le doute, je ne veux pas la déranger ; plus tard.... j'ai le temps, rien ne presse.

JOSEPH.

Entrez toujours, vous n'en serez pas fâché.

ARMAND.

Que dis-tu?

JOSEPH.

Vous savez, cette belle terre de la Vaupalière, où vous avez été au mois d'octobre, et dont vous êtes revenu enthousiasmé?

ARMAND.

Je crois bien, un domaine magnifique, la plus belle chasse du monde.

JOSEPH.

Madame vient de l'acheter.

ARMAND.

Est-il possible! Ah! c'est pour moi.

JOSEPH.

Et pour qui donc? ce n'est pas pour moi, à coup sûr... un château gothique, des appartements immenses qui donnent un mal à nettoyer et à frotter! mais dès qu'il s'agit de vous, madame, qui, d'ordinaire, est une femme raisonnable, sacrifierait avenir, santé, fortune... C'est une duperie; ce n'est pas ainsi que j'élève mon fils, le petit Joseph; je ne lui donne jamais rien de peur qu'il soit ingrat. Mais tenez, tenez, j'entends madame, allez la remercier, et puisque vous voulez lui parler...

ARMAND.

Ah! mon Dieu! dans ce moment, je ne pourrai jamais : un rendez-vous, une affaire importante, au café Tortoni...

(Il sort par le fond.)

## SCÈNE IV.

JOSEPH, puis M^me DERMILLY.

#### JOSEPH.

C'est ça; le voilà parti, au lieu de remercier sa mère, de l'embrasser! Ah! ces jeunes gens! ces jeunes gens! voilà ce que c'est que de les gâter! le mien ne sera pas comme ça; mais aussi, et quoique je sois bon père, je me suis donné du mal; dès son plus jeune âge, je l'ai toujours fouetté moi-même, tous les jours de la semaine, excepté le dimanche... C'est madame.

M^me DERMILLY, entrant par la porte à droite.

Je croyais trouver ici mon fils; est-ce qu'il est sorti?

#### JOSEPH.

Oui, madame, une affaire importante... un rendez-vous à Tortoni, quelque partie de plaisir, j'en ai peur.

#### M^me DERMILLY.

Et moi, je l'espère; qu'il s'amuse, qu'il soit heureux! c'est tout ce que je demande, et je ne le retiens jamais au près de moi, pour qu'il y revienne toujours avec plaisir.

#### JOSEPH.

Fasse le ciel que madame n'ait pas à se repentir de sa faiblesse.

M^me DERMILLY, souriant.

Oui, je sais que cela t'effraie : selon toi, il n'y a point d'amour paternel sans la rigueur et la sévérité, et j'ai vu ton garçon, qui est maintenant fort bien, trembler devant toi.

#### JOSEPH.

Et j'en suis fier; il faut que nos enfants nous respectent.

#### M^me DERMILLY.

Eh! mon pauvre Joseph, il vaut mieux qu'ils nous aiment.

JOSEPH.

Madame verra où l'on arrive avec de pareilles idées! et si elle savait, comme moi, ce que je sais... M. Armand, qu'elle croit si sage et si rangé...

M^me DERMILLY.

Eh bien?

JOSEPH.

Eh bien! madame, je peux le dire, puisque c'est fini, mais il y a deux ans, c'est moi qui portais les lettres... il a été épris de cette jeune veuve...

M^me DERMILLY, froidement.

Oui, il me l'a dit.

JOSEPH.

Est-il possible!

M^me DERMILLY.

Une passion très-vive, une constance éternelle, qui a duré six mois... et plus tard, quand il a été trahi, c'est moi qui l'ai consolé...

JOSEPH.

Je n'en reviens pas!

M^me DERMILLY.

Je ne peux pas exiger qu'avec une tête et un cœur de vingt ans, mon fils ne subisse pas les passions de son âge.

JOSEPH.

AIR : J'en guette un petit de mon âge. (*Les Scythes et les Amazones.*)

Pour l'avenir cet excès d'indulgence
   Doit vous préparer des tourments.

M^me DERMILLY.

Puis-je exiger de lui cette prudence
Que l'on n'acquiert, hélas! qu'avec le temps?

JOSEPH.

Et pourquoi pas... si vous vous faites craindre

Mme DERMILLY.
Ne demandons que juste ce qu'il faut :
En plaçant la vertu trop haut,
Personne ne pourrait l'atteindre.

Tout ce que je peux faire pour mon fils, c'est de diriger, par ma raison et mes conseils, la fougue et l'inexpérience de son âge, de l'éclairer sur les périls qui l'entourent.

JOSEPH.
Et quand il ne veut pas les voir?

Mme DERMILLY.
Je tâche alors de le sauver malgré lui et sans qu'il s'en doute... et, tiens, dans ce moment même, je ne sais quelle vague inquiétude, un instinct de mère qui ne me trompe pas, me fait craindre pour lui des dangers.

JOSEPH.
Y pensez-vous?

Mme DERMILLY.
Je peux te l'avouer, à toi, mon vieux serviteur, dont je connais le zèle... et cette crainte me fera hâter des projets qu'il eût été peut-être plus sage de retarder... Je voudrais marier mon fils, lui trouver une bonne femme, un bon caractère, des vertus solides, et du bonheur : tout cela, je l'ai rencontré, et sans chercher bien loin, dans ma propre famille; c'est Mathilde, ma nièce.

JOSEPH.
La fille de M. de Nanteuil, le négociant, dont la fortune égale au moins la vôtre?

Mme DERMILLY.
De tout temps cette union a été notre projet favori et le rêve de ma pauvre sœur ; mais je n'en ai pas parlé à mon fils, parce que les mariages arrangés d'avance ne réussissent jamais... D'ailleurs, mon beau-frère demeurant à Bordeaux, et moi à Paris, nos enfants ne pouvaient pas se voir

ni s'aimer, mais Mathilde a seize ans, et après la mort de sa mère, j'ai été la chercher pour la conduire près de Paris, dans un pensionnat, où son père a voulu qu'elle achevât son éducation. C'est un ange de douceur et de bonté, et si jolie, si aimable, qu'à mon avis il est impossible de ne pas l'aimer ; mais il faut maintenant que mon fils pense comme moi ; je ne lui ai pas encore permis d'aller à la pension voir sa cousine, parce que je veux la lui montrer tout à son avantage : c'est pour cela qu'aujourd'hui je donne une soirée.

JOSEPH.

Pour mademoiselle Mathilde ! Moi qui l'ai vue si petite... quand son père était l'associé de votre mari...

M<sup>me</sup> DERMILLY.

J'ai envoyé ta femme la chercher à sa pension, et je compte la garder ici quelques jours... Nul doute que sa grâce, sa jeunesse, sa naïveté ne fassent impression sur le cœur de mon fils.

JOSEPH.

Il faut l'espérer ; mais j'ai peur et je crains qu'il n'y ait, ici même, une personne qui lui fasse du tort.

M<sup>me</sup> DERMILLY.

Et qui donc ?... que veux-tu dire ?... Aurais-tu remarqué ?...

JOSEPH.

Rien encore, jusqu'à ce matin, où entrant par hasard dans ce salon, j'ai trouvé M. Armand près de mademoiselle Clarisse.

M<sup>me</sup> DERMILLY.

Eh bien ?

JOSEPH.

Je ne puis pas dire positivement que je l'ai vu à ses genoux, parce que j'ai de mauvais yeux, mais j'ai l'oreille bonne, et je crois bien avoir entendu... (Il fait sur sa main le bruit d'un baiser.) ou quelque chose comme ça.

M^me DERMILLY.

Clarisse, qui fut ma pupille, et que depuis deux ans, depuis sa majorité, j'ai gardée près de moi, et que j'ai promis de doter! Non, cela ne se peut pas... (S'arrêtant et réfléchissant.) Cependant, elle a refusé jusqu'ici tous les partis convenables qui se présentaient.

JOSEPH.

Vous voyez bien...

M^me DERMILLY.

Et je ne puis me dissimuler que sa finesse, sa coquetterie...

JOSEPH.

Et sa fierté!... est-elle fière, celle-là! surtout avec les domestiques.

M^me DERMILLY.

D'un autre côté, le chagrin de mon fils, lui qui, d'ordinaire, est si gai, si étourdi!...

JOSEPH.

Preuve qu'il est amoureux.

M^me DERMILLY.

Comment?...

JOSEPH.

Je l'ai bien remarqué : tant qu'il est amoureux, il est triste et mélancolique, et dès que sa gaieté revient, c'est signe que...

M^me DERMILLY.

On vient, c'est ma nièce.

## SCÈNE V.

### M^me DERMILLY, MATHILDE, JOSEPH.

MATHILDE, entrant par le fond.

Bonjour, ma chère tante, que vous êtes bonne et aimable de m'avoir fait sortir de pension, et pour huit jours encore ! à ce qu'on m'a dit.

M^me DERMILLY.

Oui, ma chère enfant.

MATHILDE.

Et j'en ai sauté de joie! c'était mal à moi, parce que de quitter madame et ces demoiselles, ça aurait dû m'affliger! mais je n'ai pas pu, j'étais trop contente! Que je vous embrasse encore!...

JOSEPH.

Est-elle gentille!

MATHILDE.

Eh mais! ce vieux monsieur, ces cheveux blancs!... n'est-ce pas Joseph, qui me faisait autrefois danser sur ses genoux?

JOSEPH.

Elle me reconnaît.

MATHILDE, allant à lui.

Bonjour, mon bon Joseph!

JOSEPH, à part et avec émotion.

Elle n'est pas fière, celle-là, c'est bon signe.

MATHILDE.

Je suis bien changée, trouves-tu?

JOSEPH.

Et moi donc?

MATHILDE.

Non, pas trop! puisque tu as toujours de l'amitié pour moi. Eh bien! gronde-moi donc encore, comme autrefois, car tu me grondais toujours, je m'en souviens.

JOSEPH, la regardant.

Il n'y a plus moyen, mademoiselle.

MATHILDE.

Si, vraiment, les sujets ne te manqueront pas. Ils disent tous que je suis étourdie, et je vois que c'est vrai, n'est-ce pas, ma tante? Aussi je tâche de me corriger.

M^me DERMILLY.

Non, mon enfant; ce qu'ils appellent de l'étourderie, c'est de la franchise. Ce défaut-là, garde-le toujours, et reste comme tu es. (La regardant avec tendresse.) Je te trouve si bien, ma fille!

MATHILDE.

Tant mieux, j'aurais été si fâchée du contraire!... depuis surtout que mon père m'a confié vos projets.

M^me DERMILLY.

Que veux-tu dire?

MATHILDE.

Oui, avant de partir, il m'a donné à entendre, que moi votre nièce, je pourrais peut-être recevoir de vous, un jour, un nom encore plus doux, celui que vous avez dit tout à l'heure... ma fille.

M^me DERMILLY.

Quoi! ton père t'aurait appris?... (A part.) Ah! quelle imprudence!

MATHILDE, vivement.

Je n'en ai parlé à personne. Mais retrouver en vous la mère que j'ai perdue! cette idée-là me rend si heureuse, que j'y pense sans cesse; et je fais tous mes efforts pour que votre fille ne soit pas trop indigne de vous. D'abord, je travaille depuis le matin jusqu'au soir; cela m'ennuie bien, mais c'est égal.

*AIR du vaudeville de Oui et Non.*

Je sais l'anglais, l'italien,
Peut-être assez mal, et je tremble...
Car vous, vous les parlez si bien!...
Mais nous pourrons causer ensemble.
Je cause beaucoup, au surplus;
Et pour moi quel plaisir extrême!...
Me voilà deux langues de plus
Pour dire combien je vous aime!

Ensuite la broderie, la tapisserie, la musique, et puis ma

peinture. Vous verrez les deux miniatures que je vous ai apportées, le portrait de mon père et le mien.

M^me DERMILLY, avec joie.

Est-il vrai?

MATHILDE.

Ah! mon Dieu! je n'y pense pas, c'est une surprise que je voulais vous faire. N'importe, vous serez surprise, n'est-ce pas? Il y avait bien aussi un autre portrait que je voulais essayer, et qui sans doute vous aurait fait plus de plaisir; mais, je ne sais pourquoi, je n'ai pas osé.

M^me DERMILLY.

Et lequel?

MATHILDE.

Celui de votre fils.

M^me DERMILLY, souriant.

Eh comment! tu te rappelles encore les traits de ton cousin?

MATHILDE.

C'est qu'il n'y a pas bien longtemps que je l'ai vu.

M^me DERMILLY.

Où donc?... comment cela?

MATHILDE.

Lorsque le maréchal est venu visiter la maison royale de Saint-Denis, il avait avec lui très-peu de monde, deux généraux, des vieux, et puis quelques jeunes aides-de-camp de la garde nationale à cheval... des uniformes de lanciers charmants... et nous autres pensionnaires, qui étions là en groupe, nous regardions les uniformes...

M^me DERMILLY.

Et les jeunes officiers?

MATHILDE.

Très-peu, parce que, vous sentez bien, ma tante... il faut être toutes droites et les yeux baissés. Mais une de mes com-

17.

pagnes, Augusta, qui était auprès de moi, me dit tout bas :
« Regarde donc ce jeune homme qui est à côté du maréchal! » Et je dois convenir qu'il me parut très-bien et à ces demoiselles aussi.

AIR du *Pot de fleurs*.

Car en parlant le soir de l'aventure,
    Chacune à l'envi répétait
    Que c'était lui dont la tournure
    Sur tous les autres l'emportait...
Que nul n'avait ses grâces naturelles :
    Ce fait fut déclaré constant
    Par un jury très-compétent,
    Formé de deux cents demoiselles.

Et jugez de ma surprise, quand la sous-maîtresse, en disant le nom de tous ceux qui accompagnaient le maréchal, nous apprit que le jeune aide-de-camp était M. Armand Dermilly, mon cousin !

M<sup>me</sup> DERMILLY.

O ciel ! est-il possible ?

MATHILDE.

Oui, ma tante, mon cousin! et toutes ces demoiselles me trouvent fort heureuse d'être sa cousine... jugez donc, si elles avaient su... (Vivement.) mais vous vous doutez bien que je n'ai rien dit.

M<sup>me</sup> DERMILLY, vivement.

C'est bien, c'est bien.

MATHILDE.

En revanche, j'y ai pensé, parce qu'il y avait dans cet événement-là quelque chose d'imprévu, d'étonnant, comme un coup du sort!... vous comprenez?... non pas que j'eusse d'autres idées ; mais je me disais : Quand je verrai mon cousin, et il faudra bien que cela arrive, ce sera amusant de lui raconter qu'il ne me connaît pas, et que je le connais, et que je l'ai vu en cachette au milieu de deux cents personnes... Mais, par exemple, ma tante, vous ne lui direz pas ce que je vous ai raconté tout à l'heure... (A Joseph.) ni toi non plus, Joseph ; vous sentez bien que c'est entre nous... (Joseph passa à la droite de madame Dermilly.) Mais pardon, je parle, je parle, et vous allez me trouver bien bavarde ; ne le croyez pas, je suis contente, et voilà tout.

M<sup>me</sup> DERMILLY.

Et moi aussi, je suis enchantée maintenant de cette rencontre ; et tu en parleras ce soir à ton cousin, en dansant avec lui la première contredanse.

MATHILDE.

Comment ! que me dites-vous ?... un bal !...

M<sup>me</sup> DERMILLY.

Pour toi, mon enfant.

MATHILDE.

Ah ! que vous êtes bonne ! et quel plaisir !

M<sup>me</sup> DERMILLY.

C'est aussi ma surprise, à moi, un impromptu !

MATHILDE.

Par exemple vous auriez dû m'en prévenir d'avance, parce que moi, qui n'ai là que ma robe de pensionnaire... Ce n'est pas pour moi... mais pour mon cousin. (Avec timidité.) J'aurais voulu qu'il me trouvât jolie, et que, ce soir, il pensât de moi ce que nous avons pensé de lui. (Vivement.) C'est peut-être mal ce que je dis là ?

M<sup>me</sup> DERMILLY.

Non, mon enfant.

MATHILDE, gaiement.

Tant mieux, n'y pensons plus, le plaisir de danser vaut bien celui d'être belle.

M<sup>me</sup> DERMILLY, lui prenant la main.

Quoi ! vraiment ! pas plus de coquetterie que cela ? (A Joseph.) Que te disais-je ? et quel trésor !... (A Mathilde.) Eh bien ! mon enfant, si tu n'es pas coquette, je le suis pour toi, et tu trouveras dans ta chambre une parure de bal qui t'est destinée.

MATHILDE, sautant de joie.

Ah! ma bonne tante!... (Vivement.) Y a-t-il des fleurs?

M^me DERMILLY.

Certainement.

MATHILDE, de même.

Une guirlande?

M^me DERMILLY.

Oui vraiment, c'était à moi de parer ma fille bien-aimée!

MATHILDE.

Ma fille! ah! que je vous aime quand vous parlez ainsi! (Avec curiosité.) Mais dites-moi donc, cette robe... est-ce que je ne peux pas la voir et l'essayer? ce n'est pas que je sois impatiente ni curieuse, mais enfin, si elle n'allait pas bien...

M^me DERMILLY.

C'est juste... Joseph, dites à votre femme de conduire Mathilde dans sa chambre, qui est à côté de la mienne.

JOSEPH.

Oui, madame.

MATHILDE.

Adieu, ma tante, adieu... (Hésitant.) ma... ma mère.

M^me DERMILLY, l'embrassant vivement.

Mon enfant, (Puis se reprenant.) pas encore! pas encore, mais bientôt, je l'espère.

(Mathilde sort avec Joseph par la porte à droite.)

## SCÈNE VI.

#### M<sup>me</sup> DERMILLY, puis ARMAND.

###### M<sup>me</sup> DERMILLY.

Oui, quand mon fils la connaîtra, il sera trop heureux de recevoir de mes mains un pareil présent... C'est lui... il faut lui apprendre mes intentions, et savoir, décidément, quelles pensées l'occupent... (Armand entre par le fond.) Comme il a l'air triste! (Avec inquiétude.) Oh! mon Dieu! mon pauvre fils!

###### ARMAND, à part, l'apercevant.

C'est ma mère, il n'y a plus à reculer... allons, du courage! (Allant à elle et lui baisant la main.) Je puis enfin vous voir et vous remercier de vos nouvelles bontés. J'ai appris par Joseph, par une indiscrétion peut-être, l'acquisition que vous venez de faire de ce beau domaine.

###### M<sup>me</sup> DERMILLY, avec émotion et bonté.

Tu m'en avais parlé tant de fois, tu semblais le désirer; et mon bonheur à moi, c'est de satisfaire tes vœux, quand je les connais, (Le regardant avec émotion.) ou du moins quand je peux les deviner.

###### ARMAND, à part.

Si elle me parle ainsi, je n'aurai jamais la force...

###### M<sup>me</sup> DERMILLY.

Et puis, s'il faut te l'avouer, j'ai encore d'autres idées en achetant ce château.

###### ARMAND.

Et lesquelles?

###### M<sup>me</sup> DERMILLY.

J'espère que ce sera mon présent de noce.

###### ARMAND, à part.

O. ciel! (Haut.) Que voulez-vous dire?

M<sup>me</sup> DERMILLY, s'asseyant et lui faisant signe de s'asseoir près d'elle.

Viens ici près de moi, et causons... il y a longtemps que cela ne nous est arrivé, et il me semble, mon fils, que tu dois avoir besoin de moi.

ARMAND, avec effusion.

Oui, ma mère... oui, vous avez raison.

M<sup>me</sup> DERMILLY.

J'en étais sûre, mon cœur me le disait... écoute-moi, tu me répondras après.

AIR de la romance de *Téniers*.

On te l'a dit : quand la mort de ton père
Vint dans le deuil nous plonger tous les deux,
J'étais bien jeune, et ma famille entière
Voulait pour moi préparer d'autres nœuds.
Je résistai, car je songeais sans cesse
Qu'un autre époux, en me donnant sa foi,
Eût exigé sa part d'une tendresse
Qui ne devait appartenir qu'à toi.

ARMAND.

Ah! ma mère!

M<sup>me</sup> DERMILLY, continuant.

Me trouvant à la tête d'une fortune déjà considérable, je l'ai conservée, je l'ai augmentée pour toi, mon enfant! et quand je te la laisserai, tu en useras, j'en suis sûre, honorablement, comme elle a été acquise.

ARMAND.

Ah! loin de nous de pareilles idées.

M<sup>me</sup> DERMILLY.

Qui sait?... je suis faible, souffrante, et je ne voudrais pas te quitter, mon ami, sans avoir légué à quelqu'un, choisi par moi, le soin de te rendre heureux. Je désire donc que tu te maries; mais je voudrais, avant tout, que cette volonté fût la tienne.

ARMAND, avec joie.

Rassurez-vous, ma mère ; c'est aussi mon unique pensée ; car, s'il faut vous l'avouer, il est quelqu'un que j'aime... comme je n'ai jamais aimé.

M^me DERMILLY, à part.

O ciel !

ARMAND, avec chaleur.

Il n'y a pas pour moi de bonheur possible, si je ne l'épouse... si vous ne consentez à me la donner pour femme.

M^me DERMILLY.

Et qui donc ?

ARMAND.

Votre pupille... Clarisse.

M^me DERMILLY, à part et atterrée.

O mon Dieu !... il est donc vrai !...

ARMAND.

Qu'avez-vous, ma mère ?... Votre main tremble... vous souffrez ?

M^me DERMILLY, cherchant à ranimer ses forces.

Non, non, ce n'est rien, mon fils... je ne veux comme toi que ton bonheur.

(Elle se lève, Armand se lève aussi.)

ARMAND, avec joie.

Est-il possible !

M^me DERMILLY.

Mais calme-toi, et laisse-moi te parler... Pour que ce bonheur existe, il faut être bien sûr de la personne à qui on le confie... savoir si son esprit, son caractère, tout ce qui l'entoure, en un mot, nous offre pour l'avenir des garanties, qui te semblent inutiles, à toi... mais que moi, je dois réclamer pour mon fils. D'abord, elle est plus âgée que toi... ensuite, sa famille...

ARMAND.

Est noble et illustre. Son père, le marquis de Villedieu...

M<sup>me</sup> DERMILLY.

Lui a laissé un grand nom, je le sais, et voilà justement ce qui m'effraie; car, enfin, nous ne sommes que des négociants... (Armand fait un geste.) banquiers, si tu veux... le nom n'y fait rien, c'est toujours du commerce, et au lieu, comme je le voudrais, d'être heureux de notre alliance...

AIR du vaudeville de *la Robe et les Bottes.*

En l'acceptant, c'est nous que l'on protège;
Ils le diront: car, même de nos jours,
Des anciens droits, titres et privilèges,
Les grands seigneurs se souviennent toujours.
Qu'est-ce à leurs yeux que l'état que vous faites?
Et peuvent-ils estimer un banquier
Que son nom seul force à payer ses dettes,
Eux, que leur nom dispensait de payer!

Et ta femme elle-même, imbue de pareilles idées, te fera sentir, un jour, qu'elle a bien voulu t'élever jusqu'à elle.

ARMAND.

Une femme ordinaire, je ne dis pas... mais Clarisse!...

M<sup>me</sup> DERMILLY.

N'est pas, plus qu'une autre, exempte des préjugés du nom et de la naissance... préjugés que son éducation n'a fait que fortifier encore... Élevée à Londres, au sein d'une famille puissante, chez lord Carlille, un des premiers pairs du royaume, elle y a puisé toutes ces idées d'aristocratie anglaise... ce besoin de dignités et d'honneurs qui tourmenté déjà sa jeunesse... et si elle se contente aujourd'hui de la fortune, c'est faute de mieux.

ARMAND.

Que dites-vous?

M<sup>me</sup> DERMILLY.

Ce qu'il m'est facile de te prouver... Edgard, le second

fils de Carlille, était devenu, comme toi, épris de ses charmes.

ARMAND.

S'il était vrai...

M<sup>me</sup> DERMILLY.

Je n'accuse point Clarisse, et ne la soupçonne pas d'avoir répondu à un pareil amour. Elle est encore jeune, jolie ; on l'aime, c'est tout naturel... Mais plus tard, quand elle est devenue ma pupille, pourquoi a-t-elle refusé avec dédain tous les partis que je lui proposais ?

ARMAND.

Pouvez-vous lui en faire un crime, quand son cœur était à moi, quand elle m'aimait ? Car, vous ne la connaissez pas... vous ne savez pas qu'elle-même voulait me détourner de cet amour, et craignant de vous affliger, elle voulait s'éloigner, me fuir... moi qu'elle aime, et dont elle est aimée !

M<sup>me</sup> DERMILLY.

Tu t'abuses toi-même, et tu lui prêtes des qualités qu'elle n'a pas.

ARMAND.

Quelle qu'elle soit, je l'aime.

M<sup>me</sup> DERMILLY.

Mais, de grâce...

ARMAND.

Enfin, ma mère, je l'aime, je l'aimerai toujours.

M<sup>me</sup> DERMILLY, avec impatience.

Toujours !... Peux-tu parler ainsi quand il s'agit d'un sentiment soudain, impétueux, que la passion a fait naître, que la raison n'éclaire point... Peux-tu garantir la durée d'un accès de fièvre ou de délire ?... Tu en as aimé d'autres : ce devait être aussi pour la vie et au bout de quelques mois, cet amour éternel était dissipé ! Il peut en être de même de celui-ci.

ARMAND.

Jamais! jamais!... quelle différence!

M$^{me}$ DERMILLY.

Essayons du moins; car moi aussi j'avais un parti à te proposer, un ange de beauté et de candeur, que ma tendresse te destinait.

ARMAND.

C'est inutile.

M$^{me}$ DERMILLY.

Vois-la du moins... c'est tout ce que je te demande.

ARMAND, hors de lui.

Et à quoi bon?... j'aime Clarisse!.. je n'en aimerai jamais d'autre. Rien ne me fera changer, et rien au monde ne m'empêchera de l'épouser.

M$^{me}$ DERMILLY.

Pas même le malheur de ta mère!

ARMAND.

O ciel! que dites-vous?

M$^{me}$ DERMILLY.

Que j'ai cru être aimée de mon fils... Ma vie, à moi, c'était son amour, et le perdre, c'est mourir.

ARMAND.

Ah! croyez que ma tendresse...

M$^{me}$ DERMILLY, froidement.

Je ne peux plus y croire, et je ne l'invoque plus... (Avec dignité.) mais il me reste encore d'autres droits... Privée de l'amour de mon fils, je n'ai rien fait du moins pour le dégager du respect et de l'obéissance qui me sont dus.

ARMAND.

Et que je conserverai toujours! parlez... quoi que vous exigiez, si c'est un ordre, j'obéirai.

M$^{me}$ DERMILLY.

Je pourrais donc te dire : Je te défends ce mariage!

ARMAND, avec anxiété.

Eh bien !... vous me le défendez ?

Mme DERMILLY.

Non ; mais je te demande à genoux de ne pas être malheureux.

ARMAND, la relevant.

Vous !... ma mère !... ah ! c'en est trop !... j'obéirai... plus de mariage... vous l'exigez... et rien n'égale mes tourments !... mais vous n'aurez pas prié en vain... Adieu... adieu... je vais trouver Clarisse, lui rendre ses serments, lui dire que je renonce à elle... Êtes-vous satisfaite ?

Mme DERMILLY.

Oui, oui, je le suis. (Voyant Armand qui s'éloigne.) Mon fils !.. tu t'éloignes, et sans m'embrasser ?...

ARMAND, revient, embrasse sa mère, se dégage de ses bras et dit en sortant :

Ah !... je suis bien malheureux !

(Il entre dans l'appartement à gauche.)

## SCÈNE VII.

Mme DERMILLY, puis MATHILDE.

Mme DERMILLY, avec émotion, et le regardant sortir.

Il souffre !... il est malheureux !... et c'est moi qui en suis cause !... moi, qui immolerais tout à son bonheur ! (Avec fermeté.) Eh bien ! c'est son bonheur que j'assure ; et, quoi qu'il arrive, je n'aurai point de regrets. J'ai fait mon devoir.

MATHILDE, en robe de bal, entrant par la droite.

Ma tante, ma tante !... regardez donc.

Mme DERMILLY.

Ah ! te voilà, mon enfant !... c'est bien, très-bien !... Que j'ai de plaisir à te contempler!... (A part.) Oui, je n'ai d'espoir qu'en elle.

MATHILDE.

Vous avez pensé à tout, jusqu'au bouquet; est-il bien ainsi?

M^me DERMILLY, le lui ôtant.

Du tout; on le porte à la main.

MATHILDE, riant.

C'était donc une grande faute?

M^me DERMILLY.

Sans contredit.

MATHILDE.

Dame!... je ne savais pas.

M^me DERMILLY.

Ta coiffure n'est-elle pas un peu haute? Non... et ta robe?... Il y a là des plis que l'on peut faire disparaître.

(Elle arrange la toilette de Mathilde.)

MATHILDE.

Que vous êtes bonne, ma tante!... ce sera toujours bien.

M^me DERMILLY, à part.

Ah! si elle savait pour moi de quelle importance... (Haut.) Écoute, mon enfant, fais bien attention à ce que je vais te recommander, et tâche surtout, dans ce bal...

MATHILDE.

Quoi, ma tante?

M^me DERMILLY, s'arrêtant, à part.

Non, non, ne lui donnons point de conseils, laissons-la être elle-même, c'est par là qu'elle doit plaire. (Haut à Mathilde.) Tâche de bien t'amuser : voilà tout ce que je te demande.

MATHILDE.

Oh! vous serez obéie; songez donc que c'est la première fois que je vais au bal, au bal pour de vrai; car chez nous c'est bien différent :

*AIR du vaudeville de Partie et Revanche.*

Même aux grands jours, c'est entre demoiselles
　Que l'on danse à la pension;
Point de danseurs, de figures nouvelles,
　Cela nuit à l'illusion :
Madame a beau nous prêter son salon...
　Le maître nous guide en personne,
Sur sa pochette... et l'on ne sait vraiment
Si pareil bal est un plaisir qu'on donne,
Ou bien si c'est la leçon que l'on prend.

Aussi, moi qui n'y suis pas habituée, je m'essayais tout à l'heure devant votre glace, pour le moment où on viendra m'inviter... (S'asseyant et s'inclinant.) Avec plaisir, monsieur... à moins que ce ne soit Armand... et alors je lui dirai : Avec plaisir, mon cousin.

M<sup>me</sup> DERMILLY, avec effroi.

Et ta robe que tu chiffonnes!...

MATHILDE, se levant vivement.

C'est vrai!... mais aussi pourquoi n'arrive-t-on pas?... on perd du temps.

M<sup>me</sup> DERMILLY.

Tais-toi, l'on vient... (A part.) C'est Clarisse.

## SCÈNE VIII.

MATHILDE, M<sup>me</sup> DERMILLY, CLARISSE, sortant de l'appartement à gauche, en robe de bal.

CLARISSE, à part, entrant en rêvant.

Il obéissait à sa mère... il renonçait à moi!... heureusement un seul mot a changé toutes ses résolutions; et maintenant, je l'espère, je n'ai rien à craindre... (Apercevant madame Dermilly.) Ah! c'est vous, madame?

M^me DERMILLY.

Déjà prête, Clarisse!... c'est très-bien.

MATHILDE.

Oh! quelle est jolie!

M^me DERMILLY, à Clarisse, montrant Mathilde.

C'est ma nièce Mathilde, la fille de la maison...

MATHILDE, passant près de Clarisse.

Presque une sœur!... et je serai bien heureuse si vous me regardez comme telle, et si vous voulez bien m'accorder votre amitié.

CLARISSE.

Mademoiselle!...

MATHILDE.

Oh! j'en ai grand besoin; à ce bal surtout, où vous me guiderez... Moi, je ne sais rien; tout à l'heure déjà j'avais mis ce bouquet à ma ceinture; et sans ma tante qui m'a dit que cela ne se faisait pas...

CLARISSE, avec ironie.

Mademoiselle sort de pension?

MATHILDE.

Oh! mon Dieu, oui...

CLARISSE, de même.

On le voit bien.

M^me DERMILLY, avec intention.

Ne fût-ce qu'à sa franchise, à sa confiance. (La musique se fait entendre.) Voici déjà quelques personnes qui viennent.

(Elle va dans la salle du fond. On voit passer dans le fond plusieurs cavaliers donnant la main à des dames mises élégamment, qu'ils conduisent dans la salle du bal.)

MATHILDE, à Clarisse.

Je me mettrai à côté de vous, et vous me direz ce qu'il faudra faire pour être bien.

CLARISSE.

Moi, je n'ai rien à dire.

MATHILDE.

Vous avez raison ; je vous regarderai, et je tâcherai d'imiter... si je puis.

CLARISSE.

Vous n'en avez pas besoin ; et, sans vous donner de mal, vous êtes sûre de plaire.

MATHILDE, naïvement.

Vous croyez ?...

CLARISSE.

Dès que vous serez connue, dès qu'on aura prononcé votre nom... « Quelle est cette jeune personne ?... — Mademoiselle Mathilde de Nanteuil. — Cette riche héritière !... » tous les jeunes gens s'empresseront autour de vous, et vous êtes sûre de ne pas manquer une seule contredanse.

MATHILDE.

Quoi ! ce serait là le motif ?

(Madame Dermilly rentre.)

CLARISSE.

Eh ! mon Dieu ! qu'on soit laide ou jolie, qu'on danse bien ou mal, peu importe ; ce qu'il faut, pour réussir dans un bal, c'est une dot ; et souvent, je l'avoue, ma fierté s'en indigne.

MATHILDE.

Serait-ce vrai, ma tante ?

M$^{me}$ DERMILLY.

Non, mon enfant ; et la preuve, c'est que Clarisse, qui te parle, aura beaucoup de succès, et cependant elle n'a rien.

CLARISSE, avec dépit.

Madame !...

M$^{me}$ DERMILLY.

Votre triomphe n'en est que plus flatteur... Après cela, que tous les danseurs ne soient pas des maris, et que pour

épouser ils aient l'indignité d'exiger une dot... je le conçois.
(Mathilde va regarder dans l'autre salon.)

CLARISSE.

L'argent est une si belle chose !... il donne toutes les qualités...

Mme DERMILLY.

Croyez-vous donc que les filles sans dot aient, par cela même, toutes les vertus ?... et que l'absence d'argent leur donne la bonté, la douceur, l'aménité de caractère ?..

CLARISSE, à part.

Patience... j'aurai mon tour.
(La musique se fait entendre plus fort. Madame Dermilly sort un instant.)

MATHILDE, regardant dans le salon du fond.

Le bal commence et mon cousin n'est pas là... (Madame Dermilly rentre, accompagnée de deux cavaliers ; l'un d'eux invite Clarisse, qu'il conduit dans la salle où l'on danse ; l'autre invite Mathilde, qui dit à part :) Eh mais! voilà un monsieur qui vient m'inviter... (Bas à madame Dermilly.) Faut-il accepter, ma tante ?

Mme DERMILLY.

Sans doute.

MATHILDE, s'inclinant.

Avec plaisir, monsieur. (A part.) Ah! mon Dieu! que cela me fait de peine !... j'espérais que la première contredanse serait avec lui.
(Elle sort avec le cavalier qui l'a invitée.)

## SCÈNE IX.

Mme DERMILLY, seule, regardant autour d'elle.

C'est étonnant, mon fils ne paraît pas... Ah!... il me semble le voir dans la foule... Oui... il sera descendu avant moi au salon, pour en faire les honneurs... A la bonne heure, cela m'inquiétait... et ce Joseph... où est-il donc?... j'ai besoin de lui...

(Joseph paraît à la porte du fond; il porte un plateau vide et s'arrête en regardant dans les appartements.)

## SCÈNE X.

### JOSEPH, M<sup>me</sup> DERMILLY.

M<sup>me</sup> DERMILLY.

Ah! te voilà, Joseph!

JOSEPH.

Je serais resté jusqu'à ce soir à la regarder.

M<sup>me</sup> DERMILLY.

Eh! qui donc?

JOSEPH, posant son plateau sur la table.

Mademoiselle Mathilde... En entrant dans le salon, elle a eu un succès... tous les regards se sont fixés sur elle; et puis on entendait une espèce de bourdonnement très-agréable.

M<sup>me</sup> DERMILLY.

Et mon fils était là?...

JOSEPH.

Non, madame.

M<sup>me</sup> DERMILLY.

Est-ce qu'il n'est pas au salon?

JOSEPH.

Pas encore.

M<sup>me</sup> DERMILLY.

En es-tu sûr?

JOSEPH.

Je crains même qu'il n'y paraisse pas de la soirée.

M^me DERMILLY.

Et pourquoi?

JOSEPH.

Tenez, madame, il y a quelque chose sur quoi j'ai promis le secret, de peur de vous inquiéter... mais il me semble maintenant qu'il y aurait plus de danger à ne rien dire.

M^me DERMILLY.

Tu as raison; je veux tout savoir.

JOSEPH.

Il y a quelques instants, en descendant à l'office, chercher ce plateau, je me rencontre nez à nez avec M. Armand, qui se glissait dans la cour, par le petit escalier... « Quoi! monsieur, à cette heure, pas encore habillé!... » Car il n'était pas en costume de bal... « — Non, j'ai à sortir. — Et pourquoi donc? et où allez-vous? — Tais-toi, tais-toi... que ma mère n'en sache rien; je pense, Joseph, qu'on peut se fier à toi. » — Vous jugez de ce que je lui répondis. — « Eh bien! ne dis rien à ma mère, que cela inquiéterait; et si, à onze heures, je n'étais pas rentré, remets ce billet à mademoiselle Clarisse, à elle seule, entends-tu?... à elle seule, et en secret. »

M^me DERMILLY.

Qu'est-ce que cela signifie?

JOSEPH.

J'ai pensé d'abord que c'était quelque affaire, quelque duel... que sais-je?

M^me DERMILLY.

O ciel! à une pareille heure!... ce n'est pas possible; car la nuit s'avance... et ce billet à Clarisse?

JOSEPH.

Le voici.

(Madame Dermilly le prend.)

M^me DERMILLY.

J'ai le droit, j'espère, de lire ce qu'on adresse à mon

ancienne pupille... à une jeune personne qui m'est encore confiée... et fût-ce de mon fils lui-même... (Elle décachette la lettre, et après en avoir lu quelques lignes, elle dit :) Ah! mon Dieu !

JOSEPH, effrayé.

Qu'est-ce donc?

M<sup>me</sup> DERMILLY.

Rien... rien!... je suis tranquille... je sais maintenant où il est... Que cela ne t'inquiète pas.

(Elle relit encore.)

JOSEPH.

C'est différent, si madame est tranquille... (A part.) Elle a cependant l'air bien agité... (Haut.) Madame n'a pas besoin de moi?... je puis rentrer au salon?

M<sup>me</sup> DERMILLY.

Oui, Joseph... oui, mon ami... Mais je ne sais... prie Clarisse de continuer à faire les honneurs... rassure-toi, tout va bien.

JOSEPH.

Oui, madame... (A part.) Pauvre femme!... Il y a de mauvaises nouvelles.

(Il emporte le plateau et sort par le fond.)

## SCÈNE XI.

M<sup>me</sup> DERMILLY, seule, lisant la lettre.

« Je voulais te fuir, obéir à ma mère, un de tes regards
« m'a retenu... c'est l'honneur qui maintenant me lie à toi,
« et tes droits sont les plus sacrés... » (S'arrêtant, et avec douleur.) Ah! mon fils!... (Lisant.) « Mais ce mariage, que désor-
« mais rien ne peut rompre, ma mère n'y consentira jamais...
« après la promesse que je lui ai faite, je n'ai même
« plus le droit de le lui demander... et tu as raison, il faut
« partir, il faut nous éloigner; mais si je rentrais ce soir,
« si je voyais seulement ma mère, toute ma résolution

« m'abandonnerait, je ne partirais pas; ne sois donc pas
« inquiète, si tu ne me vois pas à ce bal, je m'occupe de
« tout préparer pour notre fuite; et dès que tout le monde
« sera parti, quand tout reposera dans la maison, descends
« au petit salon, tu m'y trouveras. » (Elle laisse tomber sa tête sur sa poitrine, et garde un instant le silence.) Je l'ai lu!... je ne puis le croire encore... un enlèvement!... c'est mon fils qui m'abandonne, qui en a conçu le projet... oh! non... (Avec douleur.) Mais il y consent du moins; et comment l'en empêcher? il ne tient qu'à moi, je le sais, de m'armer de tous mes droits... d'éloigner Clarisse, et de dire à mon fils : « Je veux que vous épousiez Mathilde. » Je veux... et s'il me résiste, il faudra donc le maudire!... et s'il m'obéit, il ne l'aimera pas, cette pauvre enfant!... il la rendra malheureuse!... il adorera Clarisse encore davantage!... car, à son âge, loin d'arrêter une passion, les obstacles ne font que l'exciter et l'accroître. Allons! il n'y a qu'un moyen, bien hardi, peut-être... mais c'est le seul qui me reste; et si je connais bien le caractère de mon fils... oui, dès demain et sans le voir, Mathilde retournera à sa pension. (Regardant au fond.) Je ne vois plus personne au salon... personne... que Joseph qui éteint les bougies et remet tout en ordre... oui, j'ai entendu le bruit des dernières voitures, et tout le monde est parti... (Elle ferme la porte du fond.) Je suis seule, attendons mon fils... (Elle écoute.) On monte par le petit escalier!... ah! le cœur me bat de frayeur!... et c'est lui qui en est cause!... qui me l'aurait jamais dit!...

## SCÈNE XII.

M<sup>me</sup> DERMILLY; ARMAND, entrant par la porte à gauche; puis JOSEPH.

#### ARMAND.

Ah! que cette soirée m'a paru longue!... et maintenant que l'instant approche, je voudrais l'éloigner... Dieu! ma mère!...

M^me DERMILLY, avec douceur.

Je t'attendais, mon fils... et tu viens bien tard.

ARMAND.

Oui... je n'ai pas pu... j'ai été forcé... ou plutôt, je me suis cru obligé...

M^me DERMILLY, de même.

De me tromper?... oh! non, rien ne t'y oblige. Ce n'est pas moi que tu espérais trouver ici.

ARMAND.

Pourriez-vous le penser?...

M^me DERMILLY.

Je sais tout.

ARMAND.

Eh quoi!... l'on vous aurait dit!... l'on m'aurait trahi!...

M^me DERMILLY.

Non, grâce au ciel!... ce secret que j'ai surpris reste entre nous deux, et personne que moi n'aura vu rougir mon fils...

(Elle lui remet la lettre.)

ARMAND, regardant le papier.

Ma lettre à Clarisse!...

M^me DERMILLY.

Je l'ai ouverte... et qu'ai-je vu?... une fuite... un enlèvement... un pareil éclat!... commencer aux yeux du monde par perdre de réputation celle que tu veux nommer ta femme!... Ah! mon fils!... si tu m'avais demandé conseil!... si tu m'avais dit ce matin que cette passion était si forte, si violente, que tu la plaçais au-dessus de tout... même de l'honneur, je t'aurais épargné bien des regrets; heureusement, je le puis encore...

ARMAND.

Et comment?...

(Musique douce.)

M^me DERMILLY.

Puisque tu ne peux vaincre cet amour...

ARMAND.

Achevez?...

M^me DERMILLY.

Tu le veux...

ARMAND, à ses genoux.

Eh bien!...

M^me DERMILLY.

Eh bien!... épouse-la!...

ARMAND.

Épouser Clarisse!... vous le voulez bien?

JOSEPH, qui entre, et qui a entendu ce dernier mot.

Qu'entends-je! ce n'est pas possible; madame ne peut y consentir...

M^me DERMILLY, passant entre Armand et Joseph.

Si, Joseph! à une seule condition, que je vais expliquer à mon fils.

ARMAND.

Ah! tout ce que vous voudrez; j'y souscris d'avance.

M^me DERMILLY.

Donne-moi le bras jusqu'à ma chambre à coucher.

JOSEPH, à part.

Quelle faiblesse!... et ce que c'est que de gâter les enfants!... mon fils Joseph épousera qui je voudrai, ou restera garçon.

ARMAND.

Ah! vous êtes la meilleure des mères!... et je vous devrai mon bonheur.

Mme DERMILLY.

Pas encore maintenant!... mais plus tard peut-être... je l'espère... Adieu, Joseph!... bonne nuit!...

(Joseph, qui tient un flambeau, reste immobile; madame Dermilly sort par la droite avec Armand.)

# ACTE DEUXIÈME

Un appartement d'un château gothique. — Deux portes latérales; une grande croisée auprès de la porte à droite; au-dessus des portes de droite et de gauche, des lucarnes en rosace. Une grande cheminée, au fond; deux petites portes aux côtés de la cheminée; un violon posé sur un meuble, un fusil attaché à la muraille. Tables à droite et à gauche du théâtre.

## SCÈNE PREMIÈRE.

ARMAND, près d'une table à gauche, regarde des poissons dans un bocal; M^me DERMILLY, assise à droite, est occupée à broder; CLARISSE, à côté d'elle, tient un livre et lit.

ARMAND, regardant attentivement le bocal.

Les belles couleurs!... et quelle agilité!... ils ne restent pas un instant en place, et tournoient toujours sans se rencontrer.

M^me DERMILLY.

Voilà une heure que tu es occupé, comme Schahabaham, à regarder ces poissons rouges.

ARMAND.

C'est que ces diables de petits poissons sont étonnants; quoique enfermés, ils n'ont pas l'air de s'ennuyer.

CLARISSE.

Je crois bien!... une prison de cristal, c'est charmant!

###### Mme DERMILLY.

Qu'on dise encore qu'il n'y a pas de belles prisons !

###### CLARISSE.

Moi, je soutiendrai le contraire, car ici, près de vous, madame, dans ce vieux château, je me trouve si heureuse !...

###### Mme DERMILLY.

C'est ce que je désirais. Quoique votre mariage fût arrêté, forcée de le retarder de trois mois pour des arrangements de fortune, des comptes de tutelle à rendre à mon fils... j'ai voulu du moins que, pendant ce temps, vous ne fussiez pas séparés; et je vous ai amenés dans ce château, où nous nous sommes fait la loi de ne recevoir personne.

###### CLARISSE.

C'est vrai !... point de fâcheux, point de visites importunes.

###### ARMAND, venant auprès de Clarisse.

Tout entier au bonheur d'être ensemble; aussi, voilà déjà deux mois qui ont passé comme un éclair.

###### Mme DERMILLY.

Non, six semaines...

###### ARMAND.

Vous croyez?...

###### Mme DERMILLY.

J'en suis sûre...

###### CLARISSE.

Ces appartements gothiques ont quelque chose de grandiose, de noble, de majestueux...

###### ARMAND, le dos à la cheminée.

Oui, cela fait très-bien, en été surtout... mais en hiver, au mois de décembre, je trouve le grandiose un peu froid... Hum!... hum!.. je ne sors pas des rhumes de cerveau; mais qu'importe?... quand on est auprès de ce qu'on aime, dans le repos et la solitude... (Il se place entre madame Dermilly et Clarisse, en s'appuyant sur le dos de leur fauteuil.) entre l'amour et l'amitié... A propos d'amitié, est-ce que votre homme d'affaires ne vous fera pas celle de se dépêcher?... il n'en finit pas avec sa liquidation, et nous sommes ici à l'attendre.

M<sup>me</sup> DERMILLY.

Est-ce que cela vous ennuie?...

ARMAND.

Du tout! mais il y a une impatience naturelle, que vous devez comprendre. Quel plaisir d'être mariés!... d'être chez soi, dans son boudoir de la chaussée d'Antin!... de bons tapis, des cheminées à la Bronzac...

AIR : Du partage de la richesse. *(Fanchon la Vielleuse.)*

Et puis voici les plaisirs qui reviennent,
Car cet hiver on dansera beaucoup ;
Spectacles, bals, et tant de gens y tiennent!
Pas moi du moins, ils sont peu de mon goût.
(Montrant Clarisse.)
Mais pour Clarisse... et si je ne m'abuse,
Deux vrais amants, deux époux, Dieu merci!
Ne faisant qu'un... je veux qu'elle s'amuse,
Afin de m'amuser aussi.

CLARISSE.

Je vous remercie; mais en quelque lieu que je me trouve, je n'ai rien à désirer : je suis près de vous.

ARMAND, lui baisant la main avec transport.

Ah! ma chère Clarisse!... (Nonchalamment.) Qu'est-ce que nous ferons ce matin?

CLARISSE.

De la musique, si vous voulez?

ARMAND.

De la musique; nous en avons fait hier et avant-hier, et l'autre jour!... et puis, mon violon n'est pas d'accord. Si nous allions plutôt nous promener dans le parc?

M<sup>me</sup> DERMILLY.

Y penses-tu!... cinq à six pouces de neige.

ARMAND, avec humeur.

Bah!... les femmes ont toujours peur de se mouiller les pieds! il faudra donc rester toute la journée ici, dans ce salon?...

CLARISSE.

Voulez-vous lire... ou jouer?...

ARMAND, de même.

Nous ne sommes que trois; si encore le curé était venu, nous aurions fait le whist ou la bouillotte à quatre; mais le curé promet de venir, et il ne vient pas!... Ensuite, il viendra peut-être, il n'est que midi!... midi!... c'est l'heure où, à Paris, on se réunit au café Tortoni... Ils parlent, j'en suis sûr, de la représentation d'hier, car c'était hier jour d'Opéra. Je voudrais bien savoir si Béville est toujours amoureux de la petite Mimi...

CLARISSE, se levant.

Je ne vous le dirai pas...

ARMAND.

C'est juste; je vous dis cela comme autre chose... (S'approchant de la croisée.) Tiens! voilà Geneviève qui est dans le parc!...

Mme DERMILLY, se levant.

Geneviève!

ARMAND.

La fille du jardinier... que je fais causer quelquefois...

CLARISSE.

C'est-à-dire très-souvent..

ARMAND.

Oui; c'est la naïveté campagnarde... la plus amusante... Elle m'a avoué qu'elle avait déjà eu trois amoureux.

CLARISSE.

Fi donc!

ARMAND.

Amour platonique, bien entendu...

AIR du vaudeville de *Partie et Revanche*.

A la campagne il n'en est jamais d'autres ;
Et philosophe studieux,
Moi je compare et leurs mœurs et les nôtres.

M<sup>me</sup> DERMILLY, souriant.

Mais, en effet... trois amoureux !...

CLARISSE, de même.

Et s'en vanter... c'est curieux !

ARMAND.

Voyez alors ce que fait naître
La différence des climats !...
Car à Paris on les aurait peut-être ;
Mais, à coup sûr, on ne le dirait pas.

(A madame Dermilly, en riant.) Et entre autres, elle m'a cité Jean Pierre, votre garde-chasse, un imbécile !... Eh ! parbleu ! cela me fait penser que ce matin... (Décrochant son fusil.) Voilà une belle occasion pour la chasse au loup...

M<sup>me</sup> DERMILLY.

Y pensez-vous !... il peut y avoir du danger...

ARMAND.

Tant mieux !... ça occupe, ça fait passer un moment...

M<sup>me</sup> DERMILLY.

Et moi, je ne veux pas. Vous ne sortirez pas, ce n'est pas convenable ; vous êtes déjà resté avant-hier toute la journée dehors, et cela fâcherait Clarisse.

ARMAND.

Non !... j'en suis sûr... (A Clarisse.) N'est-ce pas, chère amie, cela ne te fâchera pas que je sorte ?...

CLARISSE, d'un air très-indifférent.

Moi, nullement.

ARMAND.

Vous voyez...

M<sup>me</sup> DERMILLY, le retenant toujours.

Elle ne l'avoue pas, mais je suis persuadée qu'au fond cela lui fait de la peine. (Avec intention.) Sans cela elle ne vous aimerait pas.

CLARISSE.

C'est au contraire parce que je l'aime, que je m'efforce de cacher le chagrin que j'en éprouve.

M<sup>me</sup> DERMILLY.

Tu l'entends...

ARMAND.

C'est différent... Dès que cela vous contrarie, ma chère Clarisse, vous êtes bien sûre que je resterai, que je vous obéirai, que je ferai tout ce qui vous sera agréable, quand je devrais... Aussi je ne sortirai pas de ce fauteuil et ne dirai pas un mot.

(Il s'assied sur un fauteuil auprès de la table à droite.)

M<sup>me</sup> DERMILLY, à part.

Le voilà d'une humeur exécrable pour toute la journée.

## SCÈNE II.

LES MÊMES; JOSEPH.

JOSEPH, entrant par la droite.

Voici les journaux et les lettres...

CLARISSE, avec joie.

Ah! quel bonheur! donne vite.

ARMAND, toujours étendu dans son fauteuil.

J'espère qu'on ne les prendra pas tous.

CLARISSE, prenant deux journaux.

Oh! non; à vous les journaux politiques, à moi la *Revue de Paris* et le *Journal des Modes*.

(Elle va s'asseoir à gauche. Joseph donne les journaux à Armand, et les lettres à madame Dermilly.)

ARMAND, les comptant.

Quel plaisir!... six journaux, en voilà pour toute la matinée!...

CLARISSE, lisant.

« Les robes de popeline brochée sont toujours de mode. » Et moi qui en avais une charmante, que je n'aurai pu porter... quel dommage!...

ARMAND.

Vous pouviez la mettre ici...

CLARISSE.

De la toilette, quand il n'y a personne!...

ARMAND.

Personne!... c'est aimable pour nous!

M<sup>me</sup> DERMILLY, regardant Joseph qui essuie une larme.

Eh mais! Joseph, qu'as-tu donc? quel air triste!

JOSEPH.

Ce sont des nouvelles que je reçois de mon fils Joseph; vous savez, celui que j'élevais si sévèrement?

M<sup>me</sup> DERMILLY.

Eh bien?

JOSEPH.

Eh bien! pour se soustraire à mon autorité, il vient, à dix-huit ans, de s'engager dans les dragons.

M<sup>me</sup> DERMILLY.

Ah! mon Dieu!

JOSEPH.

Et que faire contre un dragon? comment ramener l'enfant prodigue à la maison paternelle?

M<sup>me</sup> DERMILLY.

En le laissant au régiment pendant un an ou deux; et alors, sois tranquille, il viendra de lui-même nous prier d'avoir son congé.

JOSEPH.

Vous croyez?

M^me DERMILLY.

J'en suis sûre. (Regardant Armand.) C'est un excellent système que de... Eh mais! voici une lettre qui ne vient pas par la poste.

JOSEPH.

Non, madame; elle a été apportée par un courrier, un domestique en livrée, qui est en bas.

M^me DERMILLY.

C'est du jeune Edgard.

ARMAND.

Le second fils de lord Carlille?

M^me DERMILLY.

Oui, celui avec qui Clarisse a été élevée en Angleterre. Il m'écrit de la poste voisine, et me demande la permission de se présenter au château.

ARMAND, se levant.

Avec grand plaisir... Il faut lui écrire...

M^me DERMILLY.

Non, ce serait contraire à la résolution que nous avons prise de ne recevoir aucun étranger.

ARMAND.

Ce n'est pas un étranger; sa famille était liée avec la nôtre; et puis, un ami d'enfance de ma femme...

M^me DERMILLY, les regardant tous deux.

Si vous le voulez absolument...

CLARISSE.

Moi, je n'ai rien à dire, madame; commandez...

ARMAND.

Refuser de le recevoir serait de la dernière inconvenance. D'ailleurs, ce sera toujours une compagnie, non pour nous qui n'en avons pas besoin, mais pour vous, ma mère!... et puis, les devoirs de l'hospitalité... Le jeune baronnet est très-amusant. Je l'ai vu quelquefois à Paris, où nous nous moquions toujours de lui.

M^me DERMILLY.

S'il en est ainsi, je vais lui écrire que nous l'attendons à dîner. Mais sa lettre en renfermait une autre; lettre d'amitié et de souvenir, adressée à Clarisse.

CLARISSE.

A moi?...

M^me DERMILLY.

Il me prie de vous la remettre, après toutefois en avoir pris connaissance, ce que je juge tout à fait inutile. La voici, ma chère enfant.

CLARISSE, sans prendre la lettre.

Donnez-la à Armand, à mon mari !... c'est à lui de la lire !...

ARMAND.

Par exemple !... quelle idée avez-vous de moi ! amant ou mari, confiance absolue. La France maintenant n'est plus jalouse de l'Angleterre ; il y a désormais alliance et sympathie. Mais allez donc, ma mère... allez écrire au baronnet.

CLARISSE.

Et moi, je vais m'habiller.

ARMAND.

A merveille ! il y aura grand dîner, grande soirée, réception complète ; c'est la première fois que cela nous arrive ; et puis, Edgard est bon musicien.

CLARISSE.

Il jouera du piano.

ARMAND.

Et nous danserons !...

CLARISSE.

Un bal ! quel plaisir !

*AIR du ballet de Cendrillon.*

*Ensemble.*

M^me DERMILLY.

Au seul espoir de voir cet étranger,
   Sa bonne humeur est revenue.
Qu'ici tout prenne une face imprévue,
Ayons bien soin de ne rien ménager.

ARMAND.

Au seul espoir de voir cet étranger
   Ma bonne humeur est revenue.
Qu'ici tout prenne une face imprévue,
Ayons bien soin de ne rien ménager.

JOSEPH.

Il faut qu'ici, grâce à cet étranger,
   Tout prenne une face imprévue!
On s' met en frais pour fêter sa venue,
En vérité, ça me fait enrager.

CLARISSE, à Armand.

A votre ami je dois aussi songer;
   Moi, qui suis votre prétendue,
Avec éclat pour paraître à sa vue,
Je vous promets de ne rien négliger.

(Madame Dermilly et Clarisse sortent par la porte à droite.)

## SCÈNE III.

### ARMAND, JOSEPH.

ARMAND.

Ce sera charmant! quelle bonne soirée!... nous allons nous divertir!...

JOSEPH, à part.

Avec de l'Anglais... il faut qu'il ait bien besoin de s'amuser.

###### ARMAND.

Mais il n'est encore que midi, et je ne sais pas trop que faire d'ici au dîner... (S'appuyant sur l'épaule de Joseph.) Ah! si tu voulais, Joseph, il y aurait moyen d'occuper le temps.

###### JOSEPH.

Et comment cela?... moi, je ne sais rien... que le loto et les dames; et, à coup sûr, monsieur ne voudrait pas...

###### ARMAND.

Tu fais le discret; mais tu sais mieux que moi qu'il y a ici un mystère...

###### JOSEPH.

Ici!... non, vraiment...

###### ARMAND.

Quoi! tu ignores?...

###### JOSEPH.

Ma parole d'honneur...

###### ARMAND.

Alors, je n'y comprends rien; et c'est une aventure inconcevable, qui pique ma curiosité...

###### JOSEPH.

Racontez-moi donc ça...

###### ARMAND.

Eh parbleu! j'en meurs d'envie... Imagine-toi qu'il y a cinq ou six jours, je m'étais échappé du salon...

###### JOSEPH.

Échappé!...

###### ARMAND.

Eh oui!... ma mère ne veut jamais que je quitte un instant ma prétendue : « Reste là, près de ta femme!... » Car ma mère, qui n'aimait pas Clarisse, l'adore maintenant, et cela augmente tous les jours; ce n'est pas raisonnable... tandis que moi...

### JOSEPH.

Cela vous ennuie...

### ARMAND.

Du tout, ce n'est pas cela que je veux dire; mais cela m'impatiente, et elle aussi, je le vois bien... c'est tout naturel... aussi... Je te disais donc que je m'étais échappé, et je cherchais cette petite Geneviève, qui est bien la plus drôle de fille...

### JOSEPH.

Comment! monsieur, une fermière!... vous pourriez...

### ARMAND.

Est-ce que j'y pense seulement!...

*AIR : Tenez, moi je suis un bon homme. (Ida.)*

Elle est plutôt noire que blanche,
Véritable beauté des champs;
Si sa bouche est grande... en revanche
Ses yeux sont petits et brillants;
Et l'on dirait, quand on regarde
Son nez menaçant et pointu,
D'un Suisse, avec sa hallebarde,
Chargé de garder sa vertu.

Aussi je cause avec elle comme avec son père, comme avec toi... quand je ne sais que faire...

### JOSEPH.

Je vous remercie...

### ARMAND.

Pour en revenir à ce que je te disais... en prenant l'allée du parc qui conduit à la ferme, j'aperçois sur la neige quelque chose de brillant... c'était un médaillon en or, un portrait de femme, une figure de jeune fille, charmante, enchanteresse!

### JOSEPH.

Que vous connaissez?

ARMAND.

Du tout; et cependant il me semble que ces traits-là ne me sont point étrangers, que je les ai vus... mais dans quels lieux?... mais comment? je n'en sais rien; cela s'offre à moi dans le vague, dans les nuages, et je n'y puis rien comprendre.

JOSEPH.

Ce qui est terrible!

ARMAND.

Au contraire, c'est ce qui en fait le charme. Tu te doutes bien que je ne pensais plus à Geneviève; je revins tout occupé de ce portrait, que depuis une semaine entière je regarde toute la journée, car il y a dans cette physionomie une grâce, une naïveté indéfinissables, et je commençais à croire que c'était une figure de fantaisie, lorsqu'hier... voilà l'inconcevable, le romanesque, le sublime!... hier soir, en rentrant dans ma chambre, je vois briller une lumière à la tourelle du nord!...

JOSEPH.

Par ici?

ARMAND.

Précisément! un côté du château tout-à-fait inhabité... et j'aperçois près d'une fenêtre, à moitié voilée par un rideau de mousseline, et éclairée par le reflet d'une carcel, une figure céleste et radieuse... comme on peint les vierges de Raphaël!... et cette figure était celle de mon médaillon, trait pour trait, j'en suis sûr... je l'ai dévorée des yeux pendant cinq minutes, après lesquelles la lumière s'est éteinte, et la vision a disparu...

JOSEPH.

Êtes-vous sûr, monsieur, d'être dans votre bon sens?

ARMAND.

Dame!... je te le demande! je n'ai pas dormi de la nuit, et je n'aurai pas de cesse que je n'aie pénétré ce mystère et découvert cette belle inconnue....

#### JOSEPH.

Ah! mon Dieu! et votre femme!...

#### ARMAND.

Cela n'empêche pas!... ça n'a aucun rapport, parce que, vois-tu bien, Clarisse est à coup sûr un grand bonheur; mais un bonheur certain, que j'ai là... qui ne peut pas m'échapper, tandis que l'autre, un être vaporeux, une ombre fugitive, tu comprends... Enfin, mon cher ami, il faut que tu m'aides à l'atteindre.

#### JOSEPH.

Moi, monsieur!... y pensez-vous?

#### ARMAND.

Par curiosité! ça nous distraira, ça nous occupera. Que veux-tu que l'on fasse à la campagne, au milieu des neiges?... Sais-tu que voilà six semaines de tête-à-tête, et que j'en ai encore autant en perspective? il y a de quoi périr... d'amour, et si tu ne viens pas à mon aide...

AIR : Ces postillons sont d'une maladresse.

Allons! Joseph, à nous deux cette gloire!
C'est amusant; et puis un tel projet
De ton bon temps te rendra la mémoire...
Car autrefois tu fus mauvais sujet.

#### JOSEPH, se récriant.

Qui, moi? monsieur.

#### ARMAND.

Cela se reconnaît :
Un feu caché dans tes veines circule,
Je crois en toi voir un ancien volcan
Qui brûle encor!

#### JOSEPH.

Moi, jamais je ne brûle,
Mais je fume souvent.

#### ARMAND.

C'est ce que je disais : il n'y a pas de fumée sans feu. Et

parlons un peu raison. Je me suis levé de bon matin... j'ai bien observé la tourelle du nord; elle a deux portes d'entrée, une par la chambre de ma mère, et l'autre... (Montrant la porte à gauche. que voilà; et comme tu as les clefs du château...

JOSEPH.

Pas celle-ci, je vous le jure, car il y a quelques jours que votre mère me l'a redemandée, sans me dire pour quel motif...

ARMAND.

Tu vois bien! il y a un mystère, qui irrite encore plus mes désirs curieux, et à quelque prix que ce soit, je saurai ce qui en est. Dis donc, au-dessus de la porte... cette fenêtre en rosace... si l'on montait par là?...

JOSEPH.

Pas possible!...

ARMAND.

Si on regardait, du moins, on pourrait l'apercevoir, lui parler?...

JOSEPH.

C'est trop haut! vous n'êtes pas assez grand, ni moi non plus...

ARMAND.

N'est-ce que cela?... J'ai vu l'autre jour, chez le jardinier, une petite échelle, que je vais chercher moi-même, pour qu'on ne se doute de rien.

JOSEPH.

Et si l'on vous voit?

ARMAND.

Personne!... ma mère écrit, et Clarisse est à sa toilette; elle en aura pour longtemps. Attends-moi ici, et fais sentinelle...

(Il sort en courant par la porte à gauche de la cheminée.)

## SCÈNE IV.

### JOSEPH, seul.

*AIR du vaudeville de la Somnambule.*

Quelle imprudence et quel délire!
Mais nous somm's tous ainsi, je le vois bien!
Ce qu'on n'a pas, il faut qu'on le désire;
　Ce qu'on possède n'est plus rien!
Moi, tout l' premier, j'en suis la preuv' vivante;
Je me disais, lorsque j'étais enfant :
Quand donc aurai-j' vingt ans?... j'en ai soixante,
Et n'en suis pas pour cela plus content.

Mais conçoit-on une tête pareille, et une semblable curiosité! Que diable ça peut-il être?... Si on pouvait, par le trou de la serrure, regarder un instant... (Il s'approche de la porte à gauche.) Dieu! la porte s'ouvre! qu'ai-je vu?...

## SCÈNE V.

### JOSEPH; M<sup>me</sup> DERMILLY et MATHILDE, entrant par la porte latérale à gauche.

#### M<sup>me</sup> DERMILLY.

Silence, Joseph!

#### JOSEPH.

Quoi! c'est mademoiselle qui, depuis hier, habitait cet appartement?...

#### M<sup>me</sup> DERMILLY.

Oui, son père voulait la rappeler! j'ai désiré auparavant qu'elle vînt passer quelques jours avec nous, et elle est arrivée hier soir...

#### MATHILDE.

Si mystérieusement!...

M^me DERMILLY.

C'était nécessaire. (A Joseph.) Où est mon fils?

JOSEPH.

Prêt à se casser le cou pour mademoiselle, qu'il a aperçue de sa fenêtre...

MATHILDE.

Que veux-tu dire?...

JOSEPH.

Qu'il est décidé à monter à l'escalade pour vous revoir encore, ne fût-ce qu'à vingt pieds de hauteur.

MATHILDE.

Mon pauvre cousin!... et pourquoi donc, ma tante, ne pouvons-nous pas nous voir et nous parler de plain-pied?

M^me DERMILLY.

Écoute, mon enfant, as-tu confiance en moi, et crois-tu que je veuille ton bonheur?...

MATHILDE.

Oh! oui, bien certainement...

M^me DERMILLY.

Eh bien! laisse-moi faire, et pendant quelque temps encore, ne me demande rien. Aujourd'hui, nous avons du monde, un jeune Anglais, tu descendras pour le dîner, et je te présenterai alors à ton cousin et au baronnet comme ma nièce.

MATHILDE.

Au dîner! pas avant? ce sera bien long!...

M^me DERMILLY.

Je le conçois, surtout si d'ici là il faut encore rester renfermée. Eh bien!... je te permets une promenade dans le parc.

MATHILDE.

A la bonne heure, au moins!...

M^me DERMILLY, lui montrant près de la cheminée la porte par laquelle
Armand est sorti.

Cet escalier t'y conduira, et, si par hasard tu rencontrais ton cousin, tâche ou de l'éviter... ou du moins de ne pas lui dire ton nom... tu me le promets?...

MATHILDE.

Oui, ma tante... (Elle fait quelques pas et s'arrête.) Mais s'il me devine?

M^me DERMILLY.

C'est différent.

MATHILDE.

Allons ! j'obéirai.

(Elle sort par la petite porte à gauche de la cheminée.)

M^me DERMILLY, la regardant descendre.

Mais prends donc garde ! Elle va comme une étourdie !...

## SCÈNE VI.

### JOSEPH, CLARISSE, M^me DERMILLY.

M^me DERMILLY, à Clarisse qui entre et qui lui présente un papier.

Quel est ce papier que vous tenez à la main?

CLARISSE.

Je vous l'apportais, madame. La lettre que vous m'avez remise tantôt de la part d'Edgard contenait pour moi une demande formelle en mariage...

M^me DERMILLY, à part avec joie.

O ciel !

CLARISSE.

J'y ai répondu sur-le-champ. Mais cette réponse, je ne devais pas l'envoyer sans vous la soumettre. (Lui donnant la lettre.) Daignez la lire. (A Joseph.) Laissez-nous.

(Joseph sort.)

M^me DERMILLY, à part.

Ah! si elle pouvait accepter!... (Haut et lisant.) « Monsieur, je dois m'estimer fort honorée de votre recherche, et je ne puis m'en montrer digne qu'en vous parlant avec franchise... Une famille respectable et distinguée... etc., etc., une mère en qui brillent toutes les qualités... » (Baissant la voix.) Je demande la permission de passer la phrase... etc., etc... etc... « A daigné m'adopter pour sa fille! etc, etc. Les seuls sentiments que je puisse désormais vous offrir, en échange de votre amour, sont ceux de la reconnaissance et de la sincère amitié avec lesquelles je serai toujours Votre... etc. CLARISSE DE VILLEDIEU. » (Avec émotion.) C'est à merveille, et je ne doute pas que mon fils n'apprécie, ainsi que moi, un pareil sacrifice...

## SCÈNE VII.

### CLARISSE, ARMAND, M^me DERMILLY.

ARMAND, entrant par la porte du fond, et boitant un peu.

C'est inconcevable! j'en perdrai la tête! il y a de la magie, et c'est une histoire...

CLARISSE.

Quoi donc?

ARMAND.

J'étais chez le jardinier, dans son petit grenier, à décrocher une échelle.

M^me DERMILLY et CLARISSE.

Une échelle!... et pourquoi?

ARMAND.

Rien, pour m'échauffer... lorsque de sa croisée qui donne sur le parc, j'aperçois une robe blanche, une femme blanche, une nymphe aérienne... une sylphide... je m'élance par la fenêtre...

#### Mme DERMILLY.

O ciel! vingt-cinq pieds de haut!

#### ARMAND.

Il y avait un treillage; mais en sautant à terre, sur la neige, mon pied glisse, rien... une légère douleur, qui n'avait pas d'autre inconvénient que de ralentir un peu ma course. Il est vrai que j'aurais couru deux fois plus vite, que je n'aurais pu atteindre cette nouvelle Atalante qui, en souliers de satin noir, effleurait à peine les blanches allées du parc. A chaque instant, je la voyais près de moi paraître ou disparaître à travers les massifs dégarnis de feuilles. Son teint animé par la course, ses cheveux blonds, cette figure d'ange pleine de gaieté et de malice... surtout dans le moment où, patatras... j'ai rencontré ce tas de neige...

#### Mme DERMILLY.

Que tu n'avais pas aperçu...

#### ARMAND.

Non, je la regardais! et jamais je n'ai rien vu de plus ravissant! Il n'y a pas de nymphe Eucharis, de Diane chasseresse, capable, à ce point-là, de vous faire tourner la tête...

#### CLARISSE, piquée.

Monsieur!...

#### ARMAND.

Je dis comme objet d'art!... je parle en artiste...

*AIR :* Ah! si madame me voyait. (ROMAGNESI.)

Tel et non moins infortuné,
 Le dieu du jour, dans son ivresse,
Courait jadis après une maîtresse
Qui s'enfuyait en riant à son né...
Telle et plus belle encore que Daphné,
Disparaissait ma nymphe enchanteresse!...
Et moi boiteux, je représentais bien

La justice qui court sans cesse...
Et qui n'attrape jamais rien.

Quand je dis rien, au contraire, car au détour d'une allée, autre incident, je tombe dans les bras...

M^me DERMILLY.

De qui?...

ARMAND.

D'un grand jeune homme, habillé de noir; c'était Carlille...

CLARISSE.

Edgard...

ARMAND.

Qui me saute au cou, ce qui m'était bien égal; ce n'est pas lui que j'aurais voulu... (Se reprenant vivement.) C'est-à-dire si... ça m'a fait grand plaisir de l'embrasser, de le revoir, avec sa grande figure étonnée, et son crêpe au chapeau... Chemin faisant, il m'a raconté comment son frère aîné était mort du choléra et de deux médecins anglais...

CLARISSE.

Son frère!...

ARMAND.

Eh! mon Dieu, oui! le voilà duc et pair d'Angleterre, je ne sais combien de mille livres sterling, et un des plus beaux noms des trois royaumes. Ce qui m'a le plus surpris, c'est son air discret et malin qui semble jurer avec sa longue physionomie britannique. Il m'a avoué, en baissant les yeux et la voix, qu'il venait ici avec des intentions... (A madame Dermilly.) Qu'est-ce que cela veut dire?... est-ce que son arrivée se lierait avec l'apparition mystérieuse de la belle inconnue?...

M^me DERMILLY, souriant.

Mais!... c'est possible! et je ne dis pas non!...

ARMAND.

Comment cela? vous sauriez donc!...

M<sup>me</sup> DERMILLY, passant au milieu d'eux, et les rapprochant d'elle.

Oui, mes enfants, ce n'est pas avec vous que je veux avoir des secrets, et je vais tout vous confier... Depuis longtemps j'avais des projets, des idées de mariage, entre lord Carlille, qui n'avait alors qu'un beau nom, et une jeune personne extrêmement riche, que je protége...

ARMAND.

La jeune inconnue?...

M<sup>me</sup> DERMILLY.

Précisément!...

ARMAND.

Ah! c'est un bon parti!... Et elle est à marier?...

M<sup>me</sup> DERMILLY.

Oui, mon ami!... Un instant, je l'avoue, j'ai cru mes projets renversés, car milord, se rappelant une ancienne amitié d'enfance qui l'unissait à Clarisse, voulait absolument l'épouser...

ARMAND, avec joie.

Quoi! vraiment!... il voulait...

M<sup>me</sup> DERMILLY.

Rassure-toi! tu sens bien que Clarisse a refusé avec une noblesse, une délicatesse, dont je suis témoin; elle t'aime.. elle n'aime que toi... sans cela...

ARMAND, tristement.

C'est juste! et je suis bien sensible à ce qu'elle a fait pour moi...

M<sup>me</sup> DERMILLY.

Ce qui se trouve d'autant mieux, que rien ne s'oppose plus maintenant à l'exécution de mon premier plan; et puisqu'il est riche, duc et pair, ce qui ne gâte rien...

CLARISSE, à part.

Comme c'est délicat!...

Mme DERMILLY.

Je veux dès aujourd'hui les présenter l'un à l'autre, ce sera la première entrevue, car nous avons à dîner et milord et ma protégée.

CLARISSE, à part.

Je ne connais pas de femme plus intrigante que ma belle-mère.

Mme DERMILLY, les examinant avec intention.

Et maintenant, mes amis, que je vous ai tout dit, j'espère que vous me seconderez... que vous m'aiderez chacun de votre côté... à faire réussir ce mariage. (Armand va s'asseoir près de la porte à gauche; Clarisse s'éloigne vers la droite. — A part.) Cela les a émus tous deux... (Haut.) Je vais recevoir milord et lui remettre de votre part cette lettre si généreuse...

CLARISSE, faisant un geste pour la retenir.

Madame...

Mme DERMILLY, revenant.

Quoi!... qu'y a-t-il?... auriez-vous quelque chose à me dire?...

AIR du vaudeville de *Turenne*.

Me voilà prête à vous entendre.

CLARISSE.

Moi... non, madame... Ah! c'est trop de bontés...

(A part, regardant la lettre.)

Ah! si j'avais pu la reprendre!

Mme DERMILLY, à part.

Comme ils paraissent agités!

ARMAND, avec émotion.

Et quoi! ma mère, vous partez!

(Clarisse s'assied.)

Mme DERMILLY.

Pour la soirée il faut que je m'apprête...
Adieu...

(A part, les regardant.)

Voilà, si j'en puis bien juger,
Deux amoureux qu'à présent, sans danger,
Je puis laisser en tête-à-tête.

(Elle sort par la droite.)

## SCÈNE VIII.

### CLARISSE, ARMAND.

(Après un instant de silence.)

ARMAND, allant auprès de Clarisse et avec embarras.

En vérité, ma chère Clarisse, je ne sais comment vous remercier de la glorieuse conquête que vous m'avez sacrifiée...

CLARISSE.

Cela vous étonne!...

ARMAND.

Non, sans doute!

CLARISSE, se levant, à part.

Et ce billet qu'elle va lui remettre, et qui va le désespérer, l'éloigner peut-être!...

ARMAND.

Car enfin, en échange des titres et du rang que vous refusez pour moi, je ne puis vous offrir que le nom et la fortune bien modeste d'un banquier : aussi me voilà maintenant obligé d'honneur à reconnaître une telle générosité.

CLARISSE, avec sécheresse.

Par de l'ingratitude, peut-être; car tout-à-l'heure, déjà, cette fille dont vous parliez avec un feu, un enthousiasme tout à fait inconvenant, devant votre mère et devant moi...

ARMAND.

Une plaisanterie innocente, à laquelle je n'attache aucune importance.

CLARISSE, avec dépit.

Une plaisanterie!... une plaisanterie innocente!... qui vous fait escalader des croisées, et poursuivre à travers le parc une femme que vous ne connaissez pas... mais peu importe!... c'est une femme!... et les hommes s'inquiètent si peu de la délicatesse et des convenances... C'est comme l'autre jour, lorsque je vous ai vu rire et plaisanter avec la fille du jardinier...

ARMAND.

Geneviève!...

CLARISSE.

Ah! fi, monsieur!... c'est si mauvais genre!... si mauvais ton!... si négociant!...

ARMAND.

Clarisse! y pensez-vous?

CLARISSE.

Oui, monsieur, et parce que jusqu'ici j'ai eu le courage de me taire, croyez-vous que je sois aveugle ou indifférente sur tout ce qui choque mes yeux?...

ARMAND.

Eh! qui peut donc les blesser?...

CLARISSE.

Tout ce qui m'environne!... est-il donc si difficile de voir que, malgré son amitié apparente, votre mère ne m'aime point? que c'est par grâce, et malgré elle, qu'elle me nomme sa fille, et qu'en attendant, et pour satisfaire je ne sais quel caprice, elle nous fait périr de tristesse et d'ennui dans ce château?

ARMAND.

Pas un mot de plus contre ma mère... je ne pourrais l'entendre.

CLARISSE.

A merveille! vous le voyez déjà... son nom seul jette entre nous la désunion et la discorde; cela ne peut pas rester ainsi; vous choisirez entre nous deux, vous renoncerez ou à elle ou à moi...

ARMAND.

Et c'est vous qui prétendez m'aimer, vous qui exigez un pareil sacrifice!...

CLARISSE.

Et vous pourriez hésiter après tous ceux que je vous ai faits, quand je refuse pour vous un rang, un titre, des dignités!

ARMAND.

Prenez garde! car si vous me les reprochez encore, je ne vous en saurai plus aucun gré...

CLARISSE.

J'avais donc raison de vous dire que l'ingratitude..

ARMAND.

Je ne sais de quel côté elle est...

CLARISSE.

C'en est trop, et après une pareille offense, il faudrait avoir bien peu de fierté...

ARMAND.

Clarisse, écoutez-moi, de grâce...

CLARISSE.

Non, monsieur... non, laissez-moi, je vous défends de me suivre et de me parler...

(Elle sort par la porte à droite.)

## SCÈNE IX.

ARMAND, seul.

Comme elle le voudra, après tout! car voilà déjà la seconde dispute d'aujourd'hui, et c'est ennuyeux! Elle m'adore! je le sais bien! je ne le sais que trop... mais ce n'est pas une raison pour me chercher querelle à tout propos, pour me dire du mal de ma mère, pour être fière... orgueilleuse, envieuse... colère, jalouse. A cela près, une bonne femme, qui aurait un excellent caractère, si elle ne m'aimait pas tant!... Aussi, il faut que cela finisse; il faut que ce mariage ait lieu, parce qu'une fois mariés, nous serons libres; elle fera ce qu'elle voudra, moi aussi, et nous ne serons pas obligés de rester comme ça toute la journée en tête-à-tête; c'est le moyen de toujours se quereller... (On entend un prélude de piano dans la chambre à gauche. Écoutant.) Dieu! qu'entends-je!... le bruit d'un piano... là, dans cet appartement. (Il entr'ouvre doucement la porte de l'appartement, et regarde.) C'est la jeune inconnue!... je la vois d'ici, assise au piano... Quelle taille charmante!... ah! qu'elle est bien!... et un trésor pareil serait destiné à cet Anglais!... Non!... ce n'est pas par esprit national, mais si, avant son mariage, je pouvais la lui enlever, m'en faire aimer... (Voulant entrer.) Allons! mais elle est près de la porte qui conduit dans le parc; en me voyant brusquement entrer... elle est capable d'avoir peur, de s'enfuir, et elle court mieux que moi, je le sais... Ah! une idée...

(Il prend son violon qui est sur une chaise, et joue l'air qu'il vient d'entendre sur le piano. Mathilde entr'ouvre doucement la porte, et entre sur la pointe du pied.)

## SCÈNE X.

### MATHILDE, ARMAND.

ARMAND, à part.

C'est elle!... (Il s'approche doucement derrière elle, et la saisit par la main.) Je la tiens, et cette fois elle ne m'échappera pas!...

MATHILDE, à part, souriant.

C'est mon cousin!

ARMAND, à part.

C'est étonnant!... ça ne l'effraie pas!... (Haut.) C'est bien téméraire à moi d'oser vous retenir ainsi; mais consentez à ne pas me fuir comme ce matin, (Lui lâchant la main.) et je vous rends la liberté, sur parole. (A part.) Elle se tait... mais elle reste !... (Haut.) Une grâce encore, ne puis-je savoir qui vous êtes ?...

MATHILDE, à part.

C'est qu'il ne me connaît vraiment pas !... c'est amusant !

ARMAND.

Eh quoi ! ne pas me répondre !...

MATHILDE.

Eh mais !... si cela m'était défendu, s'il ne m'était pas permis de vous dire qui je suis...

ARMAND.

O ciel !

MATHILDE.

Mais vous pouvez le deviner ! je ne vous en empêche pas !...

ARMAND.

Eh ! que puis-je savoir, sinon que vous vous plaisez à me fuir, à m'éviter, et que, sans me connaître, vous avez pour moi de l'antipathie et de la haine ?... est-ce vrai... ou non ?...

MATHILDE, souriant.

En conscience, vous n'êtes pas habile !... ou vous avez bien du malheur, et si vous ne devinez pas mieux que cela, vous ne saurez jamais rien.

ARMAND.

Je sais du moins que vous êtes ce qu'il y a au monde de plus joli, de plus séduisant, et ce que j'aime le plus !...

MATHILDE.

Ce n'est pas possible !... vous ne me connaissez pas...

ARMAND.

C'est ce qui vous trompe. (Il tire de son sein un médaillon qu'il lui montre.) Et cette image que je regarde sans cesse...

MATHILDE.

Mon portrait ! celui que j'avais fait pour votre mère...

ARMAND.

C'est en mes mains qu'il est tombé, et depuis il ne m'a pas quitté! il est toujours resté là, sur mon cœur, et demandez-lui si je vous aime...

MATHILDE, à part.

Il m'aime!... (Haut.) Ah! ma tante dira ce qu'elle voudra, je n'ai plus la force d'obéir...

ARMAND.

Une tante, dites-vous? et qui donc est-elle?

MATHILDE.

Votre mère!... monsieur...

ARMAND.

Eh quoi! vous seriez Mathilde?

MATHILDE.

Mon Dieu, oui...

ARMAND.

Ma cousine?

MATHILDE.

Ce n'est pas moi qui le lui ai dit, toujours!

ARMAND.

Quoi! cet ange de beauté!... ce trésor que j'enviais, c'est Mathilde... c'est ma cousine!...

MATHILDE.

Qui depuis longtemps vous connaissait; car, moi, je suis plus adroite que vous!

ARMAND.

Et pourquoi nous séparer et m'empêcher de vous voir? à quoi bon ce mystère?...

MATHILDE.

C'est ce que je me demande!... car mon père m'a toujours dit : « Ton cousin sera un jour ton mari... c'est le rêve, c'est l'espoir de nos deux familles. »

ARMAND, avec joie.

Il serait possible!...

MATHILDE.

Est-ce que vous ne le savez pas, mon cousin?

ARMAND.

Non, vraiment!...

MATHILDE.

Il fallait donc me le dire!... Je vous l'aurais appris tout de suite!... moi, j'ai toujours été élevée dans ces idées-là.

ARMAND.

Et puis-je espérer, Mathilde, qu'aujourd'hui ce sont les vôtres?

MATHILDE.

Moi, des idées! du tout; je n'en ai pas! je n'ai jamais eu que celles de mon père...

ARMAND.

Comment?

MATHILDE.

Et de ma tante.

ARMAND.

Ah! je suis trop heureux!...

MATHILDE.

Et ce qui est bien étonnant, c'est qu'aujourd'hui votre mère m'a expressément recommandé de vous éviter; voilà pourquoi ce matin je vous fuyais... sans cela!... et puis elle m'a défendu, si je vous rencontrais, de vous dire qui je suis... heureusement, vous avez deviné... Mais concevez-vous cela?... je vous le demande.

ARMAND.

Oui, sans doute! et tout s'explique maintenant!... ma mère a changé d'idée! elle veut vous marier à un autre, à un Anglais, lord Carlille.

MATHILDE.

Et moi je ne le veux pas! je le dirai à mon père, à ma

tante, à tout le monde !... Il ne faut pas croire que je n'aie pas de caractère... et puis, vous êtes de la famille... vous êtes mon cousin... vous me défendrez...

ARMAND.

Toujours ! Mathilde ! toujours ! je suis ton protecteur, ton ami ! C'est une indignité ! une tyrannie sans exemple !...

MATHILDE.

N'est-il pas vrai ?...

ARMAND.

Et il est affreux qu'on ose ainsi contraindre une jeune personne... je ne le souffrirai pas, et ce prétendu... ce lord Carlille, je le tuerai plutôt...

MATHILDE.

O ciel !... Non, monsieur, ne le tuez pas...

ARMAND.

Si vraiment...

MATHILDE.

Et moi, je vous en prie, dites-lui seulement que je vous aime, que je vous ai toujours aimé, que je ne peux pas être sa femme, puisque je dois être la vôtre ; il comprendra cela ; il ne faut pas croire qu'un Anglais n'entende pas la raison...

AIR de la Galope de *la Tentation*.

Il cédera, j'en suis certaine ;
Il s'agit de lui parler ;
N'écoutant que votre haine,
Ah ! n'allez pas l'immoler.

ARMAND.

Il faut qu'un combat m'en délivre ;
Car sitôt qu'il va vous voir,
Sans vous aimer pourra-t-il vivre ?

MATHILDE.

Il mourra donc de désespoir.

*Ensemble.*

MATHILDE.

Il cèdera, j'en suis certaine, etc.

ARMAND.

Non, ma vengeance est plus certaine,
 Au combat je dois voler;
 Je n'écoute que ma haine,
 Et je prétends l'immoler.

(Mathilde sort.)

## SCÈNE XI.

ARMAND, puis M^me DERMILLY.

ARMAND.

Quelle grâce!... quelle candeur!... quelle naïveté!... voilà la femme qu'il me fallait; et on la destine à un autre!... Voilà les grands parents!... on nous sacrifie tous deux... oui, tous deux... car me voilà engagé à Clarisse... engagé avec une femme qu'il m'est impossible d'aimer, surtout maintenant... et comment y renoncer?... comment rompre, sans me préparer d'éternels reproches, sans me déshonorer à jamais?... (A madame Dermilly qui entre.) Ah! ma mère, vous voilà, venez, de grâce, venez à mon secours...

M^me DERMILLY.

Eh! mon Dieu!... qu'y a-t-il donc?...

ARMAND, cherchant à se remettre.

Ce qu'il y a!... rien... je ne sais rien... (A part.) Qu'allais-e lui dire?... (Haut.) Je voulais vous demander... que fait Clarisse? où est-elle?...

M^me DERMILLY.

Au salon avec lord Carlille, à qui j'avais un billet à remettre; mais j'ai pensé, et Clarisse a été sur-le-champ de mon avis, qu'il était plus convenable qu'elle lui expliquât elle-même de vive voix les motifs de son refus. J'ai donc déchiré la lettre, et je les ai laissés ensemble; mais, si tu le veux, je vais la chercher...

ARMAND.

Non, ma mère... non... j'ai bien d'autres choses à vous dire... j'ai vu Mathilde, ma cousine...

M^me DERMILLY.

Quoi! tu saurais?...

ARMAND.

Je sais tout, et c'est d'elle seule que je veux vous parler, car moi, c'est fini, il ne faut plus y penser, j'ai promis...

M^me DERMILLY.

Promesse bien douce à tenir, quand on aime... quand on est aimé! et après ce que Clarisse a fait pour toi..

ARMAND.

Eh oui! voilà le malheur!... et par honneur, par délicatesse, il n'y a plus à reculer, il faut subir son sort. Eh bien donc, puisque rien ne peut m'y soustraire, puisque vous le voulez, je le ferai, ce mariage que je déteste, que j'abhorre...

M^me DERMILLY.

Que dis-tu?

ARMAND.

Mais je vous en préviens, je serai éternellement malheureux; personne ne le saura, pas même elle; je me conduirai en honnête homme, en galant homme, en bon mari. Par exemple, j'en aimerai une autre, rien ne m'en empêchera...

M^me DERMILLY.

Eh! qui donc?...

ARMAND.

Vous ne le saurez pas! vous ne pouvez le savoir... et vous ne devineriez jamais, c'est impossible; cela vous paraîtrait si absurde, si inconcevable, et cependant c'est la vérité... c'est elle que j'aime.

Mme DERMILLY.

Eh! qui donc?

ARMAND.

Ma cousine.

Mme DERMILLY.

Est-il possible!

ARMAND.

Je l'aime comme je n'ai jamais aimé, ou plutôt je n'ai jamais aimé qu'elle...

Mme DERMILLY.

Laisse-moi donc!...

ARMAND.

Ah! j'en étais sûr, vous ne pouvez me comprendre; mais toutes ces vertus, toutes ces qualités que je rêvais, et dont mon imagination se plaisait à embellir une autre, c'est elle qui les possède, et c'est elle que j'aimerai toujours.

Mme DERMILLY.

Toujours!...

ARMAND.

Oh! cette fois, c'est définitif; car la beauté, chez elle, est le moindre de ses avantages! Quelle douceur, quelle naïveté, quelle bonté de caractère! et sans parler ici de sa fortune, songez donc que les convenances, que les rapports de famille... que tout se trouve réuni...

Mme DERMILLY.

Eh! je le sais mieux que toi!... car autrefois c'est elle que je te destinais, mais tu n'en as pas voulu; tu n'as pas même consenti à la voir...

ARMAND.

Est-il possible!... eh bien! il fallait m'y forcer, m'y contraindre, user de votre autorité, car, après tout, vous êtes

20.

ma mère, vous aviez le droit de commander... et une pareille faiblesse... Ah! pardon!... pardon! je ne sais ce que je dis, je vous offense encore, mais, voyez-vous, la tête n'y est plus; et le seul parti qui me reste à présent, c'est de me brûler la cervelle...

## SCÈNE XII.

Les mêmes; MATHILDE.

#### MATHILDE.

Dieu! qu'entends-je!... Non, mon cousin, non, vous ne nous quitterez pas!...

#### ARMAND.

Il le faut!... car je vous aime trop, et je suis trop malheureux!...

#### MATHILDE, à madame Dermilly.

Et vous n'êtes pas touchée de son désespoir?... et vous pouvez lui résister encore? eh bien! ma tante, moi qui ai jusqu'ici obéi à toutes vos volontés, je vous déclare que désormais on aura beau faire, rien ne m'empêchera d'aimer mon cousin... que je l'ai toujours aimé, et que je l'aimerai toujours.

#### M$^{me}$ DERMILLY.

Et toi aussi!... (A part.) Pauvre enfant!...

#### MATHILDE, pleurant.

Oui, Armand, on est bien cruel pour nous, on veut nous rendre bien malheureux; mais rassurez-vous, je n'épouserai personne; je resterai fille, ou je serai votre femme...

#### ARMAND, avec désespoir.

Ma femme! ah! c'en est trop!

#### MATHILDE.

Eh bien! monsieur, cela ne vous console pas un peu?...

ARMAND.

Au contraire! cela me désespère; cela me rend furieux, car je ne sais plus maintenant à qui m'en prendre... (Prenant à part madame Dermilly, pendant que Mathilde s'éloigne un peu.) Ma mère, ma mère bien-aimée, vous à qui je dois tant, je n'ai plus d'espoir qu'en vous. Elle ne sait pas, elle ne peut se douter de ce que je souffre... vous seule pouvez me sauver ; et si vous ne trouvez pas quelque moyen honorable de rompre ce mariage que j'abhorre, vous n'avez plus de fils...

M<sup>me</sup> DERMILLY.

Ingrat! pouvais-tu croire que ta mère cesserait un instant de veiller sur toi? Je savais bien que je t'amènerais là, et grâce à moi, aujourd'hui, je l'espère...

ARMAND, avec explosion.

Que dites-vous?

M<sup>me</sup> DERMILLY.

Silence! (Montrant Mathilde qui s'est un peu éloignée.) Ta femme ne doit rien savoir.

## SCÈNE XIII.

LES MÊMES; JOSEPH.

JOSEPH.

Je n'en reviens pas... Quel malheur! quel affront pour nous!

M<sup>me</sup> DERMILLY.

Qu'y a-t-il?

ARMAND.

Qu'as-tu vu?

JOSEPH.

Au salon, milord Carlille aux genoux de mademoiselle Clarisse.

M^me DERMILLY.

Eh bien?

JOSEPH.

Il s'est relevé, m'a sauté au cou, en disant : « Je te présente ma femme. »

ARMAND, sautant au cou de Joseph qu'il embrasse.

Ah! mon ami!

JOSEPH.

Mais laissez-moi donc!

(Il passe à la gauche de madame Dermilly.)

ARMAND, à madame Dermilly.

Et comment cela se fait-il? comment avez-vous pu réussir?...

M^me DERMILLY.

De la manière la plus simple. J'ai découvert que Clarisse, ma pupille, aimait lord Carlille.

ARMAND, stupéfait.

Ce n'est pas possible!

M^me DERMILLY.

Si, mon ami, je l'ai forcée à me l'avouer. Elle l'aime, et l'aimera toujours... Toujours, entends-tu bien?

ARMAND, étonné.

Par exemple!

M^me DERMILLY.

Cela une fois convenu, je l'ai assurée de mon consentement, du tien... Elle devient milady.

MATHILDE.

Quel bonheur! lord Carlille ne peut plus m'épouser... et malgré vous, ma tante, il faudra bien que je devienne la femme de mon cousin.

M^me DERMILLY.

Oui, mon enfant.

MATHILDE.

Ce n'est pas sans peine... (A Armand.) Et nous avons eu assez de mal, j'espère, pour l'amener là.

ARMAND.

Que dites-vous?... et si vous saviez...

M^me DERMILLY, à Armand.

Pas un mot de plus... (Passant entre Mathilde et Armand. A Mathilde.) Venge-toi de moi, en le rendant heureux. (A Joseph, qui est resté seul à gauche.) Eh bien! que t'avais-je dit?

JOSEPH.

Elle en est, ma foi! venue à bout; et si mon fils Joseph avait eu une mère comme vous, il ne serait pas dragon.

AIR de Léocadie.

TOUS.
Toujours! toujours! toujours!
C'est l'éternel discours
De la jeunesse et des amours;
Mais le cœur d'une mère
Est le seul, sur la terre,
Qui sans erreur puisse dire : Toujours!

# TABLE

—

|  | Pages. |
|---|---|
| LE PREMIER PRÉSIDENT | 1 |
| UNE MONOMANIE | 91 |
| LE PAYSAN AMOUREUX | 147 |
| LA GRANDE AVENTURE | 221 |
| TOUJOURS, OU L'AVENIR D'UN FILS | 231 |

Paris. — Soc..d'imp. P. DUPONT, 41, rue J.-J.-Rousseau.(Cl.) .877.7.82

www.ingramcontent.com/pod-product-compliance
Lightning Source LLC
Chambersburg PA
CBHW070853170426
43202CB00012B/2059